LICITAÇÕES E CONTRATOS ADMINISTRATIVOS

*considerações à luz
da Lei n. 14.133/2021*

SÉRIE ESTUDOS JURÍDICOS: DIREITO PÚBLICO

Gustavo Henrique Sperandio Roxo

Rua Clara Vendramin, 58 . Mossunguê . Cep 81200-170 . Curitiba . PR . Brasil
Fone: (41) 2106-4170 . www.intersaberes.com . editora@intersaberes.com

Conselho editorial Dr. Ivo José Both (presidente), Dr. Alexandre Coutinho Pagliarini, Drª Elena Godoy, Dr. Neri dos Santos, Dr. Ulf Gregor Baranow ▪ **Editora-chefe** Lindsay Azambuja ▪ **Gerente editorial** Ariadne Nunes Wenger ▪ **Assistente editorial** Daniela Viroli Pereira Pinto ▪ **Preparação de originais** Fabrícia E. de Souza ▪ **Edição de texto** Letra & Língua Ltda., Monique Francis Fagundes Gonçalves ▪ **Capa** Luana Machado Amaro ▪ **Projeto gráfico** Mayra Yoshizawa ▪ **Diagramação e *designer* responsável** Luana Machado Amaro ▪ **Iconografia** Regina Claudia Cruz Prestes

Dados Internacionais de Catalogação na Publicação (CIP)
(Câmara Brasileira do Livro, SP, Brasil)

Roxo, Gustavo Henrique Sperandio
  Licitações e contratos administrativos: considerações à luz da Lei n. 14.133/2021/Gustavo Henrique Sperandio Roxo. Curitiba: Editora Intersaberes, 2021. (Série Estudos Jurídicos: Direito Público)

  Bibliografia.
  ISBN 978-65-5517-433-5

  1. Contratos administrativos – Brasil 2. Contratos administrativos – Leis e legislação – Brasil 3. Licitações – Brasil 4. Licitações – Leis e legislação – Brasil I. Título. II. Série.

21-78396   CDU-351.712.2.032.3(81)

Índices para catálogo sistemático:
1. Brasil : Licitações: Direito administrativo
   351.712.2.032.3(81)

Cibele Maria Dias - Bibliotecária - CRB-8/9427

1ª edição, 2021.

Foi feito o depósito legal.

Informamos que é de inteira responsabilidade do autor a emissão de conceitos.

Nenhuma parte desta publicação poderá ser reproduzida por qualquer meio ou forma sem a prévia autorização da Editora InterSaberes.

A violação dos direitos autorais é crime estabelecido na Lei n. 9.610/1998 e punido pelo art. 184 do Código Penal.

Sumário

11 ▪ *Apresentação*

Parte I
15 ▪ **Licitações**

Capítulo 1
17 ▪ **Conceitos introdutórios e aspectos normativos do dever de licitar**
18 | Conceito de licitação
21 | Disciplina constitucional
26 | Breve panorama do quadro legislativo atual
32 | Competência legislativa

Capítulo 2
43 ▪ **Princípios da licitação**
44 | Princípios previstos na Lei n. 8.666/1993
63 | Princípios previstos na Lei n. 14.133/2021

Capítulo 3
87 ▪ **Sujeição à disciplina da licitação**
88 | Extensão pessoal do dever de licitar

Capítulo 4
103 ▪ Contratação direta
105 | Contratação direta à luz da Lei n. 8.666/1993
110 | Contratação direta à luz da Lei n. 14.133/2021
    112 | Inexigibilidade de licitação
    125 | Dispensa de licitação
    134 | Licitação dispensada

Capítulo 5
137 ▪ Modalidades de licitação e procedimentos auxiliares
139 | Impossibilidade de criação ou fusão de modalidades de licitação
140 | Modalidades de licitação previstas na Lei n. 8.666/1993
152 | Pregão
159 | Regime Diferenciado de Contratação Pública (RDC)
160 | Diálogo competitivo
162 | Procedimentos auxiliares previstos na Lei n. 14.133/2021

Capítulo 6
173 ▪ Procedimento licitatório
174 | Fase interna
180 | Fase externa
219 | Homologação e adjudicação
223 | Anulação e revogação
225 | Recursos administrativos

Parte II
231 ▪ **Contratos administrativos**

Capítulo 7
233 ▪ **Aspectos introdutórios essenciais sobre os contratos administrativos**
236 | Competência legislativa e disciplina normativa
238 | Sujeitos do contrato administrativo
241 | Principais características do contrato administrativo

Capítulo 8
251 ▪ **Prerrogativas da Administração Pública**
254 | Alteração unilateral
261 | Rescisão unilateral
266 | Fiscalização
267 | Aplicação de sanções
269 | Ocupação provisória
270 | Anulação do contrato

Capítulo 9
275 ▪ **Tutela do equilíbrio econômico-financeiro do contrato**
278 | Reajustamento de preços
284 | Recomposição

Capítulo 10
293 ▪ **Formalização e garantias do contrato**
294 | Necessidade de instrumento escrito
297 | Aspectos formais sobre a elaboração do instrumento escrito
298 | Solenidades do contrato administrativo
299 | Cláusulas e elementos essenciais do contrato administrativo
302 | Garantias

Capítulo 11
305 ▪ **Duração do contrato e prorrogação do prazo contratual**
306 | Duração do contrato
312 | Prorrogação do prazo contratual

Capítulo 12
315 ▪ **Execução e inexecução do contrato**
316 | Execução do contrato
319 | Inexecução culposa
321 | Inexecução sem culpa

Capítulo 13
323 ▪ **Extinção do contrato**
324 | Cumprimento integral do objeto
325 | Término do prazo
325 | Impossibilidade material ou jurídica
326 | Invalidação
327 | Rescisão

Capítulo 14
337 ▪ **Sanções administrativas**
338 | A Lei n. 8.666/1993 e o poder sancionatório da Administração Pública
340 | A Lei n. 14.133/2021 e o poder sancionatório da Administração Pública

343 ▪ Considerações finais
345 ▪ Referências
375 ▪ Sobre o autor

Apresentação

Este livro tem um grande objetivo: possibilitar uma aproximação inicial do leitor com o complexo e vasto tema das licitações e dos contratos administrativos.

Optamos por dividir didaticamente o trabalho em duas partes: na primeira, tratamos dos principais aspectos atinentes às licitações; na segunda, o ponto central são as regras próprias da contratação administrativa.

Os capítulos de 1 a 6 integram a primeira parte.

Logo de início, no Capítulo 1, nosso intuito é responder a alguns questionamentos essenciais para a compreensão introdutória da matéria: afinal de contas, o que se entende por licitação?

Trata-se de um procedimento regido por normas próprias? Quem tem competência constitucional para legislar a respeito? Ao final desse capítulo, esperamos que o leitor consiga vislumbrar o cenário legislativo atual, que, como veremos ao longo do texto, passa por importante e significativa atualização.

No Capítulo 2, apresentamos os princípios que estruturam a disciplina das licitações públicas. Como os princípios são elementos estruturantes de nosso ordenamento jurídico, é essencial compreendê-los antes de analisarmos as principais regras procedimentais constantes na legislação de regência. Nossa abordagem, nesse caso, leva em consideração casos práticos em que os princípios são expressamente aplicados pelo Tribunal de Contas da União (TCU).

Compreendidos os aspectos conceituais e os princípios estruturantes da disciplina, nosso percurso passa, no Capítulo 3, pela identificação de quem são os sujeitos obrigados a realizar licitação, com base na legislação de regência e nos entendimentos doutrinários e jurisprudenciais mais relevantes.

Nos capítulos subsequentes, nossa análise ganha um pouco mais de concretude.

No Capítulo 4, examinamos as hipóteses em que a própria legislação admite ao administrador público a não realização de licitação, por motivo de dispensa ou de inexigibilidade.

Por sua vez, no Capítulo 5, tratamos das modalidades de licitação e dos procedimentos auxiliares previstos na Lei n. 14.133, de 1º de abril de 2021.

Já no Capítulo 6, último da primeira parte desta obra, analisamos todo o percurso procedimental previsto na legislação para a realização de licitações.

Na segunda parte do trabalho, que tem oito capítulos, discutimos com mais ênfase as principais regras aplicáveis aos contratos administrativos.

No Capítulo 7, evidenciamos as características apontadas pela doutrina majoritária que diferenciam o regime legal dos contratos administrativos das regras aplicáveis regularmente no direito privado. Nesse contexto, destacamos que os contratos administrativos são naturalmente desequilibrados, com prerrogativas exclusivas à Administração Pública, não extensivas aos particulares contratados.

No Capítulo 8, abordamos as prerrogativas conferidas à Administração Pública quanto às contratações administrativas. Aqui, explicamos de forma aprofundada o desequilíbrio natural e inerente do contrato administrativo.

No Capítulo 9, versamos sobre os mecanismos previstos na legislação de regência e consolidados pelos órgãos de controle para a tutela do equilíbrio econômico-financeiro do contrato.

O Capítulo 10 tem como tema as regras atinentes à formalização do contrato administrativo, bem como as garantias previstas em lei para assegurar o devido cumprimento da avença contratual.

No Capítulo 11, analisamos alguns aspectos práticos sobre a duração dos contratos administrativos, além das hipóteses previstas pelo próprio legislador para a prorrogação do contrato.

Na sequência, o Capítulo 12 contempla os aspectos essenciais e as consequências da execução do contrato e de sua inexecução, aprofundando as hipóteses que admitem, inclusive, a rescisão da avença.

No Capítulo 13, apresentamos as hipóteses de extinção do contrato administrativo: tanto os casos de extinção natural – com o cumprimento do avença contratual – quanto os casos de invalidação em razão de nulidade e de rescisão.

Por fim, no Capítulo 14, encerramos nossa análise com a abordagem do poder sancionatório reservado à Administração Pública na contratação administrativa.

É necessário destacar, por fim, a relevância de revisitar o tema desta obra, especialmente diante da importante alteração legislativa provocada com o novo marco legal das licitações, a Lei n. 14.133/2021. No decorrer dos capítulos, vamos transitar entre as regras previstas tanto na Lei n. 8.666, de 21 de junho de 1993, quanto na Lei n. 14.133/2021, esta já aprovada pelas duas casas do Poder Legislativo e sancionada pelo presidente da República no momento da edição deste livro.

Para o momento, podemos afirmar que a Lei n. 14.133/2021 promete trazer significativo avanço no vetusto e antiquado regime licitatório da Lei n. 8.666/1993.

Boa leitura!

Parte I

Licitações

Capítulo 1

*Conceitos introdutórios
e aspectos normativos
do dever de licitar*

Para iniciar nossa abordagem, buscaremos desde logo uma aproximação conceitual: Afinal de contas, o que se entende por licitação? Como a doutrina majoritária conceitua referido procedimento? Quais são suas características básicas?

Em seguida, analisaremos cada um dos dispositivos constitucionais que tratam do dever de licitar. É um exercício relevante especialmente para identificarmos que a obrigatoriedade do procedimento licitatório decorre de exigência constitucional.

Trataremos, ainda, do quadro legislativo atual da matéria, salientando a iminência de significativas alterações nas normas mais essenciais a respeito de licitações e contratos administrativos com a publicação da Lei n. 14.133, de 1º de abril de 2021 (Brasil, 2021a).

Abordaremos, por fim, os aspectos mais essenciais relacionados à competência para a edição de normas sobre licitações e contratos administrativos, por meio de profunda análise doutrinária e jurisprudencial.

— 1.1 —
Conceito de licitação

A atuação da Administração Pública deve necessariamente se conformar à realização dos princípios estruturantes previstos no *caput* do art. 37 da Constituição Federal (CF) de 1988: legalidade, impessoalidade, moralidade, publicidade e eficiência (Brasil, 1988).

Assim, parece até mesmo natural a constatação de que se faz necessária a existência de um procedimento formal preliminar às contratações realizadas pela Administração Pública, que deve necessariamente obedecer às regras e determinações previstas em lei. A margem de liberdade de atuação do administrador público é e deve ser muito menor do que aquela reservada aos particulares, que têm ampla discricionariedade para decidir quem desejam contratar, quanto podem gastar etc.

Licitação pode ser entendida como um procedimento administrativo formal e vinculado, prévio à contratação, adotado pelos entes da Administração Pública e demais sujeitos indicados na lei para selecionar a melhor proposta das oferecidas pelos interessados, a fim de assegurar tratamento impessoal com base em critérios objetivos[1].

Entendemos relevante destrinchar o conceito proposto, de modo a possibilitar a melhor compreensão do tema.

Em primeiro lugar, salientamos a natureza jurídica de **procedimento administrativo** da licitação, no sentido de que se trata de uma sequência de atividades (e atos administrativos) praticados tanto pela Administração quanto pelos interessados para que seja atingido o fim colimado, qual seja, a seleção da proposta mais alinhada aos interesses públicos. Nesse contexto,

---

1 A esse respeito, Di Pietro (2019, p. 755) adota conceito semelhante: "Aproveitando, parcialmente, conceito de José Roberto Dromi (1975:92), pode-se definir a licitação como o procedimento administrativo pelo qual um ente público, no exercício da função administrativa, abre a todos os interessados, que se sujeitem às condições fixadas no instrumento convocatório, a possibilidade de formularem propostas dentre as quais selecionará e aceitará a mais conveniente para a celebração de contrato".

devem ser citadas as palavras de Carvalho Filho (2016, p. 246), que bem elucida o fato de que a licitação não pode ser compreendida como um ato provido de instantaneidade, por isso é "necessária uma sequência de atividades da Administração e dos interessados, devidamente formalizadas, para que se chegue ao objetivo desejado".

O aspecto procedimental fica evidenciado quando se analisam as diversas etapas de um certame licitatório, que vão se desenvolvendo progressivamente até que o objeto seja definitivamente homologado, possibilitando a celebração do contrato administrativo.

É justamente o encadeamento ordenado e sequencial de atos praticados pela Administração e pelos interessados que torna viável a seleção da proposta mais vantajosa, que atenda com rigidez aos critérios objetivos estabelecidos no ato convocatório e na legislação de regência.

Além de seu aspecto procedimental, é necessário destacar que a licitação se reveste de natureza eminentemente formal e vinculada. É **formal** porque depende da elaboração e publicação de documentos e propostas, além de ter uma estrutura rígida de fases que necessariamente deve ser obedecida pelo administrador. É **vinculada** porque depende do atendimento estrito às regras estabelecidas na legislação e no instrumento convocatório, não sendo admitida inovação ou discricionariedade por parte do ente licitante.

Faz-se necessário destacar, ainda, que a licitação é um procedimento prévio à contratação e apenas pode ser dispensada na forma da lei. Isso faz com que, como regra geral, a Administração Pública e os demais sujeitos indicados na lei sejam obrigados a utilizar o procedimento licitatório.

Como veremos nos tópicos subsequentes, ao realizar a licitação, a Administração deve envidar seus máximos esforços para selecionar a proposta que melhor atenda aos seus interesses, dispensando tratamento isonômico a todos aqueles que resolvam participar do certame, de acordo com os critérios objetivos previstos no instrumento convocatório.

— 1.2 —

Disciplina constitucional

A Constituição Federal de 1988 se referiu expressamente ao instituto da licitação em quatro oportunidades. A seguir, faremos uma breve análise de cada um dos dispositivos que trouxeram de forma expressa princípios e regras específicos a respeito da licitação.

No art. 22, inciso XXVII, o constituinte estabeleceu que compete privativamente à União legislar sobre

> normas gerais de licitação e contratação, em todas as modalidades, para as administrações públicas diretas, autárquicas e fundacionais da União, Estados, Distrito Federal e Municípios, obedecido o disposto no art. 37, XXI, e para as

empresas públicas e sociedades de economia mista, nos termos do art. 173, § 1º, III. (Brasil, 1988)

Conforme veremos com detalhamento em momento apropriado, a Constituição conferiu à União a competência para dispor sobre normas gerais de licitação, abrindo espaço para o exercício de competência suplementar por parte dos demais entes federativos[12].

Nos termos do referido dispositivo, as normas gerais editadas pela União necessariamente devem vincular as administrações públicas diretas, autárquicas e fundacionais da União, dos estados, do Distrito Federal e dos municípios. Além disso, o constituinte concedeu à União a competência para prever normas gerais de licitação para empresas públicas e sociedades de economia mista[13].

Ao menos duas conclusões podem surgir da leitura desse dispositivo constitucional:

1. o constituinte buscou padronizar as normas gerais aplicáveis ao procedimento licitatório das administrações públicas diretas, autárquicas e fundacionais da União, do Distrito

---

2 Cf. Oliveira, 2020, p. 592-593.

3 Quanto ao tema, é importante observar que há na doutrina posicionamento pela inconstitucionalidade do art. 1º da Lei n. 8.666/1993 – "Art. 1º Esta Lei estabelece normas gerais sobre licitações e contratos administrativos pertinentes a obras, serviços, inclusive de publicidade, compras, alienações e locações no âmbito dos Poderes da União, dos Estados, do Distrito Federal e dos Municípios." (Brasil, 1993) – por **supostamente** suprimir a competência dos estados e municípios para legislar sobre a matéria. Confira: "A inconstitucionalidade do artigo 1º da Lei n. 8.666/93 é manifesta, porque nada deixa para que Estados e Municípios legislem em matéria de licitação e contrato administrativo" (Di Pietro, 2019, p. 755).

Federal e dos municípios, autorizando, porém, o exercício de competência legislativa suplementar, por parte de todos os entes federativos, para a edição de normas complementares e específicas, que busquem atender aos interesses e necessidades locais;

2. o constituinte previu a necessidade da edição, por parte da União, de normas gerais padronizadas para empresas públicas e sociedades de economia mista, que, em razão de seu próprio regime jurídico, devem ter regras diferenciadas sobre licitação e contratos administrativos.

Conforme Oliveira (2020, p. 593), a Lei n. 8.666, de 21 de junho de 1993 (Brasil, 1993) – Lei Geral de Licitações –, é nacional, uma vez que suas normas gerais se aplicam a todos os entes da federação, e, por outro lado, é federal no que se refere às normas específicas. A esse respeito, o próprio Supremo Tribunal Federal (STF) já reconheceu que não configura invasão de competência da União a fixação por lei estadual de questões específicas na matéria de licitações públicas. Observe:

> AÇÃO DIRETA DE INCONSTITUCIONALIDADE. DIREITO ADMINISTRATIVO E CONSTITUCIONAL. **LEI N. 11.871/02, DO ESTADO DO RIO GRANDE DO SUL, QUE INSTITUI, NO ÂMBITO DA ADMINISTRAÇÃO PÚBLICA REGIONAL, PREFERÊNCIA ABSTRATA PELA AQUISIÇÃO DE SOFTWARES LIVRES OU SEM RESTRIÇÕES PROPRIETÁRIAS. EXERCÍCIO REGULAR DE COMPETÊNCIA LEGISLATIVA PELO ESTADO-MEMBRO. INEXISTÊNCIA DE USURPAÇÃO DE**

COMPETÊNCIA LEGIFERANTE RESERVADA À UNIÃO PARA PRODUZIR NORMAS GERAIS EM TEMA DE LICITAÇÃO. LEGISLAÇÃO COMPATÍVEL COM OS PRINCÍPIOS CONSTITUCIONAIS DA SEPARAÇÃO DOS PODERES, DA IMPESSOALIDADE, DA EFICIÊNCIA E DA ECONOMICIDADE. PEDIDO JULGADO IMPROCEDENTE. 1. **A competência legislativa do Estado-membro para dispor sobre licitações e contratos administrativos respalda a fixação por lei de preferência para a aquisição de softwares livres pela Administração Pública regional, sem que se configure usurpação da competência legislativa da União para fixar normas gerais sobre o tema (CRFB, art. 22, XXVII).** [...] (Brasil, 2015d, grifo nosso)

O art. 37, inciso XXI[4], da Constituição Federal consagrou o dever geral de licitar por parte dos entes da Administração Pública, porém admite que a lei preveja exceções ao respectivo dever. O dispositivo ainda detalha quais são os objetos da licitação, estabelecendo a necessidade da utilização do procedimento para contratações relacionadas a obras, serviços, compras e alienações.

---

4 "Art. 37 [...] XXI – ressalvados os casos especificados na legislação, as obras, serviços, compras e alienações serão contratados mediante processo de licitação pública que assegure igualdade de condições a todos os concorrentes, com cláusulas que estabeleçam obrigações de pagamento, mantidas as condições efetivas da proposta, nos termos da lei, o qual somente permitirá as exigências de qualificação técnica e econômica indispensáveis à garantia do cumprimento das obrigações." (Brasil, 1988)

O constituinte também previu a necessidade de efetivo resguardo ao princípio da igualdade/isonomia entre todos os concorrentes, além de tornar obrigatória a previsão de cláusulas que estabeleçam obrigações de pagamento por parte da Administração Pública — deve ser mantido o equilíbrio econômico-financeiro do contrato, considerando as condições efetivas da proposta oferecida pelo licitante vencedor. Por fim, é relevante destacar que a Constituição albergou expressamente o princípio da competitividade, ao prever que apenas podem ser admitidas pelo legislador exigências de qualificação técnica e econômica indispensáveis à garantia do cumprimento das obrigações contratuais.

No art. 173, parágrafo 1º, inciso III, o constituinte deixou clara a obrigatoriedade da previsão de regras específicas sobre licitação para empresas públicas e sociedades de economia mista, que necessariamente devem ser estabelecidas em lei própria. A chamada Lei das Estatais – Lei n. 13.303, de 30 de junho de 2016 (Brasil, 2016a) – foi editada apenas em 2016 e normatizou o procedimento de licitação para empresas públicas.

Por fim, o art. 175 da CF/1988 estabeleceu a obrigatoriedade da adoção de procedimento licitatório para a prestação de serviços públicos sob os regimes de concessão ou permissão. A Lei n. 8.987, de 13 de fevereiro de 1995 (Brasil, 1995a), e a Lei n. 11.079, de 30 de dezembro de 2004 (Brasil, 2004a), previram regras específicas e algumas peculiaridades a respeito da licitação para contratos de concessão de serviço público.

— 1.3 —
Breve panorama do quadro legislativo atual

Como vimos, o constituinte concedeu à União a prerrogativa de estabelecer normas gerais sobre licitação, que necessariamente devem ser observadas pelos demais entes que compõem o sistema federativo. A própria União, os estados, o Distrito Federal e os municípios podem editar leis sobre normas específicas atinentes ao procedimento licitatório, exercendo competência suplementar devidamente amparada pela Constituição Federal.

Diante desse panorama, mostra-se praticamente impossível a tarefa de localizar e sistematizar **todas** as leis que tratam do tema. Apesar disso, entendemos que o enquadramento normativo da matéria pode ser bem visualizado com a sistematização das normas gerais editadas pela União (que, por terem esse caráter, são de observância obrigatória aos demais entes federativos).

Conforme elucida Justen Filho (2015a, p. 490), há, atualmente, "três regimes licitatórios utilizados para o aperfeiçoamento de contratos administrativos de colaboração", que são normatizados pelas leis citadas a seguir:

> **Lei n. 8.666/1993**: é considerada, atualmente, a Lei Geral de Licitações, e prevê as regras e princípios aplicáveis às contratações pertinentes a obras, serviços, inclusive de publicidade, compras, alienações e locações no âmbito dos Poderes da União, dos Estados, do Distrito Federal e dos Municípios.

Estabelece cinco modalidades licitatórias (concorrência, tomada de preços, convite, concurso e leilão), estabelecendo os pressupostos de aplicação de cada uma delas.

Lei n. 10.520/2002: é denominada de Lei do Pregão, tendo criado o pregão como modalidade específica destinada à aquisição de bens e serviços comuns, ou seja, aqueles cujos padrões de desempenho e qualidade podem ser objetivamente definidos pelo edital por meio de especificações usuais no mercado.

Lei n. 12.462/2011: criou o Regime Diferenciado de Contratações Públicas – RDC, utilizado originalmente para as contratações relacionadas a eventos desportivos (Copa das Confederações, Copa do Mundo, Jogos Olímpicos e Jogos Paralímpicos), assim como obras de infraestrutura e serviços para os aeroportos das capitais dos Estados da Federação, distantes até 350 km (trezentos e cinquenta quilômetros) das cidades sedes das competições. O RDC foi posteriormente ampliado para abranger diversos outros tipos de obra de infraestrutura (ações integradas do Programa de Aceleração do Crescimento – PAC, obras e serviços no âmbito do Sistema Único de Saúde – SUS, obras e serviços de estabelecimentos penais e de unidades de atendimento socioeducativo, etc). É importante citar que o RDC não revogou a Lei Geral de Licitações (Lei n. 8.666/1993), sendo opcional a sua utilização pelo administrador público competente, desde que preenchidos os requisitos da lei. (Justen Filho, 2015a, p. 490, grifo nosso)

Como é fácil verificar, embora a Lei n. 8.666/1993 discipline as principais regras atinentes à licitação e à contratação administrativa, não há, atualmente, um único diploma legislativo que consolide todas as modalidades e todos os procedimentos licitatórios.

Isso ocorre porque, ao longo do tempo, o procedimento e as modalidades licitatórias previstas na Lei n. 8.666/1993 se tornaram insuficientes para dar conta de atender às demandas procedimentais de contratação da Administração Pública. Diante da necessidade de um regime mais flexível para a aquisição de produtos e serviços comuns e para as contratações ligadas a eventos desportivos de grande vulto, foram editadas as Leis n. 10.520, de 17 de julho de 2002 (Brasil, 2002) – Lei do Pregão –, e n. 12.462, de 4 de agosto de 2011 (Brasil, 2011c) – Lei do Regime Diferenciado de Contratações Públicas (RDC).

Grandes alterações no complexo cenário legislativo estão por vir com a publicação da **Lei n. 14.133/2021**.

Nesse sentido, com o objetivo de unificar os regimes licitatórios em uma única lei, a Lei n. 14.133/2021 revogou da Lei do Pregão e a Lei do RDC. A ideia central da lei de 2021 é consolidar, em um único diploma legal, todas as regras e todos os procedimentos antes esparsos nas Leis n. 8.666/1993, n. 10.520/2002 e n. 12.462/2011. Entretanto, embora vise substituir a legislação sobre licitações com uma espécie de junção de diplomas legais, é certa a necessidade de inauguração de uma nova metodologia lógica de interpretação de suas normas. Moreira (2021) afirmou a necessidade de que o novo marco legal deva ser interpretado com base em suas próprias racionalidades:

Todavia, interpretações retrospectivas em nada colaboram para a eficácia das mudanças. Ao contrário: congelam o passado e impedem que a futura lei seja mesmo algo de novo. [...]

Por outro, a nova lei subverte muito da lógica das anteriores, tornando-a sem sentido. [...]

Interpretar a futura lei de licitações e contratos à luz da 8.666, ou de qualquer outra já revogada, seria o mesmo que defender a incidência do Código Civil de 1916 diante daquele promulgado em 2002. [...]

Notemos, ainda, que há diversas outras leis que preveem normas relevantes a respeito da licitação, as quais devem ser consideradas no estudo da matéria. A título de exemplo, citamos a Lei n. 8.987/1995 e a Lei n. 11.079/2004, que estabelecem regras específicas a respeito do procedimento licitatório aplicável a contratos de concessão, permissão e parcerias público-privadas (PPPs).

Além disso, é relevante destacar que a Lei n. 12.232, de 29 de abril de 2010 (Brasil, 2010a), dispõe sobre as normas gerais aplicáveis à licitação e à contratação de serviços de publicidade prestados por intermédio de agências de propaganda.

A Lei n. 13.303/2016, por sua vez, conferiu o devido cumprimento ao art. 173, parágrafo 1º, da Constituição Federal, estabelecendo regras específicas sobre licitação no estatuto jurídico da empresa pública, da sociedade de economia mista e de suas subsidiárias. Portanto, é aplicável apenas às referidas entidades que integram a Administração Pública indireta da União, dos estados, do Distrito Federal e dos municípios.

Por fim, a Lei Complementar n. 123, de 14 de dezembro de 2006 (Brasil, 2006a), ao instituir o Estatuto Nacional da Microempresa e Empresa de Pequeno Porte, previu as regras que conferem tratamento favorecido a essas empresas em procedimentos licitatórios.

— 1.3.1 —
Regras de transição previstas na Lei n. 14.133/2021

A Lei n. 14.133/2021 estabelece um novo marco legal do regime licitatório para a Administração Pública direta, autárquica e fundacional da União, dos estados, do Distrito Federal e dos municípios, consolidando em um único diploma normativo o regime jurídico sobre a matéria.

Vale citar, porém, que continuarão vigentes as regras atinentes aos procedimentos licitatórios previstas na Lei n. 8.987/1995 e na Lei n. 11.079/2004 (que tratam de concessões, permissões e PPPs), na Lei n. 12.232/2010 (que dispõe sobre a contratação de serviços de publicidade) e na Lei n. 13.303/2016 (que dispõe sobre o estatuto jurídico da empresa pública, da sociedade de economia mista e de suas subsidiárias).

É importante destacar que a Lei n. 14.133/2021 prevê regras específicas atinentes ao período de transição para a aplicação de suas normas. O art. 191 dessa lei define que, em um período de dois anos a contar de sua publicação, o administrador público poderá optar pela realização do procedimento licitatório com base tanto nas novas regras quanto naquelas dispostas nas Leis n. 8.666/1993, n. 10.520/2002 e n. 12.462/2011.

Em outras palavras: por um período de dois anos, será possível que a Administração Pública opte discricionariamente por utilizar as regras de licitação atualmente vigentes ou aquelas previstas na Lei n. 14.133/2021.

Como é evidente, não é dado ao administrador mesclar regras antigas e novas. Uma vez efetuada a escolha, tanto o procedimento licitatório quanto o contrato administrativo serão regidos pelo regime jurídico eleito. Vejamos a redação do art. 191 da Lei n. 14.133/2021:

> Art. 191. Até o decurso do prazo de que trata o inciso II do *caput* do art. 193, a Administração poderá optar por licitar ou contratar diretamente de acordo com esta Lei ou de acordo com as leis citadas no referido inciso, e a opção escolhida deverá ser indicada expressamente no edital ou no aviso ou instrumento de contratação direta, vedada a aplicação combinada desta Lei com as citadas no referido inciso.
>
> Parágrafo único. Na hipótese do *caput* deste artigo, se a Administração optar por licitar de acordo com as leis citadas no inciso II do *caput* do art. 193 desta Lei, o contrato respectivo será regido pelas regras nelas previstas durante toda a sua vigência. (Brasil, 2021a)

Depois do transcurso do prazo de dois anos da publicação da Lei n. 14.133/2021 (ocorrida em 1º de abril de 2021), as Leis n. 8.666/1993, n. 10.520/2002 e n. 12.462/2011 serão integralmente revogadas, não sendo admitida sua utilização para a realização de novos certames licitatórios.

— 1.4 —
Competência legislativa

Já vimos que, conforme a doutrina especializada, a licitação é um procedimento administrativo disciplinado por lei, que busca realizar uma série de objetivos previstos constitucionalmente. Além disso, a obrigação de licitar deriva do próprio texto constitucional, que impõe à Administração Pública (*lato sensu*) o dever de seguir regras predeterminadas em suas contratações, de forma a obedecer aos princípios regentes do direito administrativo previstos no art. 37 da Constituição Federal.

Algumas questões se colocam relevantes após as referidas constatações: Existem normas aplicáveis a todos os entes federativos no que concerne ao regime de seleção e contratação pública? Se a resposta for afirmativa, quem pode editar referidas normas? Há compatibilidade entre a edição de normas gerais por um ente competente e o necessário resguardo ao princípio federativo? Qual nível de autonomia pode ser assegurado aos demais entes da federação no que concerne à edição de normas relativas ao procedimento licitatório?

Tentaremos responder a essas perguntas com a análise de decisões jurisprudenciais relevantes e valiosos ensinamentos doutrinários.

— 1.4.1 —
Competência da União para dispor sobre normas gerais

O art. 22, inciso XXVII, da Constituição Federal estabelece de forma expressa que compete privativamente à União legislar sobre

> XXVII - normas gerais de licitação e contratação, em todas as modalidades, para as administrações públicas diretas, autárquicas e fundacionais da União, Estados, Distrito Federal e Municípios, obedecido o disposto no art. 37, XXI, e para as empresas públicas e sociedades de economia mista, nos termos do art. 173, § 1º, III; (Brasil, 1988)

Uma breve e tímida aproximação ao referido dispositivo constitucional já nos permite responder ao primeiro questionamento feito anteriormente: existem, sim, normas aplicáveis de forma genérica a todos os entes federativos no que concerne ao procedimento de licitação e contratação. A rigor, é possível ir além: as normas gerais editadas pela União se aplicam não apenas aos entes federativos (que, como sabemos, compõem o que se denomina de *Administração direta* de todas as esferas da federação), mas também às suas autarquias, fundações, empresas públicas e sociedades de economia mista.

A questão que se impõe agora é quase natural: O que seriam as tais normas gerais editadas pela União e aplicáveis aos demais entes que integram a administração pública?

Bandeira de Mello (2007) entende que, quando o texto constitucional se reporta ao conceito de **normas gerais**, está tratando daquelas normas cujo **nível de generalidade** é superior e peculiar se comparado às demais leis. De acordo com o autor, referidas normas gerais veiculam apenas:

> preceitos que estabelecem os princípios, os fundamentos, as diretrizes e os critérios básicos, conformadores das leis que necessariamente terão de sucedê-las para complementar a regência da matéria. [...]
>
> preceitos que podem ser aplicados uniformemente em todo o País, por se adscreverem a aspectos nacionalmente inderençados, de tal sorte que repercutem com neutralidade, indiferentemente, em quaisquer de suas regiões ou localidades. (Bandeira de Mello, 2007, p. 510-511)

Como é possível verificar, ainda que o conceito de normas gerais seja indeterminado, é possível compreender que estamos diante de normas com razoável grau de abstração e generalidade, que podem e devem ser aplicadas de modo uniforme no processo de licitação de todos os entes da federação[15].

---

5 Cf. Oliveira, 2019.

Justen Filho (2009) também alude à dificuldade de identificar com precisão, segundo critérios abstratos, o que seriam normas gerais, diferenciando-as das não gerais. Tal imprecisão, porém, não impede o autor de localizar no ordenamento jurídico normas que se enquadram no núcleo de certeza positiva do conceito, ou seja, que indiscutivelmente se caracterizam como gerais e, portanto, são aplicáveis a todos os entes da federação. Tal núcleo de certeza e determinação abrangeria princípios e regras destinados a garantir uniformidade ao regime de licitações, buscando assegurar uma padronização jurídica mínima e a própria possibilidade e efetividade do controle por órgãos externos e pela sociedade.

A nosso ver, o autor anda bem ao considerar que as normas gerais editadas pela União se prestam a assegurar padronização normativa mínima necessariamente observada em todas as órbitas da federação: seria completamente ineficiente e avesso à segurança jurídica que cada ente federativo pudesse estabelecer regime completamente autônomo e diverso para suas licitações. Além disso, tal proceder inviabilizaria qualquer tipo de exercício de controle por órgãos externos, fazendo tábula rasa dos princípios que, de acordo com o art. 37 da Constituição Federal, necessariamente devem reger a atividade administrativa.

Esclarecida a relevância das normas gerais, cabe analisar, no próximo tópico, o espaço legislativo resguardado aos entes locais para tratar de temas ligados à licitação.

— 1.4.2 —
Competência legislativa resguardada aos demais entes federativos

Como afirmamos, não há dúvidas de que o constituinte atribuiu à União a incumbência de estabelecer privativamente normas gerais relativas à licitação, que obrigatoriamente devem ser observadas por todos os entes federativos.

É certo, porém, que, ao atribuir à União a competência para a edição de normas gerais, o constituinte reservou aos demais entes federativos a competência para a edição de normas especiais, que devem disciplinar o regime da licitação segundo particularidades locais. Em outras palavras: ainda que a União possa e deva estabelecer parâmetros normativos uniformes e gerais obrigatórios a todos os entes da federação, tal circunstância não impede os estados, o Distrito Federal e os municípios de exercerem sua autonomia federativa, prevendo normas que atendam às suas necessidades próprias e específicas.

Como decorrência do próprio princípio federativo, portanto, os demais entes da federação têm **competência legiferante** para suplementar as eventuais insuficiências existentes nas normas gerais editadas pela União. Aqui deve ficar claro: aos demais entes da federação é dado acrescentar, suprir e suplementar as normas gerais editadas pela União, de modo a conferir efetividade e resguardo aos interesses e às necessidades locais.

Oliveira (2019, p. 35) resume bem o campo normativo reservado ao exercício da competência legislativa suplementar ao afirmar que os entes federativos têm "competência autônoma para elaboração de normas específicas (federais, estaduais, distritais e municipais), com o objetivo de atenderem as peculiaridades socioeconômicas, respeitadas as normas gerais". A ressalva final feita pelo autor é de suma importância: no exercício da atividade legislativa suplementar, é sempre necessária a observância às normas gerais editadas pela União. Muitas dessas normas gerais estão dispostas na Lei n. 8.666/1993, diploma editado pela União que traz algumas das mais importantes regras relativas ao procedimento licitatório.

É importante destacar, porém, que, apesar de o art. 1º da referida lei estabelecer que todas as normas nela contidas teriam caráter geral, tal conclusão não parece ser a mais acertada. Nesse sentido, o STF já decidiu que a Lei n. 8.666/1993 tem caráter híbrido, razão pela qual apenas parte de suas normas seriam aplicáveis indistintamente a todos os entes da federação, caracterizando-se, assim, como gerais e nacionais.

Para Figueiredo (1997), é certo que a Lei n. 8.666/1993 não contém apenas normas gerais, prevendo também normas específicas aplicáveis apenas à União. A autora entende que os estados, o Distrito Federal e os municípios têm ampla competência legislativa para pormenorizar o que consta na Lei n. 8.666/1993, atendendo aos interesses locais. A competência suplementar dos entes federativos, nesse sentido, poderia ser exercida inclusive na criação de novas hipóteses de inexigibilidade de licitação, bem como seriam admitidas inovações legislativas quanto às exigências para a habilitação e aos aspectos procedimentais formais de análise e julgamento das propostas.

O STF apresenta precedentes importantes que nos auxiliam a delimitar e compreender o espaço legislativo reservado aos entes da federação para dispor sobre normas específicas relativas à licitação. Abordaremos alguns desses precedentes no tópico seguinte.

— 1.4.3 —
Competência para a edição de normas suplementares sobre licitação segundo o STF

Por diversas oportunidades, questões relativas aos limites da competência legislativa para a edição de normas suplementares sobre licitação foram levadas ao STF.

Em um caso de 2020, o STF decidiu ser inconstitucional uma lei municipal que criou a obrigatoriedade da realização de prévia audiência pública nas hipóteses em que a licitação supere o valor de cinco milhões de reais (Brasil, 2020a). É relevante destacar que o art. 39 da Lei n. 8.666/1993 prevê que deve ser realizada audiência pública apenas para licitações cujo valor seja superior a 150 milhões de reais.

Nos termos do voto do Ministro Relator Alexandre de Moraes, o legislador municipal teria extrapolado e invadido a competência da União para dispor sobre normas gerais, especialmente diante da existência de prévio limite constante na Lei Geral de

Licitações (Lei n. 8.666/1993). De acordo com tal entendimento, a competência suplementar reservada aos demais entes federativos não permitiria a alteração de regras de caráter nacional já estabelecidas, sob pena de se admitir que os municípios ou demais entes da federação impusessem, ao seu arbítrio, condições/restrições ao processo licitatório.

Em outro julgado relevante sobre o tema, o STF entendeu pela inconstitucionalidade de uma lei estadual que previu a necessidade da apresentação, pelos licitantes, de certidão negativa de violação aos direitos dos consumidores como exigência de habilitação no certame licitatório. Em seu voto, o Ministro Relator Teori Zavascki reconheceu a dificuldade de estabelecer balizas ao conceito de normas gerais, oferecendo, porém, valiosa contribuição para validar a atuação suplementar pelo legislador local:

> Para se validar, portanto, a suplementação oferecida pelas leis locais em adendo às normas gerais do ordenamento deve passar, pelo menos, por um teste constituído de duas etapas: (a) a identificação, em face do modelo nacional concretamente estabelecido, das normas gerais do sistema; e a (b) verificação da compatibilidade, direta e indireta, entre as normas gerais estabelecidas e as inovações fomentadas pelo direito local. (Brasil, 2016b)

Seguindo o referido teste, o primeiro passo seria identificar o âmbito material da regulação da norma local (se tratou ou não de questões que podem ser caracterizadas como normas gerais).

De acordo com o Ministro Teori Zavascki, apenas a União pode estabelecer primariamente condições e requisitos de participação em licitações, especialmente por se tratar de matéria intimamente relacionada com a restrição à competitividade do certame (Brasil, 2016b).

Isso não quer dizer, contudo, que os demais entes federativos não possam inovar quanto a essa matéria: a previsão de novas restrições à participação em licitações apenas é possível quando efetuado com o objetivo de "estabelecer condições específicas, nomeadamente quando relacionadas a uma classe de objetos a serem contratados ou a peculiaridades e circunstâncias de interesse local" (Brasil, 2016b).

Como é possível constatar, a possibilidade de suplementar as normas gerais editadas pela União parece depender da efetiva comprovação – por parte dos demais entes federativos – de que as inovações previstas buscam atender a interesses e necessidades locais.

O STF também já se manifestou pela impossibilidade da ampliação por lei estadual das hipóteses de dispensa de licitação, na Ação Direta de Inconstitucionalidade (ADI) n. 4.658 (Paraná), de 2019 (Brasil, 2019b).

Em interessante precedente, entendeu ser constitucional lei municipal que proibiu a contratação com o município de

> parentes, afins ou consanguíneos, do prefeito, do vice-prefeito, dos vereadores e dos ocupantes de cargo em comissão

ou função de confiança, bem como dos servidores e empregados públicos municipais, até seis meses após o fim do exercício das respectivas funções [...]. (Brasil, 2012c)

De acordo com o voto do Ministro Relator Joaquim Barbosa, a lei municipal teria suplementado as disposições contidas no art. 9º da Lei n. 8.666/1993, que erige uma série de impedimentos à participação de determinadas pessoas em procedimentos licitatórios. O legislador municipal, nesse caso, teria exercido regularmente sua competência para complementar as normas gerais editadas pela União, de forma a atender às peculiaridades e circunstâncias locais, realizando, ainda, o princípio da moralidade administrativa.

Como é possível verificar, os precedentes do STF confirmam a fluidez conceitual da expressão utilizada pelo constituinte (*normas gerais*) para definir a competência legislativa da União, o que permite estabelecer algumas balizas interpretativas mínimas para a identificação do espaço legislativo reservado aos demais entes federativos. Assim, podemos afirmar que, embora seja possível a criação de normas pelos estados, pelo Distrito Federal e pelos municípios para o atendimento às circunstâncias e peculiaridades locais, a autonomia federativa de nenhum modo pode significar a violação aos princípios e às regras mais relevantes do regime licitatório.

Capítulo 2

Princípios da licitação

Os princípios jurídicos são enunciados lógicos dotados de grande generalidade, que, nas palavras de Bandeira de Mello (2007), correspondem ao **mandamento nuclear** do sistema jurídico, seu verdadeiro alicerce. Tais princípios ocupam a base do ordenamento jurídico e servem para definir toda a lógica e a racionalidade do sistema (Carrazza, 2015).

Abordaremos, inicialmente, os princípios básicos fundamentais que norteiam o procedimento da licitação, previstos no art. 3º da Lei n. 8.666, de 21 de junho de 1993 (Brasil, 1993).

Também serão analisados os princípios e as diretrizes previstos na Lei n. 14.133, de 1º de abril de 2021 (Brasil, 2021a), além daqueles apontados pela doutrina e jurisprudência como essenciais à compreensão da matéria.

Ainda neste capítulo, trataremos da função regulatória da licitação, com o tratamento favorecido concedido às microempresas e empresas de pequeno porte, assim como as regras voltadas à promoção do desenvolvimento nacional na contratação pública.

— 2.1 —
Princípios previstos na Lei n. 8.666/1993

O art. 3º, *caput*, da Lei n. 8.666/1993 prevê os princípios que devem nortear o regime jurídico da licitação:

Art. 3º A licitação destina-se a garantir a observância do princípio constitucional da isonomia, a seleção da proposta mais vantajosa para a administração e a promoção do desenvolvimento nacional sustentável e será processada e julgada em estrita conformidade com os princípios básicos da legalidade, da impessoalidade, da moralidade, da igualdade, da publicidade, da probidade administrativa, da vinculação ao instrumento convocatório, do julgamento objetivo e dos que lhes são correlatos. (Brasil, 1993)

A seguir, abordaremos, de forma detalhada, cada um dos princípios enunciados na referida lei.

— 2.1.1 —
Princípio da legalidade

Previsto no art. 37 da Constituição Federal (CF) de 1988, o princípio da legalidade impõe ao administrador que sua atividade obedeça estritamente aos limites e parâmetros dispostos em lei.

De forma singela, é possível dizer que a Administração Pública apenas pode fazer o que a lei autoriza, por isso detém um nível de liberdade muito inferior ao do particular, que tem liberdade para fazer tudo aquilo que a lei não proíbe (França, 2007).

Em licitação, é certo que o administrador deve seguir com rigor as regras previstas na lei: não pode criar nova modalidade de licitação nem mesmo combinar duas modalidades já existentes (Furtado, 2010). Deve, sim, escolher a modalidade correta nos termos da legislação de regência.

De igual modo, ao administrador não é dado utilizar critérios de julgamento de propostas não previstos na lei ou, ainda, dispensar a licitação quando não autorizado expressamente pela lei.

O art. 4º da Lei n. 8.666/1993 descreve bem a relevância do princípio da legalidade para o procedimento licitatório, outorgando a "todos quantos participem" da licitação o "direito público subjetivo à fiel observância do pertinente procedimento estabelecido nesta lei" (Brasil, 1993).

O princípio da legalidade também está previsto no art. 5º da Lei n. 14.133/2021 e deve moldar a atuação de todos os participantes do procedimento licitatório. É relevante destacar que o referido princípio ganha força e mais concretude no novo regime licitatório inaugurado pela lei de 2021. A esse respeito, o art. 53 da referida lei prevê a necessidade de controle prévio da legalidade do processo licitatório antes da divulgação do edital.

Com efeito, deve a Administração Pública, em regra, submeter o processo licitatório ao seu órgão de assessoramento jurídico para análise e controle prévio da legalidade, o qual deverá aprovar ou não a contratação. Vejamos o que diz o já mencionado art. 53:

> Art. 53. Ao final da fase preparatória, o processo licitatório seguirá para o órgão de assessoramento jurídico da Administração, que realizará controle prévio de legalidade mediante análise jurídica da contratação.
>
> § 1º Na elaboração do parecer jurídico, o órgão de assessoramento jurídico da Administração deverá:

I – apreciar o processo licitatório conforme critérios objetivos prévios de atribuição de prioridade;

II – redigir sua manifestação em linguagem simples e compreensível e de forma clara e objetiva, com apreciação de todos os elementos indispensáveis à contratação e com exposição dos pressupostos de fato e de direito levados em consideração na análise jurídica;

III – (VETADO).

§ 2º (VETADO).

§ 3º Encerrada a instrução do processo sob os aspectos técnico e jurídico, a autoridade determinará a divulgação do edital de licitação conforme disposto no art. 54.

§ 4º Na forma deste artigo, o órgão de assessoramento jurídico da Administração também realizará controle prévio de legalidade de contratações diretas, acordos, termos de cooperação, convênios, ajustes, adesões a atas de registro de preços, outros instrumentos congêneres e de seus termos aditivos.

§ 5º É dispensável a análise jurídica nas hipóteses previamente definidas em ato da autoridade jurídica máxima competente, que deverá considerar o baixo valor, a baixa complexidade da contratação, a entrega imediata do bem ou a utilização de minutas de editais e instrumentos de contrato, convênio ou outros ajustes previamente padronizados pelo órgão de assessoramento jurídico.

§ 6º (VETADO). (Brasil, 2021a)

A Lei n. 14.133/2021 – assim como a Lei n. 8.666/1993 – prevê a possibilidade de anulação do procedimento licitatório sempre que se constatar ilegalidade insanável.

Por último, cumpre destacar que, atualmente, o princípio da legalidade não se confunde mais com primazia da lei ou reserva específica da lei. Legalidade não é observância cega ao texto da lei.

Conforme leciona Sundfeld (2014, p. 269), "não é somente a lei que vincula a Administração".

O direito administrativo passou por importante transformação recente, de modo que a legalidade não se confunde mais com a letra fria da lei. Tanto o é que a doutrina, atualmente, denomina o princípio da legalidade como *princípio da juridicidade*, segundo o qual a Administração estaria vinculada à lei, aos princípios, à Constituição Federal, aos regulamentos e à jurisprudência[1].

Nesse sentido, vejamos, brevemente, o que leciona a doutrina de Oliveira (2020) e de Moreira Neto (2018):

> **A lei, como fonte do Direito Administrativo, deve ser considerada em seu sentido amplo para abranger as normas constitucionais**, a legislação infraconstitucional, os regulamentos administrativos e os tratados internacionais. **Trata-se da ideia de juridicidade segundo a qual o administrador deve respeitar a lei e o Direito.** Em virtude do processo de constitucionalização do ordenamento jurídico, o Direito Administrativo

---

1 Cf. Oliveira, 2010.

deve ser (re)interpretado à luz do texto constitucional, fato que demonstra a necessidade de releitura de alguns institutos jurídicos clássicos para se adequarem aos direitos fundamentais e demais normas constitucionais vigentes. (Oliveira, 2020, p. 83, grifo nosso)

A partir do reconhecimento do papel central da Constituição e da normatividade dos princípios constitucionais, **a legalidade deixa de ser o único parâmetro para verificação da validade da atuação administrativa. Trata-se do princípio da juridicidade que não aceita a concepção da Administração vinculada exclusivamente às regras prefixadas nas leis**, mas sim ao próprio Direito, o que inclui as regras e princípios previstos na Constituição. (Oliveira, 2020, p. 500, grifo nosso)

Para superar a limitação conceitual racionalista da legalidade à mera produção legislativa formal, tornou-se necessário recorrer a uma caracterização mais rica, complexa e abrangente de valores – a de juridicidade –, que, desse modo, passava a ser o resultado não só de uma frutífera integração da legalidade com a legitimidade, como da proveitosa adição do reforço da, quase abandonada, licitude – a força moral que se firma na base do jurismo –, que, após tanto tempo desprezada pelo positivismo jurídico, ressurgia no bojo desse complexo processo evolutivo, de modo a garantir às ordens jurídicas da Pós-Modernidade, o indispensável norte ético do Direito, que, sem apostar a conquista moderna da racionalidade, o faz conviver comodamente com a razoabilidade. (Moreira Neto, 2018, p. 136, grifo nosso)

A Administração Pública, portanto, não está mais obrigada a observar e aplicar (cegamente) a lei. Pode a Administração aplicar entendimento teleológico por meio da ponderação de princípios constitucionais e legais para construir a solução do caso concreto com base no princípio da legalidade (juridicidade).

— 2.1.2 —
Princípio da impessoalidade

Trata-se, também, de princípio expressamente previsto no art. 37 da Constituição Federal, que necessariamente deve reger toda a atividade administrativa. Impõe que o administrador atue **para realizar o interesse público, ficando impedido de buscar interesse próprio ou de terceiros**, como bem aponta Meirelles (2000).

Assim, o administrador público apenas pode dar início a qualquer procedimento licitatório se houver inequívoco interesse público na celebração de contrato administrativo. Não pode, por **evidente, adotar conduta com desvio de finalidade**, ou seja, para atender a interesses próprios ou de terceiros.

De igual modo, durante o transcurso do procedimento licitatório, o administrador deve conferir tratamento equivalente e isonômico entre todos os licitantes. Obviamente, é vedada qualquer tentativa de favorecimento ou direcionamento.

O instrumento convocatório deve prever requisitos de habilitação e exigências de qualificação técnica ou econômico-financeira que atendam às peculiaridades do objeto licitado (que não sejam demasiadamente restritivas ou direcionadas a favorecer quem quer que seja).

Por fim, é imperioso destacar que o administrador deve sempre observar aos critérios objetivos previstos na lei e no instrumento convocatório, afastando-se de subjetivismos que possam, eventualmente, acarretar a violação ao princípio da impessoalidade.

Com efeito, conforme Di Pietro (2019), o princípio da impessoalidade está relacionado aos princípios da isonomia e do julgamento objetivo, de modo que

> todos os licitantes devem ser tratados igualmente, em termos de direitos e obrigações, devendo a Administração, em suas decisões, pautar-se por critérios objetivos, sem levar em consideração as condições pessoais do licitante ou as vantagens por ele oferecidas, salvo as expressamente previstas na lei ou no instrumento convocatório. (Di Pietro, 2019, p. 772)

O princípio da impessoalidade também está previsto expressamente no art. 5º da Lei n. 14.133/2021. Nessa lei, existem, ainda, diversas regras que buscam direta ou indiretamente conformar a atuação do administrador público ao referido princípio. Como exemplo, temos o art. 9º:

Art. 9º É vedado ao agente público designado para atuar na área de licitações e contratos, ressalvados os casos previstos em lei:

I – admitir, prever, incluir ou tolerar, nos atos que praticar, situações que:

a) comprometam, restrinjam ou frustrem o caráter competitivo do processo licitatório, inclusive nos casos de participação de sociedades cooperativas;

b) estabeleçam preferências ou distinções em razão da naturalidade, da sede ou do domicílio dos licitantes;

c) sejam impertinentes ou irrelevantes para o objeto específico do contrato;

II – estabelecer tratamento diferenciado de natureza comercial, legal, trabalhista, previdenciária ou qualquer outra entre empresas brasileiras e estrangeiras, inclusive no que se refere a moeda, modalidade e local de pagamento, mesmo quando envolvido financiamento de agência internacional;

III – opor resistência injustificada ao andamento dos processos e, indevidamente, retardar ou deixar de praticar ato de ofício, ou praticá-lo contra disposição expressa em lei.

§ 1º Não poderá participar, direta ou indiretamente, da licitação ou da execução do contrato agente público de órgão ou entidade licitante ou contratante, devendo ser observadas as **situações que possam configurar conflito de interesses no exercício ou após o exercício do cargo ou emprego, nos termos da legislação que disciplina a matéria.**

§ 2º As vedações de que trata este artigo estendem-se a terceiro que auxilie a condução da contratação na qualidade de integrante de equipe de apoio, profissional especializado ou funcionário ou representante de empresa que preste assessoria técnica. (Brasil, 2021a)

— 2.1.3 —
Princípios da moralidade e da probidade administrativa

Tais princípios exigem que os agentes da Administração Pública atuem não apenas de forma lícita, mas em plena observância à boa-fé, aos bons costumes e às regras da boa administração (Di Pietro, 2019).

Apesar de se tratar de conceitos relativamente vagos, é importante destacar a existência de uma série de instrumentos jurídicos processuais estruturados justamente para proteger e controlar a moralidade e a probidade administrativas. Como exemplos, Oliveira (2020) cita a ação de improbidade – Lei n. 8.429, de 2 de junho de 1992 (Brasil, 1992) –, a ação popular – Lei n. 4.717, de 29 de junho de 1965 (Brasil, 1965) –, e a ação civil pública – Lei n. 7.437, de 20 de dezembro de 1985 (Brasil, 1985).

Em licitação, os referidos princípios impõem que tanto a Administração Pública quanto os particulares que participam do certame licitatório atuem em plena conformidade com a boa-fé e a ética. Os particulares, por exemplo, devem apresentar documentos e informações verdadeiros; é completamente vedado qualquer tipo de conluio ou artifício que possa frustrar o caráter competitivo do certame. O administrador público, por sua vez, não pode fornecer informações privilegiadas a respeito do certame nem mesmo atuar para privilegiar qualquer interessado com o estabelecimento de exigências de habilitação ou de qualificação.

É importante citar, ainda, que, de acordo com o art. 10, inciso VIII, da Lei n. 8.429/1992, constitui ato de improbidade administrativa a frustação da licitude do processo licitatório, bem como sua dispensa indevida.

Nesse sentido, apenas a título exemplificativo da aplicabilidade dos referidos princípios, o Tribunal de Contas da União (TCU) tem entendimento consolidado de que

> A visita técnica coletiva ao local de execução dos serviços contraria os princípios da moralidade e da probidade administrativa, pois permite ao gestor público ter prévio conhecimento das licitantes, bem como às próprias empresas terem ciência do universo de concorrentes, criando condições favoráveis à prática de conluio. (Brasil, 2017f)[2]

Os princípios da moralidade e da probidade administrativa também foram previstos expressamente no art. 5º da Lei n. 14.133/2021. Vale destacar que referida lei parece avançar no controle desses princípios ao prever, de forma expressa, a obrigatoriedade da implantação de programa de integridade (*compliance*) pelo licitante vencedor nas contratações de obras, serviços e fornecimentos de grande vulto, nos termos do art. 25,

---

2 Cf. TCU: Acórdão n. 234/2015 e Acórdão n. 2.672/2016.

parágrafo 4º. O desenvolvimento de programa de integridade pode ser utilizado, ainda, como critério de desempate entre licitantes e quando se constituir em um fator de mensuração em eventual aplicação de sanções por infrações administrativas.

— 2.1.4 —
Princípio da igualdade

Está previsto expressamente no art. 5º da Constituição Federal e, no que concerne à licitação e à contratação pública, também em seu art. 37, inciso XXI. A dicção do referido dispositivo constitucional é clara e certeira: o processo de licitação pública deve assegurar "igualdade de condições a todos os concorrentes", que devem competir de forma justa para acessar a máquina de contratação pública (Brasil, 1988).

Não poderia ser diferente: a licitação, como vimos, é um procedimento que tem por objetivo selecionar a proposta mais vantajosa para a Administração Pública, não se prestando a realizar ou se conformar a interesses particulares. Assim, não há dúvidas de que o princípio da igualdade tem íntima relação com os princípios da impessoalidade, da moralidade e da probidade administrativa (Di Pietro, 2019).

A Lei n. 8.666/1993 prevê, em seu art. 3º, parágrafo 1º, regras gerais de não discriminação entre os licitantes, vedando a inclusão nos atos convocatórios de "cláusulas ou condições que comprometam, restrinjam ou frustrem o seu caráter competitivo", além de impedir a dispensa de tratamento diferenciado entre empresas brasileiras ou estrangeiras (Brasil, 1993).

Como é possível verificar, o legislador estabeleceu uma ideia geral de igualdade entre os licitantes, que apenas pode ser mitigada em casos específicos sempre previstos em lei. Isso quer dizer que o administrador não pode, por *sponte propria*, conferir tratamento diferenciado aos licitantes, sob pena de ferir de morte o princípio da igualdade.

A Lei n. 14.133/2021 também prevê, em seu art. 5º, a necessidade de resguardo ao princípio da igualdade entre os licitantes. Diversos outros dispositivos constantes na referida lei buscam realizar referido princípio. Nesse sentido, é certo que o tratamento isonômico entre os licitantes corresponde a um dos objetivos primordiais a serem alcançados no processo licitatório, conforme redação do art. 11, inciso II.

— 2.1.5 —
Princípio da publicidade

As informações concernentes ao procedimento da licitação devem ser essencialmente públicas, conferindo-se a devida transparência ao certame. Por evidente, a publicidade dos atos praticados no procedimento licitatório permite que o maior número de interessados participe do processo, assegurando a máxima competitividade possível (Di Pietro, 2019).

Além disso, apenas com efetiva transparência torna-se possível o controle dos atos praticados no certame pelos próprios licitantes e por terceiros.

Vários são os dispositivos da Lei n. 8.666/1993 que evidenciam a relevância do resguardo à publicidade nesse contexto: o art. 3º, parágrafo 3º, por exemplo, determina de forma expressa que "A licitação não será sigilosa, sendo públicos e acessíveis ao público os atos de seu procedimento, salvo quanto ao conteúdo das propostas, até a respectiva abertura" (Brasil, 1993).

É preciso considerar, ainda, as regras que permitem a qualquer cidadão o direito de impugnar o edital da licitação e o dever da Administração de responder publicamente à respectiva impugnação.

De igual modo, a Lei n. 14.133/2021 também faz referência expressa, em seu art. 5º, ao princípio da publicidade. O art. 13 estipula que os atos praticados no processo licitatório devem ser prioritariamente públicos, "ressalvadas as hipóteses de informações cujo sigilo seja imprescindível à segurança da sociedade e do Estado, na forma da lei" (Brasil, 2021a).

— 2.1.6 —
Princípio da vinculação ao instrumento convocatório

O instrumento convocatório regula as questões mais relevantes do procedimento licitatório e serve como parâmetro essencial de interpretação para futuras questões contratuais (Furtado,

2010). Esse instrumento deve necessariamente traçar as regras essenciais do certame, as quais devem ser obedecidas com rigor tanto pela Administração Pública quanto pelos licitantes.

O art. 41 da Lei n. 8.666/1993 explicita a relevância do princípio em questão, dispondo de forma expressa que "A Administração não pode descumprir as normas e condições do edital, ao qual se acha estritamente vinculada" (Brasil, 1993).

Em poucas linhas, é possível expressar com clareza o teor do princípio da vinculação ao instrumento convocatório: trata-se de exigência clara de previsibilidade, que impõe a plena observância às regras já estabelecidas que necessariamente vinculam todos aqueles que participam direta ou indiretamente do certame licitatório.

Uma questão relevante diz respeito à obrigatoriedade de observância pelos licitantes e pela Administração de todos os documentos e arquivos anexos ao edital (planilhas, memorial descritivo, projetos, orçamentos etc.). Conforme entendimento consolidado dos órgãos de controle, tais documentos acessórios integram o edital para toda e qualquer finalidade, razão pela qual devem ser fielmente obedecidos pelos licitantes e pelo administrador público.

Com efeito, desse princípio decorre a ideia clássica de que o edital é a lei interna da licitação, uma vez que vincula os licitantes e a Administração Pública aos seus dispositivos (Oliveira, 2020).

Esse princípio foi previsto de forma expressa no art. 5º da Lei n. 14.133/2021. Além disso, o art. 92, inciso II, da mesma lei estabelece como obrigatória a previsão, em todo contrato administrativo, de cláusula que estabeleça "a vinculação ao edital e à proposta do licitante vencedor, ou ao ato que tiver autorizado a contratação direta e à respectiva proposta" (Brasil, 2021a).

— 2.1.7 —
Princípio do julgamento objetivo

Relaciona-se indissociavelmente com os princípios da impessoalidade e da vinculação ao instrumento convocatório. Impõe ao administrador a obrigatoriedade de adotar decisões neutras e imparciais, sempre atendendo às regras prefixadas para o certame (Justen Filho, 2019).

Nas palavras de Justen Filho (2009), em todas as fases da licitação, deve a Administração se basear exclusivamente nos critérios objetivos previstos na legislação e no instrumento convocatório, afastando-se de subjetivismos ou de critérios não previstos previamente (ainda que benéficos à Administração).

Os arts. 44 e 45 da Lei n. 8.666/1993 detalham a necessidade de plena observância ao princípio do julgamento objetivo:

> Art. 44. No julgamento das propostas, a Comissão levará em consideração os critérios objetivos definidos no edital ou convite, os quais não devem contrariar as normas e princípios estabelecidos por esta Lei.

[...]
> Art. 45. O julgamento das propostas será objetivo, devendo a Comissão de licitação ou o responsável pelo convite realizá-lo em conformidade com os tipos de licitação, os critérios previamente estabelecidos no ato convocatório e de acordo com os fatores exclusivamente nele referidos, de maneira a possibilitar sua aferição pelos licitantes e pelos órgãos de controle. (Brasil, 1993)

Como é possível verificar, a observância rígida aos critérios e fatores estabelecidos no instrumento convocatório se faz essencial inclusive para permitir o devido acompanhamento do certame pelos licitantes e órgãos de controle.

Para fins de julgamento objetivo da licitação, a Lei n. 8.666/1993, em seu art. 45, parágrafo 1º, incisos I, II, III e IV, prevê os tipos de licitação (critérios de julgamento): de menor preço; de melhor técnica; de técnica e preço; de maior lance ou oferta.

O art. 5º da Lei n. 14.133/2021 também faz referência expressa ao princípio do julgamento objetivo das propostas. Deixa claro que o administrador público deve guiar-se pelos critérios previstos no ato convocatório, ficando de lado todo e qualquer subjetivismo que possa macular sua imparcialidade. A lei de 2021 prevê, ainda, em seu art. 33, os critérios objetivos de julgamento: menor preço, maior desconto, melhor técnica ou conteúdo artístico, técnica e preço, maior lance (leilão) e maior retorno econômico.

— 2.1.8 —
Princípio do sigilo das propostas

Está diretamente relacionado ao princípio da publicidade, previsto no art. 3º, parágrafo 3º, da Lei n. 8.666/1993: "A licitação não será sigilosa, sendo públicos e acessíveis ao público os atos de seu procedimento, salvo quanto ao conteúdo das propostas, até a respectiva abertura" (Brasil, 1993). Isso porque, embora o procedimento licitatório seja público e acessível aos interessados, o conteúdo das propostas é sigiloso até que realizada a sessão de abertura dos envelopes.

O sigilo das propostas visa assegurar a competitividade entre os licitantes, evitando-se, assim, que concorrentes obtenham vantagens ou informações relevantes a respeito de outras propostas apresentadas à Administração Pública.

O TCU tem entendimento rígido no sentido de punir as condutas que visem frustrar o referido princípio:

> 2 – Ainda que não haja vedação legal para a participação em concorrências de empresas com sócios em comum, a fraude à licitação, decorrente da frustração ao caráter competitivo e da quebra do sigilo das propostas, enseja a declaração de inidoneidade das empresas pertencentes a uma mesma pessoa. (Brasil, 2011i)

Nesse sentido, por exemplo, a previsão em edital que exige a apresentação prévia de informações importantes a respeito das propostas dos licitantes (valor, técnica etc.) violaria o referido princípio, uma vez que, além de possibilitar a ciência por outros concorrentes, influencia diretamente a avaliação e a decisão final da licitação.

Como forma de proteger o sigilo das propostas, o art. 94 da Lei n. 8.666/1993 (correspondente ao art. 337-J da Lei n. 14.133/2021) prevê como crime "Devassar o sigilo de proposta apresentada em procedimento licitatório, ou proporcionar a terceiro o ensejo de devassá-lo", punível com a pena de detenção, de dois a três anos, e multa (Brasil, 1993; 2021a).

— 2.1.9 —
Princípio da adjudicação compulsória

Ainda que implícito, esse princípio tem respaldo nos arts. 50, 64 e 81 da Lei n. 8.666/1993 e encontra correspondência parcial no art. 90, *caput* e parágrafo 5º, da Lei n. 14.133/2021.

Em breve síntese, ao final do certame licitatório, após sua homologação e depois de ter sido reconhecida a higidez do procedimento licitatório, a autoridade superior pode atribuir ao vencedor o objeto da licitação por meio do ato declaratório denominado de *adjudicação*. Nesse contexto, o princípio da adjudicação compulsória **supostamente** impediria que a Administração Pública atribuísse o objeto do contrato ao licitante que não seja o vencedor da licitação. Em tese, também impediria que a Administração iniciasse uma nova licitação – com o mesmo objeto – enquanto for válida a adjudicação do certame anterior.

Conforme será exposto mais adiante neste livro, é lógico que a Administração Pública não está obrigada a contratar o vencedor. O princípio visa proteger o vencedor de eventual tentativa de fraude ou favorecimento pelo gestor público, bem como pune o licitante vencedor e adjudicado no objeto da licitado que, ao ser convocado, recusa-se a assinar o contrato.

De todo modo, o princípio da adjudicação compulsória não se confunde com a celebração do contrato. Constitui-se em mero ato declaratório que garante ao licitante tal celebração quando a Administração Pública decida por assinar o contrato objeto do certame.

— 2.2 —
Princípios previstos na Lei n. 14.133/2021

A Lei n. 14.133/2021 ampliou o rol dos princípios previstos de forma expressa na Lei n. 8.666/1993.

De acordo com o art. 5º da lei de 2021[13], os seguintes princípios devem moldar a atuação da Administração Pública e dos particulares nas licitações e nos contratos administrativos:

---

3 "Art. 5º Na aplicação desta Lei, serão observados os princípios da legalidade, da impessoalidade, da moralidade, da publicidade, da eficiência, do interesse público, da probidade administrativa, da igualdade, do planejamento, da transparência, da eficácia, da segregação de funções, da motivação, da vinculação ao edital, do julgamento objetivo, da segurança jurídica, da razoabilidade, da competitividade, da proporcionalidade, da celeridade, da economicidade e do desenvolvimento nacional sustentável, assim como as disposições do Decreto-Lei nº 4.657, de 4 de setembro de 1942 (Lei de Introdução às Normas do Direito Brasileiro)." (Brasil, 2021a)

legalidade, impessoalidade, moralidade, publicidade, eficiência, interesse público, probidade administrativa, igualdade, planejamento, transparência, eficácia, segregação de funções, motivação, vinculação ao edital, julgamento objetivo, segurança jurídica, razoabilidade, competitividade, proporcionalidade, celeridade, economicidade e desenvolvimento nacional sustentável.

Analisaremos, ainda que brevemente, cada um dos princípios que foram adicionados pela Lei n. 14.133/2021.

— 2.2.1 —
Princípios da eficiência e da eficácia

O **princípio da eficiência** foi incluído pela Emenda Constitucional n. 19, de 4 de junho de 1998 (Brasil, 1998a), no *caput* do art. 37 da Constituição Federal, passando a figurar entre os princípios que necessariamente devem estruturar a atuação da administração pública.

De acordo com Oliveira (2020), a inclusão do referido princípio teve como objetivo implantar uma visão menos burocrática e mais gerencial para a Administração Pública, orientada ao necessário atingimento de resultados para a satisfação dos interesses coletivos. Para o autor, uma atuação administrativa voltada à concretização de resultados depende de planejamento, execução e controle.

Para Justen Filho (2015a, p. 204-205), o mais correto seria orientar a atuação da administração ao **princípio da eficácia** administrativa, que não se confunde com a eficiência – esta entendida, em economia, como "a utilização mais produtiva de recursos econômicos" com a menor quantidade possível de desembolso. Logo, para concretizar os interesses coletivos, é possível que a melhor solução não necessariamente seja a menos onerosa. O autor expressa bem a distinção entre eficiência e eficácia no trecho a seguir:

> Por exemplo, as contratações administrativas devem refletir a utilização mais satisfatória dos recursos públicos, fundamento da obrigatoriedade da licitação prévia. Mas a Administração Pública também está vinculada a promover a dignidade das pessoas portadoras de necessidades especiais. A Lei 8.666/1993 autoriza que a Administração valha-se de contratações administrativas para cumprir essa função. Assim, as associações de portadores dessas necessidades diferenciadas podem ser contratadas sem licitação para prestar serviços de que a Administração necessitar (art. 24, XX). Nesse caso, são realizadas concomitantemente duas finalidades buscadas pela Administração: obter determinada prestação e propiciar, por meio do trabalho, a promoção da dignidade individual dos portadores de necessidades especiais. Essa solução não é necessariamente a mais eficiente sob o exclusivo prisma econômico. Afinal, o valor da contratação poderá superar aquele que a Administração obteria no mercado. Essa medida, embora incompatível com a eficiência econômica, satisfaz a eficácia da atividade administrativa. (Justen Filho, 2015a, p. 205-206)

Vários dispositivos constantes na Lei n. 14.133/2021 se prestam a conformar a atuação da Administração ao princípio da eficiência. Como exemplo, notemos o teor do art. 11, inciso I, que elenca como objetivo do processo licitatório "a seleção da proposta apta a gerar o resultado de contratação mais vantajoso para a Administração, inclusive no que se refere ao ciclo de vida do objeto" (Brasil, 2021a).

Além disso, é relevante destacar a redação do parágrafo único do art. 11, que determina à alta administração do órgão ou da entidade responsável pela governança das contratações o dever de implementar processos de gestão e controle internos, alinhando as contratações a diretrizes de planejamento estratégico e às leis orçamentárias, de modo a promover eficiência, efetividade e eficácia nas respectivas contratações.

— 2.2.2 —
Princípio do interesse público

A licitação é um procedimento vinculado, previsto em lei, que tem por objetivo selecionar a proposta mais vantajosa à Administração, assegurando a igualdade de oportunidades aos interessados.

O princípio do interesse público – previsto também no *caput* do art. 2º da Lei n. 9.784, de 29 de janeiro de 1999 (Brasil, 1999a) – determina que a licitação, assim como toda a atividade administrativa, necessariamente tenha por finalidade primordial atender aos interesses e às demandas gerais da sociedade, com a satisfação do bem-estar coletivo (Di Pietro, 2019).

Como materialização do princípio do interesse público no regime legal da licitação, vejamos as previsões atinentes à possibilidade de revogação do certame licitatório, que admitem à autoridade competente o desfazimento dos atos já praticados com base em um juízo de conveniência e oportunidade. Aqui, deve preponderar o interesse público inclusive sobre interesses legítimos dos particulares envolvidos na contratação com a Administração.

Além disso, a realização do interesse público deve ser buscada em todas as fases do procedimento licitatório: desde a fase preparatória, em que são realizados os estudos técnicos e projetos para a definição do objeto licitado, até a decisão final pela homologação e adjudicação do objeto ao licitante vencedor.

— 2.2.3 —
Princípio da motivação

Impõe que a Administração necessariamente indique de forma suficiente os fundamentos de fato e de direito que dão amparo a seus atos administrativos e a suas decisões (Di Pietro, 2019).

A motivação é essencial porque permite o controle de legalidade dos atos e das decisões da Administração.

A Lei do Processo Administrativo (Lei n. 9.784/1999) prevê de forma expressa a necessidade da "indicação dos pressupostos de fato e de direito que determinarem a decisão", além de especificar, em seu art. 50, todos os atos que necessariamente devem ser acompanhados de motivação "explícita, clara e congruente" (Brasil, 1999a).

Nos procedimentos licitatórios, é certo que os principais atos e decisões da Administração devem estar suficientemente motivados, especialmente porque afetam direitos ou interesses individuais daqueles que participam do certame licitatório. De fato, não haveria qualquer sentido que a Administração pudesse inabilitar ou desclassificar licitantes sem expor de forma fundamentada os pressupostos de fato e de direito inerentes à sua decisão.

É importante destacar que a motivação dos atos administrativos ganhou ainda mais relevância após as alterações promovidas pela Lei n. 13.655, de 25 de abril de 2018 (Brasil, 2018c), que altera o Decreto-Lei n. 4.657, de 4 de setembro de 1942 (Brasil, 1942) – Lei de Introdução às Normas do Direito Brasileiro (LINDB).

Nos termos do art. 20, parágrafo único, do Decreto-Lei n. 4.657/1942, a motivação do ato administrativo deve demonstrar a necessidade e a adequação da medida imposta, inclusive em face de possíveis alternativas. Além disso, impõe-se que a decisão que decretar a invalidade de ato, contrato, ajuste, processo ou norma administrativa indique de modo expresso suas consequências jurídicas e administrativas.

— 2.2.4 —
Princípio do planejamento

Determina que a Administração Pública necessariamente adote todas as providências necessárias para assegurar que o certame licitatório e a contratação atendam ao interesse público, seguindo as normas aplicáveis.

Por evidente, deve o administrador identificar com precisão a necessidade que a ser satisfeita com a contratação pública, formatando o certame licitatório para que o procedimento de seleção cumpra o respectivo desiderato.

Para planejar adequadamente o procedimento licitatório, o administrador deve realizar estudos preliminares, análises, avaliações técnicas, além de orçamentos detalhados, os quais servirão de base para a futura contratação. Com efeito, o princípio (ou mesmo a diretriz) do planejamento não significa, meramente, a adequada requisição e o estudo do objeto da licitação e do futuro contrato. A licitação começa com o planejamento financeiro da Administração Pública – o que não significa somente a inclusão no orçamento público –, mas a adequada elaboração de plano de contração anual por meio da Lei Orçamentária Anual (LOA), do Plano Plurianual (PPA) e da Lei de Diretrizes Orçamentárias (LDO).

A fase interna da licitação torna, portanto, na Lei n. 14.133/2021, muito mais relevante e essencial a assessoria jurídica dos órgãos da Administração Pública de modo a atender às exigências legais. O art. 18 da referida lei especifica os elementos que devem ser ponderados pelo administrador na fase preparatória do processo licitatório, demonstrando a relevância do princípio do planejamento.

— 2.2.5 —
Princípio da transparência

Como vimos anteriormente, os atos praticados pela Administração no certame licitatório devem ser prioritariamente públicos, admitindo-se sigilo apenas em casos excepcionais previstos na lei.

A publicidade está ligada de forma íntima com o princípio da transparência, o qual impõe que a Administração Pública garanta aos cidadãos o máximo acesso possível a registros administrativos e a informações sobre atos do governo.

Nos termos do art. 37, parágrafo 3º, da Constituição Federal, cabe ao legislador ordinário disciplinar as formas de participação do usuário (cidadão) na Administração Pública direta e indireta.

A Lei da Transparência – Lei n. 12.527, de 18 de novembro de 2011 (Brasil, 2011d) – estabelece as regras relacionadas à gestão transparente da informação na Administração Pública, prevendo a necessidade da "observância da publicidade como preceito geral e do sigilo como exceção" (Brasil, 2011d, art. 3º, I).

Na licitação, a Administração deve praticar seus atos com a máxima transparência possível, fornecendo as informações solicitadas pelos interessados (independentemente de sua condição de participantes ou não do certame licitatório).

Pelo princípio da transparência, impõe-se, ainda, que estudos técnicos, projetos, orçamentos e demais documentos elaborados na fase preparatória da licitação sejam publicados de forma que possibilite aos cidadãos pleno conhecimento e compreensão das informações mais relevantes do processo.

— 2.2.6 —
Princípio da segregação de funções

Vem sendo aplicado há algum tempo por diversos órgãos de controle, encontrando ressonância na jurisprudência consolidada do TCU:

- A participação de servidor na fase interna do pregão eletrônico (como integrante da equipe de planejamento) e na condução da licitação (como pregoeiro ou membro da equipe de apoio) viola os princípios da moralidade e da segregação de funções (Brasil, 2020c).
- Solicitação de compra efetuada por comissão de licitação infringe o princípio de segregação de funções, o qual requer que a pessoa responsável pela solicitação não participe da condução do processo licitatório (Brasil, 2017e).
- É vedado o exercício, por uma mesma pessoa, das atribuições de pregoeiro e de fiscal do contrato celebrado, por atentar contra o princípio da segregação das funções (Brasil, 2015e).

Portanto, a Lei n. 14.133/2021 positiva a referida orientação, que passa a ser vinculante a todos entes da Administração Pública.

De acordo com o referido princípio, deve a Administração repartir adequadamente as atribuições entre seus servidores, de modo que estes não exerçam atividades incompatíveis entre si ou que representem algum tipo de ineficiência.

O art. 7º, parágrafo 1º, da referida lei estabelece que cabe à autoridade máxima do órgão ou da entidade licitante promover gestão por competências e designar agentes públicos para o desempenho das funções necessárias à realização do certame. Nesse caso, é

> vedada a designação do mesmo agente público para atuação simultânea em funções mais suscetíveis a riscos, de modo a reduzir a possibilidade de ocultação de erros e de ocorrência de fraudes na respectiva contratação. (Brasil, 2021a)

Com base no entendimento do TCU, o princípio da segregação de funções impõe que o agente fiscalizador de um contrato não seja ao mesmo tempo executor[14].

---

4   Nesse sentido: "14. Está correto também o recorrente ao se opor à sub-rogação do contrato de supervisão para o órgão executor. Não faz sentido que o órgão executor e fiscalizador sejam o mesmo. Com fundamento no princípio da segregação de funções, como garantia da independência da fiscalização, é fundamental que o agente fiscalizador não seja ao mesmo tempo executor. Mais ainda, é essencial que o agente que fiscaliza detenha independência e não tenha compromissos ou relações com o órgão executor. Atribuir a execução e fiscalização a um mesmo agente seria ir contra todos esses princípios." (Brasil, 2007b)

— 2.2.7 —
Princípio da segurança jurídica

Previsto no *caput* do artigo 2º da Lei n. 9.784/1999, é um dos princípios que devem moldar a atuação da administração pública. Afirma que a administração deve adotar "formas simples, suficientes para propiciar adequado grau de certeza, segurança e respeito aos direitos dos administrados", ficando vedada a aplicação retroativa de nova interpretação.

Carvalho Filho (2016, p. 38, grifo do original) analisa o princípio da segurança jurídica com base em dois vetores básicos das perspectivas do cidadão:

> Como já foi sublinhado em estudos modernos sobre o tema, o princípio em tela comporta dois vetores básicos quanto às perspectivas do cidadão. De um lado, a *perspectiva de certeza*, que indica o conhecimento seguro das normas e atividades jurídicas, e, de outro, a *perspectiva de estabilidade*, mediante a qual se difunde a ideia de consolidação das ações administrativas e se oferece a criação de novos mecanismos de defesa por parte do administrado, inclusive alguns deles, como o direito adquirido e o ato jurídico perfeito, de uso mais constante no direito privado.

Como é possível verificar, a proteção da confiança do administrado relaciona-se à **certeza** de que a Administração observará a legislação em vigor, por isso é necessária certa **estabilidade** no sentido de que os atos administrativos serão consolidados com o passar do tempo.

O princípio da segurança jurídica impõe que as regras constantes no ato convocatório da licitação e no contrato devem ser observadas com rigor. Apenas desse modo é possível atrair a iniciativa privada e incrementar a competitividade, assegurando a melhor realização do interesse público.

O art. 22 da Lei n. 14.133/2021 previu importante instrumento para garantir a segurança jurídica nos processos licitatórios e na contratação administrativa: a matriz de riscos. Esse recurso pode ser estabelecido entre contratante e contratado, com a previsão de responsabilidade para ambos, assim como os mecanismos que afastem a ocorrência do sinistro e mitiguem seus efeitos, caso isso ocorra durante a execução contratual.

Desse modo, antecipa-se para a fase pré-contratual – licitatória – a definição clara a respeito da alocação dos principais riscos do contrato, garantindo segurança e previsibilidade à contratação.

— 2.2.8 —
Princípios da razoabilidade e da proporcionalidade

O **princípio da razoabilidade** – quando aplicado no direito administrativo – impõe, basicamente, que a Administração atue conforme padrões de aceitabilidade (Carvalho Filho, 2016). Por mais que seja difícil identificar de forma precisa quais seriam esses padrões de aceitabilidade, é preciso dizer que o princípio da razoabilidade geralmente é identificado conforme as ideias de equidade, congruência e equivalência.

Já a aplicação do **princípio da proporcionalidade** é mais concreta, ligando-se a três elementos característicos: adequação, necessidade e proporcionalidade em sentido estrito. Vejamos como esses três elementos são utilizados para fins de controle da conduta estatal.

Segundo a doutrina alemã, para que a conduta estatal observe o princípio da proporcionalidade, há de revestir-se de tríplice fundamento:

> (1) *adequação*, significando que o meio empregado na atuação deve ser compatível com o fim colimado; (2) *exigibilidade*, porque a conduta deve ter-se por necessária, não havendo outro meio menos gravoso ou oneroso para alcançar o fim público, ou seja, o meio escolhido é o que causa o menor prejuízo possível para os indivíduos; (3) *proporcionalidade em sentido estrito*, quando as vantagens a serem conquistadas superarem as desvantagens. (Carvalho Filho, 2016, p. 44, grifo do original)

Dessa forma, a **adequação** envolve verificar se os meios empregados são úteis ou hábeis a produzir o resultado almejado: por exemplo, pode-se questionar se os requisitos pedidos na fase de habilitação são úteis para a finalidade da licitação (como a exigência de habilitação técnica adequada ao objeto do contrato de obra pública).

A **necessidade**, ou **exigibilidade**, compreende a análise da ausência de outra opção para atender ao fim almejado. Assim, conforme o exemplo anterior, determinada exigência na fase de habilitação pode ser analisada pelo seu viés de essencialidade, ou seja, a apresentação de determinado documento ou experiência prévia é o único meio de proteger a Administração pública de interessados inexperientes ou incapazes de prestar o serviço desejado.

A **proporcionalidade em sentido estrito**, por sua vez, consiste em técnica complementar de ponderação entre as opções. Exige, portanto, maior fundamentação e concretização pelo julgador, não podendo resumir-se em questionamentos prévios; deve consistir na própria análise de todos os conceitos levantados.

Na licitação, os dois princípios (razoabilidade e proporcionalidade) se ligam de forma íntima com o dever de competitividade, pois devem ser feitas apenas exigências razoáveis e proporcionais na seleção dos candidatos interessados em firmar contrato com a Administração. Essas exigências ainda devem encontrar compatibilidade com o objeto licitado (Niebuhr, 2008).

De igual modo, no julgamento das propostas apresentadas pelos licitantes, deve a Administração atuar em conformidade com a proporcionalidade e a razoabilidade, deixando de lado formalismos exacerbados que eventualmente maculem a própria finalidade do procedimento licitatório, consistente na seleção de proposta mais vantajosa e adequada ao interesse público[15].

— 2.2.9 —
Princípio da competitividade

Caracteriza-se como fundamento primordial da licitação, que encontra sua razão de ser justamente na busca pela proposta mais vantajosa à Administração Pública.

Nas corretas palavras de Oliveira (2019), o princípio da competitividade deve servir como **norte interpretativo** das cláusulas do instrumento convocatório, buscando sempre aumentar o universo de competidores interessados em firmar contrato com a Administração Pública.

O art. 3º, parágrafo 1º, inciso I, da Lei n. 8.666/1993 dá conta de indicar a relevância da competitividade para os certames licitatórios, proibindo expressamente a inclusão no ato convocatório de cláusulas ou condições que comprometam, restrinjam ou frustrem o caráter competitivo do certame.

Essa preocupação com a competitividade está prevista em outros diversos dispositivos da Lei n. 8.666/1993 (art. 30, § 5º;

---

5 Há diversos julgados do TCU no sentido de que a Administração não pode atuar com rigor formal exagerado ou absoluto, a ponto de violar o princípio da competitividade. Podemos citar o Acórdão n. 2.302/2012: "O rigor formal, todavia, não pode ser exagerado ou absoluto. O princípio do procedimento formal não quer dizer que se deva anular o procedimento ou julgamento, ou inabilitar licitantes, ou desclassificar propostas diante de simples omissões ou irregularidades na documentação ou na proposta, desde que tais omissões ou irregularidades sejam irrelevantes e não causem prejuízos à Administração ou aos concorrentes." (Brasil, 2012g)

art. 42, §§ 3º, 4º e 6º; art. 90) e da Lei n. 14.133/2021 (art. 5º; art. 9º, I, "a"; art. 25, § 2º; art. 31, § 3º; art. 52, §§ 3º e 4º, art. 337-E; art. 337-F).

Além disso, a jurisprudência do TCU é patente na proteção ao caráter competitivo da licitação, censurando editais que não descrevam adequadamente seu objeto[16]; condutas que irregularmente fracionem despesas e/ou licitações[17]; apresentação de atestados e/ou documentação falsa[18]; entre outras ações consideradas fraudulentas[19].

Pelo exposto, é certo que o princípio da competitividade impõe que as exigências constantes no instrumento convocatório se restrinjam ao mínimo necessário ao cumprimento

---

6 Súmula TCU n. 177: "A definição precisa e suficiente do objeto licitado constitui regra indispensável da competição, até mesmo como pressuposto do postulado de igualdade entre os licitantes, do qual é subsidiário o princípio da publicidade, que envolve o conhecimento, pelos concorrentes potenciais das condições básicas da licitação, constituindo, na hipótese particular da licitação para compra, a quantidade demandada uma das especificações mínimas e essenciais à definição do objeto do pregão." (Brasil, 1982).

7 Acórdão TCU n. 1.276/2012: "é no sentido de considerar o fracionamento de despesa, em regra, como restrição ao caráter competitivo do certame, e, portanto, falta punível com a aplicação de multa." (Brasil, 2012f).

8 Acórdão TCU n. 2.677/2014: "A apresentação de atestados com conteúdo falso, com eventual conluio entre as empresas envolvidas, tanto a que emitiu quanto a que apresentou, gera vantagem indevida em certame licitatório (uma vez que pretende comprovar qualificação técnica que, em princípio, a empresa pode não deter) e fere os princípios da moralidade, da isonomia e da competitividade aplicáveis a todas as licitações públicas, independentemente de ter resultado em prejuízo financeiro para a Administração e/ou de quaisquer suposições acerca do nível de satisfação na execução dos serviços subsequentemente contratados." (Brasil, 2014d).

9 Acórdão TCU n. 1.262/2007: "Não tem razão, portanto, [...] afirmar que a inexistência de sobrepreço é evidência de que não houve conluio. Para a existência da fraude, basta a comprovação da ausência da competição, por meio de artifícios escusos." (Brasil, 2007c).

do objeto licitado, tornando viável a ampla participação de interessados.

— 2.2.10 —
Princípio da celeridade

Previsto na Constituição Federal, no art. 5º, inciso LXVIII, afirma que "a todos, no âmbito judicial e administrativo, são assegurados a razoável duração do processo e os meios que garantam a celeridade de sua tramitação" (Brasil, 1988).

O princípio da celeridade está muito ligado à noção de efetividade processual, pois os mecanismos previstos pelo legislador devem garantir a razoável duração do processo, que não pode perdurar eternamente. Todavia, é imperioso ressaltar que celeridade não se confunde com agilidade e rapidez no andamento da licitação. A celeridade é um princípio – quiçá objetivo – que não pode permitir, em favor da agilidade, o favorecimento indevido de licitantes ou de gestores públicos.

Esse princípio, portanto, conforme entendimento do TCU a respeito do pregão eletrônico, pressupõe a necessidade de que o procedimento seja conduzido "de forma precisa e inequívoca por parte do agente responsável, o que não se coaduna com mensagens cifradas ou truncadas que possam induzir a erro os licitantes" (Brasil, 2014e). Assim, a celeridade, ainda que exija a razoável duração dos processos sem atrasos desnecessários, também demanda que a Administração Pública seja responsável na condução do processo licitatório.

Quanto à licitação, a celeridade se relaciona de forma íntima com os princípios da eficiência e da eficácia, devendo a Administração adotar – sempre que cabível – procedimentos mais simplificados, sem rigorismos ou formalidades desnecessárias.

— 2.2.11 —
Princípio de economicidade

Relaciona-se fortemente com os princípios da eficiência e da eficácia. Pode ser inferido da redação do art. 70 da Constituição Federal[10]. Basicamente, referido princípio impõe o exame da relação custo/benefício dos atos da Administração Pública, os quais devem ser eficientes e eficazes sob o ponto de vista da gestão pública (Justen Filho, 2009).

A economicidade, portanto, é compreendida mais pela necessidade de controles interno e externo e por meio do Poder Judiciário sobre os atos da Administração, integrando-se e complementando a aplicação dos princípios da eficiência e da eficácia (Bugarin, 2004).

---

10 "Art. 70. A fiscalização contábil, financeira, orçamentária, operacional e patrimonial da União e das entidades da administração direta e indireta, quanto à legalidade, legitimidade, economicidade, aplicação das subvenções e renúncia de receitas, será exercida pelo Congresso Nacional, mediante controle externo, e pelo sistema de controle interno de cada Poder." (Brasil, 1988)

Por exemplo, vejamos o art. 15, inciso I, da Lei n. 8.666/1993 e o art. 40, inciso V, alínea "a", da Lei n. 14.133/2021 combinado com o art. 47, inciso I, da mesma lei de 2021. Em resumo, esses artigos preveem a padronização das aquisições pelo Poder Público, garantindo-se a compatibilidade de especificações estéticas, técnicas ou de desempenho. Essa previsão legal é, claramente, a perfectibilização do princípio da economicidade, uma vez que facilita as compras da Administração Pública, tornando-a mais célere, objetiva e precisa. Obtêm-se, assim, ganhos econômicos provenientes da padronização das qualidades dos produtos e/ou serviços adquiridos[11].

No mesmo sentido, outras previsões que visam garantir a economicidade das contratações públicas, tais como divisibilidade do objeto e licitação por item (art. 15, IV, da Lei 8.666/1993 e art. 47, II, da Lei n. 14.133/2021); a ata de registro de preços (art. 15, II, da Lei 8.666/1993 e art. 40, II, da Lei n. 14.133/2021); a dispensa de licitação em caso de valor reduzido (art. 24, I e II, da Lei 8.666/1993 e art. 75, I e II, da Lei n. 14.133/2021), entre outras.

---

11 Cf. Oliveira, 2020, p. 604-605.

Além disso, o TCU tem diversos precedentes em que o princípio da economicidade é expressamente citado, reconhecendo a possibilidade de controle especialmente dos custos incorridos pela Administração em suas contratações[12].

— 2.2.12 —
Princípio do desenvolvimento nacional sustentável

A Lei n. 8.666/1993 já previa a promoção do desenvolvimento nacional sustentável como um dos objetivos da licitação, com o estabelecimento de margens de preferência para a contratação de produtos manufaturados e serviços nacionais que atendam a normas técnicas brasileiras.

A esse respeito, a promoção do desenvolvimento nacional sustentável foi incluída como objetivo da licitação pela Lei n. 12.349, de 15 de dezembro de 2010 (Brasil, 2010b). O Decreto

---

12 Alguns entendimentos do TCU que aplicam princípio da economicidade são:
   Acórdão TCU n. 1.336/2006: "a eficácia dos atos de dispensa e inexigibilidade de licitação a que se refere o art. 26 da Lei 8.666/93 (art. 24, incisos III a XXIV, e art. 25 da Lei 8.666/93), está condicionada a sua publicação na imprensa oficial, salvo se, em observância ao princípio da economicidade, os valores contratados estiverem dentro dos limites fixados nos arts. 24, I e II, da Lei 8.666/93." (Brasil, 2006d).
   Acórdão TCU n. 2.856/2019: "De fato, o Tribunal reconhece a possibilidade de a Administração, de forma excepcional, realizar a antecipação de pagamento, desde que preenchidos os seguintes requisitos: (i) previsão no ato convocatório; (ii) existência, no processo licitatório, de estudo fundamentado comprovando a real necessidade e economicidade da medida; e (iii) estabelecimento de garantias específicas e suficientes, que resguardem a Administração dos riscos inerentes à operação." (Brasil, 2019i).
   Acórdão TCU n. 1.826/2017: "a inclusão de cláusulas de antecipação de pagamentos fundamentadas no art. 40, incisos XIII e IV, alínea 'd' [Lei n. 8.666/1993], devem ser precedidas de estudos fundamentados que comprovem a sua real necessidade e economicidade para a administração pública." (Brasil, 2017c).

n. 7.746, de 5 de junho de 2012 (Brasil, 2012a), regulamentou e estabeleceu os critérios, as práticas e as diretrizes para a promoção do desenvolvimento nacional sustentável nas contratações realizadas pela Administração Pública.

A Lei n. 14.133/2021 inseriu o desenvolvimento nacional sustentável como um dos princípios regentes da contratação pública, o que dá ainda mais relevância ao tema.

Nesse contexto, esse princípio encontra efetiva concretização com base em regras claras constantes tanto na Lei n. 8.666/1993 quanto na Lei n. 14.133/2021. Da lei de 1993, podemos notar que há diversos dispositivos que estabelecem regras concretas com o objetivo de realizar o desenvolvimento nacional sustentável:

- o art. 3º, parágrafo 2º, prevê a preferência, como critério de desempate: bens e serviços produzidos no Brasil; produzidos ou prestados por empresas brasileiras; produzidos ou prestados por empresas brasileiras que invistam em pesquisa e desenvolvimento de tecnologia no país; produzidos ou prestados por empresas que comprovem cumprimento de reserva de cargos, prevista em lei, para pessoa com deficiência ou para reabilitado da Previdência Social e que atendam às regras de acessibilidade previstas na legislação;
- há a possibilidade da previsão e aplicação de margem de preferência para a contratação de produtos manufaturados e serviços nacionais resultantes de desenvolvimento e

inovação tecnológica realizados no Brasil, que podem chegar a até 25% sobre o preço dos produtos manufaturados e dos serviços estrangeiros.

O art. 26 da Lei n. 14.133/2021 também prevê a possibilidade da aplicação de margem de preferência para a aquisição de bens manufaturados nacionais e serviços nacionais resultantes de desenvolvimento e inovação tecnológica no Brasil, limitada, porém, a 20% sobre o preço de produtos manufaturados e serviços estrangeiros. De igual modo, o art. 60, parágrafo 1º, estabelece regras específicas atinentes ao critério de desempate entre propostas, privilegiando empresas brasileiras e empresas que invistam em pesquisa e desenvolvimento de tecnologia no Brasil.

Por último, é importante considerar que a positivação do objetivo e/ou do princípio da promoção do desenvolvimento nacional sustentável na Lei de Licitações — além de promover a defesa do meio ambiente; privilegiar a inclusão das pessoas com deficiência (PCD) no quadro de empregados das empresas licitantes (art. 63, IV; art. 92, XVII, e art. 116 da Lei n. 14.133/2021); benefícios para microempresas e empresas de pequeno porte (Lei Complementar n. 123/2006), entre outras — visa equalizar a influência econômica que as compras públicas exercem no mercado. Especialmente no âmbito federal, as compras de serviços e/ou produtos comuns pelo Poder Público afetam e formam a demanda nacional, notadamente em razão de o Estado brasileiro ter proporções gigantescas.

Ademais, o Estado – especialmente a Administração Pública federal – tem poder de mercado intenso para negociar e constranger os particulares a aceitar termos e condições, afetando logicamente o mercado e a formação de preços dos produtos e/ou serviços.

Assim, a ideia de desenvolvimento nacional sustentável objetiva que a Administração Pública leve em conta, também, seu poder de influência e conformação do mercado, criando **privilégios** e/ou **benefícios legais** como espécie de externalidade positiva das aquisições estatais.

Capítulo 3

*Sujeição à disciplina
da licitação*

Conforme vimos anteriormente, a licitação é um procedimento administrativo prévio à contratação que busca selecionar a melhor proposta entre aquelas oferecidas pelos interessados. É de adoção obrigatória para a Administração Pública e para os demais sujeitos indicados na lei.

Mas quem, afinal, está sujeito à disciplina da licitação? Ou melhor: Quem é obrigado por lei a adotar o procedimento licitatório antes da realização de contratações? Além disso, é correto afirmar que todos aqueles que são obrigados a licitar devem seguir as regras da Lei n. 8.666, de 21 de junho de 1993 (Brasil, 1993)? Qual o âmbito de aplicação da Lei n. 14.133, de 1º de abril de 2021 (Brasil, 2021a), que pretende criar um novo marco regulatório para as licitações?

Neste capítulo, buscaremos responder a essas questões por meio da análise das normas constitucionais e legais aplicáveis, além dos entendimentos proferidos pelos órgãos de controle e pelo Poder Judiciário.

— 3.1 —

Extensão pessoal do dever de licitar

No art. 37, *caput* e inciso XXI, o constituinte previu de forma expressa a obrigatoriedade da adoção de procedimento licitatório pela Administração Pública direta e indireta de qualquer dos poderes da União, dos estados, do Distrito Federal e dos municípios.

O art. 1º, parágrafo único, da Lei n. 8.666/1993 detalha a norma constitucional ao prever que são obrigados a licitar: órgãos da Administração direta, fundos especiais, autarquias, fundações públicas, empresas públicas, sociedades de economia mista e demais entidades controladas direta ou indiretamente pela União, pelos estados, pelo Distrito Federal e pelos municípios.

É preciso, porém, ir além dos referidos dispositivos para identificar, de forma precisa, todos aqueles que estão obrigados a realizar procedimento licitatório. Com efeito, tais dispositivos sequer fazem menção ao fato de que também estão incluídos no rol dos sujeitos obrigados a licitar o Poder Legislativo, o Poder Judiciário, o Ministério Público e o Tribunal de Contas, especialmente quando exercem função administrativa. O art. 117 da Lei n. 8.666/1993 supre em parte tal omissão ao dispor que "obras, serviços, compras e alienações realizados pelos órgãos do Poder Legislativo e Judiciário e do Tribunal de Contas" (Brasil, 1993) nas três esferas administrativas também devem observar o disposto na referida lei[1].

Ainda que o Ministério Público não tenha sido citado expressamente na Lei n. 8.666/1993, parece não haver dúvidas de que suas contratações necessariamente devem ser precedidas de licitação. Isso porque, a despeito de sua natureza autônoma em relação aos poderes Executivo, Legislativo e Judiciário, ainda é entidade integrante do Estado. "Portanto, de acordo com o

---

1 Cf. Oliveira, 2020, p. 610-611; 708.

ordenamento jurídico vigente, os destinatários da licitação são: [...] demais entidades controladas direta ou indiretamente pelo Estado" (Oliveira, 2020, p. 610-611).

Já a Lei n. 14.133/2021 não supre essa omissão, mencionando, em seu art. 1º, inciso I, apenas a aplicabilidade de suas regras aos "órgãos dos Poderes Legislativo e Judiciário da União, dos Estados e do Distrito Federal e os órgãos do Poder Legislativo dos Municípios, quando no desempenho de função administrativa" (Brasil, 2021a).

Bem colocada a questão, recapitulamos, para fins de síntese: estão obrigados a licitar: poderes Legislativo e Judiciário, Ministério Público, tribunais de contas, órgãos da Administração direta de todas as esferas e pessoas jurídicas que integram a Administração indireta também de todas as esferas.

Nos tópicos subsequentes, trataremos de algumas discussões relevantes que envolvem a obrigatoriedade da licitação para determinadas entidades.

— 3.1.1 —
Empresas estatais

Conforme analisamos anteriormente, o art. 22, inciso XXVII, da Constituição Federal (CF) de 1988 conferiu competência à União para editar normas gerais de licitação aplicáveis às administrações públicas diretas, autárquicas e fundacionais da União, dos estados, do Distrito Federal e dos municípios. Nesse dispositivo, também se outorgou à União a competência de editar normas gerais sobre licitação aplicáveis às empresas públicas e sociedades de economia mista, devendo ser obedecidos os termos constantes no art. 173, parágrafo 1º, inciso III, do texto constitucional.

De acordo com referido dispositivo, cabe à lei estabelecer o estatuto jurídico da empresa pública, da sociedade de economia mista e de suas subsidiárias que produzam ou comercializem bens ou serviços, dispondo sobre "licitação e contratação de obras, serviços, compras e alienações" (Brasil, 1988).

Conjugando tais dispositivos constitucionais com aqueles constantes na Lei n. 8.666/1993, a doutrina tradicional majoritária sempre compreendeu que há uma distinção essencial quanto ao regime licitatório, imposto às empresas estatais com base no tipo de atividade exercida. Isto é, conforme o tipo de atividade, as licitações devem ser regidas alternativamente pelas regras gerais de licitação previstas na Lei n. 8.666/1993 ou pelas disposições contidas em uma nova lei que estabelece o estatuto jurídico da empresa pública, da sociedade de economia mista e de suas subsidiárias: a Lei n. 13.303, de 30 de junho de 2016 (Brasil, 2016a) – Lei das Estatais.

Em tal contexto, conforme entendimento doutrinário majoritário, as empresas estatais prestadoras de serviços públicos devem realizar suas licitações e contratações administrativas seguindo as determinações constantes na Lei n. 8.666/1993. De outro lado, aquelas que exploram atividades econômicas devem submeter-se às disposições de uma nova lei (o novo estatuto jurídico das empresas estatais).

Bandeira de Mello (2007, p. 210) consolida bem a posição doutrinária tradicional a respeito do tema:

> Destarte, cumpre, em conclusão, entender que as empresas estatais prestadoras de serviço público também se assujeitam às normas gerais de licitações e contratos expedidas pela União e, pois, que continuam e continuarão regidas pela Lei 8.666, de 21.6.93, com suas alterações posteriores. Já as empresas estatais exploradoras de atividade econômica futuramente terão suas licitações e contratos regidos pela lei a que se refere o art. 22, XXVII, da Constituição Federal, com a redação que lhe deu o "Emendão", isto é, na conformidade do estatuto para elas previsto no art. 173 da Lei Magna.

Essa posição doutrinária também encontrava amparo na redação do art. 1º, parágrafo único, da Lei n. 8.666/1993, que submetia ao regime geral de licitações as empresas públicas e as sociedades de economia mista.

Ocorre que essa situação se alterou de forma significativa com a edição da Lei n. 13.303/2016.

Essa lei acabou unificando o tratamento legal relativo às licitações a ser dispensado tanto a empresas públicas, sociedades de economia mista e suas subsidiárias exploradoras de atividade econômica quanto àquelas sujeitas a regime de monopólio da União ou que sejam prestadoras de serviços públicos. Melhor explicando: de acordo com a Lei n. 13.303/2016, todas as empresas estatais devem realizar seus procedimentos licitatórios seguindo as disposições específicas constantes no referido diploma legal, não lhes sendo mais aplicável o regime geral de licitações previsto na Lei n. 8.666/1993.

Tal solução legislativa, que tornou homogêneas as normas de licitação aplicáveis a empresas que exploram atividade econômica em regime concorrencial e prestadoras de serviços públicos, foi, a nosso ver, corretamente criticada por Oliveira (2016):

> O que não parece razoável é a fixação de normas homogêneas de licitação para toda e qualquer empresa estatal, independentemente da atividade desenvolvida (atividade econômica ou serviço público) e do regime de sua prestação (exclusividade, monopólio ou concorrência). É preciso levar a sério a personalidade jurídica de direito privado e a atuação concorrencial por parte das estatais.
>
> Assim como as pessoas jurídicas de direito privado não devem ser submetidas ao idêntico tratamento dispensado às pessoas jurídicas de direito público da administração direta e indireta, não seria prudente fixar o mesmo tratamento jurídico para pessoas jurídicas de direito privado que atuam em exclusividade (ou monopólio) e em regime concorrencial.

Além disso, cumpre destacar que a Lei n. 13.303/2016 não é a única aplicável nas contratações pelas empresas estatais. Isso porque seu art. 32, inciso IV, prevê a "adoção preferencial da modalidade de licitação denominada pregão, para a aquisição de bens e serviços comuns" (Brasil, 2016a); e seu art. 28, parágrafo 1º, torna obrigatória a observância das disposições constantes dos artigos de 42 a 49 da Lei Complementar n. 123/2006, que, em resumo, estabeleceu regras de favorecimento/preferência às microempresas e empresas de pequeno porte.

A Lei n. 14.133/2021 parece conformar-se às disposições constantes na Lei n. 13.303/2016, prevendo expressamente, em seu art. 1º, parágrafo 1º, que não estão abrangidas pelo regime geral de licitações as "empresas públicas, sociedades de economia mista e suas subsidiárias", não fazendo qualquer distinção ou ressalva relativamente à natureza das atividades exercidas (Brasil, 2016a).

— 3.1.2 —
Entidades do terceiro setor

A partir da década de 1990, o desenho institucional do Estado brasileiro como grande prestador de serviços públicos passou a ser paulatinamente alterado, especialmente pela adoção de uma agenda política mais liberal. A referida agenda impôs a redução do tamanho do Estado e, principalmente, a remodelação de sua forma de atuação.

A reforma administrativa implementada nesse período alterou também a relação do Estado com a própria sociedade civil: passaram a ser estruturados modelos de colaboração e parceria para que entidades da iniciativa privada sem finalidade lucrativa auxiliem o Estado na consecução do interesse público (Oliveira, 2020).

É importante destacar que as denominadas *entidades do terceiro setor* não integram organicamente a Administração Pública, pois resultam da atuação voluntária de pessoas que integram a sociedade civil (associações, organizações não governamentais etc.) (Carvalho Filho, 2016).

Oliveira (2020, p. 361) bem resume as características principais das entidades do terceiro setor:

> a) são criadas pela iniciativa privada;
>
> b) não possuem finalidade lucrativa;
>
> c) não integram a Administração Pública Indireta;
>
> d) prestam atividades privadas de relevância social;
>
> e) possuem vínculo legal ou negocial com o Estado; e
>
> f) recebem benefícios públicos.

São diversas formas de vínculo atualmente existentes entre o Estado e as entidades do terceiro setor. Os denominados *serviços sociais autônomos* (que integram o Sistema S), por exemplo, são criados por confederações privadas e dependem de autorização legal, já que os recursos que lhes são repassados têm natureza tributária. De outro lado, há uma série de entidades que têm vínculo contratual com o Estado e são qualificadas especificamente para receber recursos orçamentários e executar determinadas tarefas de interesse público. Nesse último caso, podemos destacar os tipos de organização a seguir:

Organização Social (OS)

Prevista pela Lei n. 9.637, de 15 de maio de 1998 (Brasil, 1998b). Podem ser qualificadas como OS exclusivamente pessoas jurídicas de direito privado que não tenham finalidade lucrativa e cujas atividades sociais estejam dirigidas ao ensino, à pesquisa científica, ao desenvolvimento tecnológico, à preservação do meio ambiente, à cultura e à saúde. As OSs firmam contrato de gestão com o Poder Público, e o documento deve observar os princípios regentes da atividade administrativa constantes no *caput* do art. 37 da Constituição Federal, especificando, conforme o art. 7º, incisos I e II, da Lei n. 9.637/1998:

> I – especificação do programa de trabalho proposto pela Organização Social, a estipulação das metas a serem atingidas e os respectivos prazos de execução, bem como previsão expressa dos critérios objetivos de avaliação de desempenho a serem utilizados, mediante indicadores de qualidade e produtividade;
>
> II – a estipulação dos limites e critérios para despesa com remuneração e vantagens de qualquer natureza a serem percebidas pelos dirigentes e empregados das organizações sociais, no exercício de suas funções. (Brasil, 1998b)

Como recebem recursos do Poder Público, as OSs necessariamente devem prestar contas e se submeter à fiscalização da Administração e dos órgãos de controle. Dispõe o art. 17 da Lei n. 9.637/1998:

Art. 17. A organização social fará publicar, no prazo máximo de noventa dias contado da assinatura do contrato de gestão, regulamento próprio contendo os procedimentos que adotará para a contratação de obras e serviços, bem como para compras com emprego de recursos provenientes do Poder Público. (Brasil, 1998b)

Organização da Sociedade Civil de Interesse Público (Oscip)

Prevista pela Lei n. 9.790, de 23 de março de 1999 (Brasil, 1999b). Podem ser qualificadas como Oscip exclusivamente pessoas jurídicas de direito privado constituídas há mais de três anos, cujos objetivos sociais tenham pelo menos uma das finalidades previstas no art. 3º da referida lei. As Oscips firmam termo de parceria com o Poder Público, e o documento deve especificar detalhadamente o programa de trabalho acordado entre as partes, além de determinar metas, critérios objetivos para a aferição de resultados e previsão de receitas e despesas. Dispõe o art. 14 da Lei n. 9.790/1999:

> Art. 14. A organização parceira fará publicar, no prazo máximo de trinta dias, contado da assinatura do Termo de Parceria, regulamento próprio contendo os procedimentos que adotará para a contratação de obras e serviços, bem como para compras com emprego de recursos provenientes do Poder Público, observados os princípios estabelecidos no inciso I do art. 4º desta Lei. (Brasil, 1999b)

Organização da Sociedade Civil (OSC)

Prevista pela Lei n. 13.019, de 31 de julho de 2014 (Brasil, 2014b). As OSCs podem ser divididas em três categorias:

1. entidade privada sem fins lucrativos que não distribua, entre seus sócios ou associados, conselheiros, diretores, empregados, doadores ou terceiros eventuais, resultados, sobras, excedentes operacionais, brutos ou líquidos, dividendos, isenções de qualquer natureza, participações ou parcelas de seu patrimônio;
2. cooperativas sociais, integradas por pessoas em situação de risco ou vulnerabilidade pessoal ou social; cooperativas alcançadas por programas e ações de combate à pobreza e de geração de trabalho e renda; cooperativas voltadas para fomento, educação e capacitação de trabalhadores rurais ou capacitação de agentes de assistência técnica e extensão rural; cooperativas capacitadas para a execução de atividades ou de projetos de interesse público e de cunho social;
3. organizações religiosas que se dediquem a atividades ou a projetos de interesse público e de cunho social distintas das destinadas a fins exclusivamente religiosos (art. 2º da Lei n. 13.019/2014).

As OSCs firmam termo de colaboração ou fomento com o Poder Público. O art. 80 da Lei n. 13.019/2014 assim prevê:

> Art. 80. O processamento das compras e contratações que envolvam recursos financeiros provenientes de parceria

poderá ser efetuado por meio de sistema eletrônico disponibilizado pela administração pública às organizações da sociedade civil, aberto ao público via internet, que permita aos interessados formular propostas. (Brasil, 2014b)

Ainda que exista alguma controvérsia doutrinária acerca da submissão ou não das entidades de terceiro setor ao regime geral de licitações previsto pela Lei n. 8.666/1993, parece-nos que as contratações realizadas pelas referidas entidades devem ser realizadas mediante a adoção de procedimentos simplificados, que necessariamente respeitem os princípios previstos no *caput* do art. 37 da Constituição Federal[12].

Esse também foi o entendimento do Supremo Tribunal Federal (STF), que, na ADI n. 1.923, de 16 de abril de 2015, determinou expressamente que as organizações sociais (OSs) não fazem parte do conceito constitucional de Administração Pública, razão pela qual não se submetem, em suas contratações com terceiros, ao dever de licitar. De acordo com o acórdão, as referidas entidades têm autonomia para fixar regras próprias de contratação, porém devem realizar os princípios constantes no art. 37, *caput*, da Constituição Federal (Brasil, 2015c).

O STF também já reconheceu a autonomia das entidades que integram os serviços sociais autônomos (Sistema S) para fixar regras de licitação em seus regulamentos próprios, não lhes sendo aplicáveis as disposições da Lei n. 8.666/1993, conforme se depreende do julgado a seguir ementado:

---

2 Cf. Oliveira, 2020.

Agravo regimental em mandado de segurança.

2. Acórdão do Tribunal de Contas da União. Exigência de que conste nos editais de licitação do SENAC o orçamento estimado em planilhas de quantitativos e custos unitários, bem como de critério de aceitabilidade. Desnecessidade.

3. Serviço Social Autônomo. Natureza privada. Não se submete ao processo licitatório previsto pela Lei 8.666/93. Necessidade de regulamento próprio. Procedimento simplificado que observe os princípios gerais previstos no art. 37, caput, CF. Atendimento.

4. Ausência de argumentos capazes de infirmar a decisão agravada.

5. Agravo regimental desprovido. (Brasil, 2019c)

Por todo o exposto, podemos concluir que as entidades que compõem o terceiro setor – por não integrarem organicamente a Administração Pública – não são obrigadas a executar licitações conforme as determinações da Lei n. 8.666/1993. No entanto, devem realizar procedimentos simplificados a fim de garantir o atendimento aos princípios constitucionais de legalidade, impessoalidade, moralidade, publicidade e eficiência.

— 3.1.3 —
Conselhos de fiscalização profissional e Ordem dos Advogados do Brasil

Os conselhos de fiscalização profissional são considerados majoritariamente pela doutrina e pela jurisprudência como verdadeiras autarquias. São criados por lei e têm personalidade jurídica de direito público. Nesse sentido, vejamos o acórdão a seguir ementado, em que o STF reafirmou seu posicionamento consolidado de que os conselhos de fiscalização profissional, por serem verdadeiras autarquias, devem realizar a contratação de seu pessoal por meio de concurso público:

> EMENTA: AGRAVO REGIMENTAL NO RECURSO EXTRAORDINÁRIO COM AGRAVO. ADMINISTRATIVO. CONSELHO DE FISCALIZAÇÃO PROFISSIONAL. NATUREZA DE AUTARQUIA. CONTRATAÇÃO DE PESSOAL: EXIGÊNCIA DE CONCURSO PÚBLICO. PRECEDENTES. AGRAVO REGIMENTAL AO QUAL SE NEGA PROVIMENTO. (Brasil, 2019d)

Dessa forma, na condição de autarquias e, portanto, de integrantes da Administração Pública indireta, os conselhos de fiscalização profissional necessariamente devem realizar procedimento licitatório previamente às contratações, seguindo as regras previstas na Lei n. 8.666/1993. Sobre isso, vejamos os apontamentos de Justen Filho (2015a, p. 263):

A submissão desses entes ao regime autárquico acarreta a aplicação de regras próprias das organizações estatais. Isso produz duas questões fundamentais. A primeira se refere à incidência do regime dos servidores públicos para os seus agentes, envolvendo a disciplina para investidura, remuneração, inativação, etc. A segunda se relaciona à exigência de prévia licitação para as suas contratações.

É certo, assim, que esses conselhos se encontram vinculados às disposições constantes na Lei n. 8.666/1993.

Situação peculiar é a da Ordem dos Advogados do Brasil (OAB), que, conforme entendimento do STF, não tem natureza autárquica (Brasil, 2006c). Segundo o entendimento do STF, a OAB seria um serviço público independente, entidade *sui generis*, no elenco das pessoas jurídicas existentes no direito brasileiro. Por não integrar a Administração indireta, a OAB não estaria sujeita a controle da Administração ou do TCU, não sendo obrigada a realizar concurso público para a contratação de pessoal. Portanto, para finalizar, podemos concluir que a natureza *sui generis* dessa entidade torna desnecessária a realização de licitação ou a observância dos ditames da Lei n. 8.666/1993.

Capítulo 4

Contratação direta

O art. 37, inciso XXI, da Constituição Federal (CF) de 1988 é claro ao estabelecer a obrigatoriedade da licitação, e tal procedimento deve ser iniciado antes da contratação de obras, serviços, compras e alienações. O próprio dispositivo, porém, previu que essa obrigatoriedade não pode ser compreendida de forma absoluta, comportando ressalvas especificadas na legislação.

É comum que a doutrina analise as hipóteses de contratação direta com base em duas categorias:

1. **inexigibilidade de licitação**, hipótese em que a disputa entre particulares do contrato se mostra inviável em razão de alguma circunstância fática;
2. **dispensa de licitação**, hipótese em que, ainda que viável a competição, a lei autoriza sua não realização pelo administrador público.

Justen Filho (2015a, p. 510) detalha como o administrador público deve proceder para aferir se deve ou não realizar procedimento licitatório em cada caso concreto:

> Inexigibilidade de licitação é conceito que, sob o ângulo teórico, antecede o de dispensa. É inexigível a licitação quando for inviável a disputa entre particulares pelo contrato. Havendo viabilidade de disputa, é obrigatória a licitação, excetuados os casos de "dispensa" autorizados por lei. Logo, a Administração deve verificar, primeiramente, se a licitação é exigível ou inexigível. Se não for o caso de inexigibilidade, passará a verificar se estão presentes os pressupostas da dispensa da licitação. Se

não for o caso nem de inexigibilidade nem de dispensa, então se passará à licitação.

Como é possível verificar, trata-se de questão lógica: a aferição quanto à dispensa ou não da licitação deve ser posterior, porque obviamente apenas pode ser dispensado aquilo que é possível/viável. Se, a rigor, sequer for possível cogitar a realização da licitação, estaremos diante de hipótese prévia de contratação direta, ligada à inexigibilidade do procedimento.

No presente capítulo, analisaremos como a Lei n. 8.666, de 21 de junho de 1993 (Brasil, 1993), e a Lei n. 14.133, de 1º de abril de 2021 (Brasil, 2021a), tratam das questões mais relevantes atinentes à contratação direta.

— 4.1 —
Contratação direta à luz da Lei n. 8.666/1993

Como vimos, por regra geral, a Administração deve realizar procedimento licitatório; são excepcionais as hipóteses em que se admite a contratação direta, na forma da legislação de regência.

É até intuitivo pensar que o administrador público, ao decidir pela dispensa ou pela inexigibilidade da licitação, deve apresentar as razões que fundamentam a respectiva escolha, além de documentos comprobatórios capazes de justificar a não realização da licitação. Isso decorre da evidente necessidade de resguardo dos princípios da moralidade e da impessoalidade.

A Lei n. 8.666/1993 é bem sucinta ao tratar dos rigores formais e procedimentais que necessariamente devem ser observados pelo administrador ao decidir pela dispensa ou inexigibilidade de uma licitação.

As principais regras procedimentais relativas à contratação direta estão previstas no art. 26 da Lei n. 8.666/1993[1]. É importante salientar, a esse respeito, que a dispensa ou a inexigibilidade são decididas em processo administrativo normal de contratação, que deve ser devidamente autuado, protocolado e numerado, seguindo as exigências do art. 38 da referida lei (Fernandes, 1996).

Especialmente quanto à necessidade de motivação e/ou justificação da dispensa ou inexigibilidade da licitação, ressaltamos alguns entendimentos do Tribunal de Contas da União (TCU):

---

1 "Art. 26. As dispensas previstas nos §§ 2º e 4º do art. 17 e no inciso III e seguintes do art. 24, as situações de inexigibilidade referidas no art. 25, necessariamente justificadas, e o retardamento previsto no final do parágrafo único do art. 8º desta Lei deverão ser comunicados, dentro de 3 (três) dias, à autoridade superior, para ratificação e publicação na imprensa oficial, no prazo de 5 (cinco) dias, como condição para a eficácia dos atos.

Parágrafo único. O processo de dispensa, de inexigibilidade ou de retardamento, previsto neste artigo, será instruído, no que couber, com os seguintes elementos:

I – caracterização da situação emergencial, calamitosa ou de grave e iminente risco à segurança pública que justifique a dispensa, quando for o caso;

II – razão da escolha do fornecedor ou executante;

III – justificativa do preço;

IV – documento de aprovação dos projetos de pesquisa aos quais os bens serão alocados." (Brasil, 1993)

- Acórdão TCU n. 952/2010: a abertura de processo de contratação com inexigibilidade ou dispensa de licitação deve ser justificada (Brasil, 2010e).
- Acórdão TCU n. 3.083/2020: a aquisição de imóvel por dispensa de licitação (art. 24, X, da Lei n. 8.666/1993) sem estar fundamentada em pareceres de avaliação técnica e econômica que condicionem a escolha sujeita o responsável à aplicação de penalidade pelo TCU (Brasil, 2020e).
- Acórdão TCU n. 3.855/2009: os casos de dispensa e de inexigibilidade de licitação devem ser justificados circunstanciadamente, inclusive quanto ao preço (Brasil, 2009c).
- Acórdão TCU n. 3.117/2010: as universidade públicas federais podem contratar, com dispensa de licitação, suas fundações de apoio para realização do concurso vestibular, desde que haja a devida motivação (Brasil, 2010f).
- Acórdão TCU n. 2.186/2019: No caso de dispensa de licitação, a lei não impõe regras objetivas quanto à quantidade de empresas chamadas a apresentar propostas e à forma de seleção da contratada, mas determina que essa escolha seja justificada (Brasil, 2019g).

Como de praxe, o objeto da licitação deve ser detalhadamente caracterizado (art. 14 da Lei n. 8.666/1993), e devem ser anexados projetos e orçamentos detalhados caso seja contratação de obras ou serviços (art. 7º) (Fernandes, 2016).

As particularidades do procedimento de contratação direta se iniciam aqui: cabe ao administrador público que decidir pela dispensa ou inexigibilidade instruir o processo administrativo com parecer técnico ou jurídico que examine detalhadamente:

- a justificativa da dispensa ou da inexigibilidade (art. 26, *caput*);
- a caracterização da situação emergencial, calamitosa ou de grave e iminente risco à segurança pública que justifique a dispensa (art. 26, I);
- a razão de escolha do fornecedor ou executante (art. 26, II);
- a justificativa do preço (art. 26, III).

A decisão pela dispensa ou inexigibilidade deve ser comunicada à autoridade superior para ratificação no prazo de três dias, com posterior publicação na imprensa oficial, o que deve ser feito no prazo de cinco dias, como condição de eficácia dos atos. É certo que a autoridade superior pode ratificar ou não o ato que declara inexigível ou dispensável a licitação, por isso deve realizar exame minucioso das justificativas apresentadas e dos documentos que instruem o processo administrativo.

Fernandes (1996, p. 221) detalha corretamente as condutas que podem ser adotadas pela autoridade superior ao apreciar esse tipo de ato:

> reconhecendo que ocorrem os pressupostos para a contratação direta, ratificará o ato e, dentro do prazo de cinco dias, efetivará a sua publicação na imprensa; b) verificando não estarem preenchidos os requisitos que autorizam a dispensa ou inexigibilidade da licitação, poderá, de plano, não o ratificando, anular a decisão do órgão inferior e, se for o caso, determinar a apuração de responsabilidade. É desnecessária a publicação

da não ratificação, mas recomendável que a não ratificação seja adotada no quinquídio legal; c) entendendo que a instrução está incompleta, fazendo-se necessário outros esclarecimentos, no mesmo prazo devolverá os autos à origem para que seja completado com as informações que requerer. [12]

Caso a autoridade superior decida pela ratificação do ato de dispensa ou inexigibilidade, faz-se necessária a publicação na imprensa oficial, um requisito de eficácia do contrato administrativo, como já mencionamos.

Conforme cita Justen Filho (2009), o contrato administrativo não pode ser executado ou produzir efeitos plenos enquanto não for cumprida a formalidade da publicação. Esse também é o entendimento do TCU:

> h) para a representante, ainda que se considerasse, *ad argumentandum*, que o inciso XXV do art. 24 da Lei nº 8.666/1993 autorizasse a dispensa de licitação para o contrato de transferência de tecnologia, o mesmo ainda assim seria nulo, tendo em vista a inobservância do procedimento administrativo vinculado previsto na Lei nº 10.973/2004 para a celebração da contratação e para a escolha do particular, notadamente a prévia publicação de edital quando a contratação da transferência de tecnologia for celebrada com cláusula de exclusividade, nos termos do art. 7º do Decreto n º 5.563/2005; (Brasil, 2018d)

---

2 Cf. Fernandes, 2016.

a eficácia dos atos de dispensa e inexigibilidade de licitação a que se refere o art. 26 da Lei 8.666/93 (art. 24, incisos III a XXIV, e art. 25 da Lei 8.666/93), está condicionada a sua publicação na imprensa oficial, salvo se, em observância ao princípio da economicidade, os valores contratados estiverem dentro dos limites fixados nos arts. 24, I e II, da Lei 8.666/93 [...] (Brasil, 2006d)

— 4.2 —
Contratação direta à luz da Lei n. 14.133/2021

A Lei n. 14.133/2021 dispõe, em seu art. 72, sobre os procedimentos que devem ser adotados pela Administração Pública para a contratação direta:

> Art. 72. O processo de contratação direta, que compreende os casos de inexigibilidade e de dispensa de licitação, deverá ser instruído com os seguintes documentos:
>
> I – documento de formalização de demanda e, se for o caso, estudo técnico preliminar, análise de riscos, termo de referência, projeto básico ou projeto executivo;
>
> II – estimativa de despesa, que deverá ser calculada na forma estabelecida no art. 23 desta Lei;
>
> III – parecer jurídico e pareceres técnicos, se for o caso, que demonstrem o atendimento dos requisitos exigidos;

IV – demonstração da compatibilidade da previsão de recursos orçamentários com o compromisso a ser assumido;

V – comprovação de que o contratado preenche os requisitos de habilitação e qualificação mínima necessária;

VI – razão da escolha do contratado;

VII – justificativa de preço;

VIII – autorização da autoridade competente.

Parágrafo único. O ato que autoriza a contratação direta ou o extrato decorrente do contrato deverá ser divulgado e mantido à disposição do público em sítio eletrônico oficial. (Brasil, 2021a)

Apesar de não haver previsão expressa sobre a necessidade de ratificação por parte da autoridade superior, entendemos que a contratação direta necessariamente deve ser autorizada pelo agente competente (conforme estrutura organizacional interna de cada ente). O ato de autorização deve ser divulgado e disponibilizado em sítio eletrônico oficial, conforme redação do art. 72, parágrafo único, da Lei n. 14.133/2021.

É relevante destacar, ainda, que o art. 73 estabelece a responsabilidade solidária entre o contratado e o agente público responsável na hipótese de contratação direta indevida ocorrida com dolo, fraude ou erro grosseiro[13]. Logo, o dispositivo foi

---

3 "Art. 73. Na hipótese de contratação direta indevida ocorrida com dolo, fraude ou erro grosseiro, o contratado e o agente público responsável responderão solidariamente pelo dano causado ao erário, sem prejuízo de outras sanções legais cabíveis." (Brasil, 2021a)

claro ao determinar que a responsabilização das pessoas envolvidas depende da comprovação da atuação indevida, em linha com a nova redação do Decreto-Lei n. 4.657, de 4 de setembro de 1942 (Brasil, 1942), dada pela Lei n. 13.655, de 25 de abril de 2018 (Brasil, 2018c).

Como é fácil perceber, houve significativo avanço legislativo se comparado à redação do art. 25, parágrafo 2º, da Lei n. 8.666/1993, que impunha a responsabilização do contratado e do agente público sempre que comprovado **superfaturamento** (ainda que inexistissem dolo, fraude ou erro grosseiro na contratação).

— 4.3 —
Inexigibilidade de licitação

Conforme já mencionamos, a inexigibilidade de licitação pressupõe a inviabilidade da competição. A rigor, nesse caso, a contratação direta sequer pode ser considerada uma opção por parte do administrador público: mostra-se inviável, em termos fáticos, a realização de licitação, por estar ausente o pressuposto da competitividade.

Vejamos alguns entendimentos do TCU a respeito da inexigibilidade de licitação que exigem a comprovação da efetiva inviabilidade de competição:

> Na contratação por inexigibilidade de licitação com fulcro no art. 25, inciso I, da Lei 8.666/1993, é obrigatória a demonstração de que o produto ou equipamento a ser adquirido somente pode ser fornecido por produtor, empresa ou representante comercial exclusivo. (Brasil, 2019g)
>
> É irregular a contratação de empresa detentora da patente de determinado medicamento por inexigibilidade de licitação caso haja outras empresas por ela autorizadas à comercialização do produto, pois evidente a viabilidade de competição. (Audin, 2020, p. 15)

Como explica Oliveira (2019), os casos de inexigibilidade sequer dependem de expressa previsão legal; é meramente exemplificativo o rol constante no art. 25 da Lei n. 8.666/1993. Esse também parece ser o entendimento de Di Pietro (2019, p. 791) ao aduzir que "quanto à inexigibilidade, o artigo 25 indica três hipóteses em que há inviabilidade de competição, sem excluir outras".

Seja como for, trataremos brevemente das hipóteses previstas na Lei n. 8.666/1993 e na Lei n. 14.133/2021.

— 4.3.1 —
Contratação de fornecedor exclusivo

Dispõe o art. 25, inciso I, da Lei n. 8.666/1993 que a licitação é inexigível "quando houver inviabilidade de competição, em especial: I – para a aquisição de materiais, equipamentos, ou gêneros que só possam ser fornecidos por produtor, empresa ou representante comercial exclusivo" (Brasil, 1993).

Trata-se da mais elementar hipótese de inexigibilidade: sequer seria admitido cogitar que a Administração fosse obrigada a realizar procedimento licitatório quando for ausente a pluralidade de indivíduos com possibilidade de atender à demanda da contratação. A realização de licitação, em tais casos, apenas acarretaria custos desnecessários à Administração Pública.

É importante salientar que, apesar de o referido artigo aparentemente restringir o objeto da hipótese de inexigibilidade à aquisição de materiais, equipamentos, ou gêneros, o entendimento jurisprudencial e doutrinário majoritário se orienta no sentido de ampliar tal hipótese também à contratação de serviços ou obras[4].

Faz-se necessário destacar, ainda, que o dispositivo em questão determina que o administrador público esteja munido de comprovação da exclusividade do fornecedor, que deve ser feita por meio de

> atestado fornecido pelo órgão de registro do comércio do local em que se realizaria a licitação ou a obra ou o serviço, pelo Sindicato, Federação ou Confederação Patronal, ou, ainda, pelas entidades equivalentes. (Brasil, 1993)

A exigência é salutar: não poderia a Administração deixar de realizar procedimento licitatório sem se cercar de elementos documentais mínimos a demonstrar a inviabilidade da

---

4 Cf. Chaves, 2015; Oliveira, 2019.

competição pela existência de fornecedor único ou exclusivo. O TCU tem entendimento sumulado de que o agente público responsável pela contratação deve tomar todas as providências necessárias para confirmar a veracidade da documentação que atesta a condição de exclusividade. Vejamos o texto da Súmula n. 255:

> Nas contratações em que o objeto só possa ser fornecido por produtor, empresa ou representante comercial exclusivo, é dever do agente público responsável pela contratação a adoção das providências necessárias para confirmar a veracidade da documentação comprobatória da condição de exclusividade. (Brasil, 2010i)

Por fim, devemos considerar que o art. 25, inciso I, da Lei n. 8.666/1993 veda a preferência de marca, deixando claro que a Administração deve buscar a melhor solução técnica para atender à demanda (e não um produto específico). Nas palavras de Carvalho Filho (2016, p. 283), a escolha de determinada marca – à revelia das outras – apenas pode ser admitida em três hipóteses, sempre devidamente motivadas: "continuidade da utilização de marca já adotada no órgão"; "para a utilização de nova marca mais conveniente"; "para o fim de padronização de marca no serviço público".

É importante ressaltar que a Lei n. 14.133/2021 prevê, em seu art. 74, inciso I, a hipótese de inexigibilidade de licitação em caso de fornecedor único/exclusivo. A redação do referido dispositivo deixa claro que a inexigibilidade se aplica tanto a compras quanto a contratações de serviços, em linha com os ensinamentos doutrinários mais avançados. Essa lei manteve a necessidade da demonstração documental da inviabilidade da competição, vedando, também, a preferência por marca específica.

— 4.3.2 —
Contratação de serviços técnicos especializados

O art. 25, inciso II, da Lei n. 8.666/1993 dispõe sobre a inviabilidade da competição para a contratação de serviços técnicos de natureza singular, com elevada especialização. Vejamos o dispositivo legal para, em seguida, analisarmos os principais elementos dessa hipótese de inexigibilidade:

> Art. 25. É inexigível a licitação quando houver inviabilidade de competição, em especial:
>
> [...]
>
> II - para a contratação de serviços técnicos enumerados no art. 13 desta Lei, de natureza singular, com profissionais ou empresas de notória especialização, vedada a inexigibilidade para serviços de publicidade e divulgação; (Brasil, 1993)

Nas palavras de Justen Filho (2009), a inexigibilidade apenas pode ser admitida diante da presença cumulativa dos três requisitos do inciso II: serviços técnicos citados no art. 13 da

Lei n. 8.666/1993; serviços de natureza singular; serviços prestados por profissionais ou empresas de notória especialização.

No mesmo sentido, encontramos o entendimento da Súmula n. 252 do TCU:

> A inviabilidade de competição para a contratação de serviços técnicos, a que alude o inciso II do art. 25 da Lei n. 8.666/1993, decorre da presença simultânea de três requisitos: serviço técnico especializado, entre os mencionados no art. 13 da referida lei, natureza singular do serviço e notória especialização do contratado. (Brasil, 2010h)

Em primeiro lugar, cabe analisar quais serviços técnicos profissionais especializados podem ser contratados sem a realização de procedimento licitatório. Para tanto, recorremos ao que dispõe o art. 13 da Lei n. 8.666/1993:

> I – estudos técnicos, planejamentos e projetos básicos ou executivos;
>
> II – pareceres, perícias e avaliações em geral;
>
> III – assessorias ou consultorias técnicas e auditorias financeiras;
>
> III – assessorias ou consultorias técnicas e auditorias financeiras ou tributárias;
>
> IV – fiscalização, supervisão ou gerenciamento de obras ou serviços;
>
> V – patrocínio ou defesa de causas judiciais ou administrativas;

VI – treinamento e aperfeiçoamento de pessoal;

VII – restauração de obras de arte e bens de valor histórico. (Brasil, 1993)

É relevante destacar que esse rol é meramente exemplificativo, servindo, porém, como importante referencial para o controle da legalidade da inexigibilidade de licitação.

Em segundo lugar, a lei exige que os serviços a serem prestados tenham **natureza singular**. Desde logo, é necessário considerar a dificuldade em definir a expressão utilizada pelo legislador. Justen Filho (2009), ao tratar da questão, aduz que a natureza singular de um serviço resulta da conjugação de dois elementos, a excepcionalidade e a inviabilidade de prestação do serviço por um profissional especializado padrão.

Por fim, em terceiro lugar, o profissional apto a atender à demanda da Administração deve ter notória especialização, aferida por meio de critérios objetivos que demonstrem plena adequação ao objeto licitado. A esse respeito, o art. 25, parágrafo 1º, da Lei n. 8.666/1993 define:

> § 1º Considera-se de notória especialização o profissional ou empresa cujo conceito no campo de sua especialidade, decorrente de desempenho anterior, estudos, experiências, publicações, organização, aparelhamento, equipe técnica, ou de outros requisitos relacionados com suas atividades, permita inferir que o seu trabalho é essencial e indiscutivelmente o mais adequado à plena satisfação do objeto do contrato. (Brasil, 1993)

A Lei n. 14.133/2021 manteve a hipótese de inexigibilidade de licitação para a contratação de serviços técnicos especializados, conforme redação constante no art. 74, inciso III. O referido dispositivo não mais faz referência à natureza singular dos serviços técnicos profissionais.

Ainda é cedo para apontar todas as consequências da referida alteração. De qualquer modo, entendemos que a inexigibilidade da licitação apenas continuará a ser admitida em caso de inviabilidade de competição.

— 4.3.3 —
Contratação de profissional do setor artístico

A última hipótese de inexigibilidade prevista de forma expressa na Lei n. 8.666/1993 consta no art. 25, inciso III, e se refere à contratação de profissional do setor artístico que seja consagrado pela crítica especializada e pela opinião pública.

A contratação do profissional deve estar em conformidade com o interesse público, atendendo, ainda, a parâmetros objetivos principalmente com relação ao preço pago. Com efeito, não há sentido que a Administração contrate diretamente determinado profissional por preço superior ao cobrado em outras ocasiões, por isso é certa a necessidade de comprovação documental por meio de contratos, orçamentos etc.

A esse respeito, a lei prevê, expressamente, que os seguintes requisitos devem ser obrigatoriamente atendidos para que a contratação seja considerada regular: contratação direta ou por intermédio de empresário exclusivo; e consagração pela crítica especializada ou opinião pública.

Quanto ao segundo requisito, cumpre destacar que não há necessidade de que tal consagração seja de âmbito nacional; é aceitável o reconhecimento regional do artista. Essa reflexão é essencial, especialmente quando se trata de eventos promovidos por municípios de pequeno porte, os quais, certamente, não têm capacidade financeira de contratar artistas de renome nacional.

Nesse sentido, vejamos um excerto de intervenção da Ministra Cármen Lúcia do Supremo Tribunal Federal (STF) quando do julgamento do Inquérito n. 2.482, de 15 de setembro de 2011, sob relatoria do então Ministro Ayres Britto:

> Mas, Ministro, a legislação é expressa. A Lei n. 8.666, no artigo 25, diz que:
>
> "Art. 25. É inexigível a licitação quando houver inviabilidade de competição, em especial:"
>
> Nem é *numerus clausus*, é apenas exemplificativo. Mas como houve muitos problemas quando sobreveio a Lei de Licitação, em 93, sobre a questão das de artistas, ela exemplifica, no inciso III, exatamente:

"III – para contratação de profissional de qualquer setor artístico, diretamente ou através de empresário exclusivo, desde que consagrado pela crítica especializada ou pela opinião pública."

E a doutrina e mesmo a jurisprudência é taxativa e vem dizendo isto: o que é bom para uma cidade do interior, pode não ser para outra cidade, até porque há artistas que são consagrados naquela comunidade que não agradariam em nada em outra. Quer dizer, aqui é taxativo. (Brasil, 2011e)

Por último, o TCU destaca a importância de atenção aos requisitos anteriormente mencionados:

2. Na contratação de profissional do setor **artístico** por **inexigibilidade de licitação**, a apresentação de atestado de exclusividade restrito aos dias e à localidade do evento, em vez do contrato de exclusividade entre o artista e o empresário contratado, caracteriza grave infração à norma legal e regulamentar, ensejando, ainda que não configurado dano ao erário, condenação em multa e julgamento pela irregularidade das contas, haja vista que o contrato de exclusividade é imprescindível para caracterizar a inviabilidade de competição de que trata o art. 25, inciso III, da Lei 8.666/1993. (Brasil, 2018f, grifo nosso)

Na contratação de profissional do setor artístico por inexigibilidade de licitação, comprovada a realização do objeto e não havendo evidências de sobrepreço, caracterizam impropriedades formais a apresentação de cartas e declarações de exclusividade firmadas entre o empresário do artista ou banda e a empresa contratada pelo convenente, restritas aos dias e à localidade do evento, bem como a não apresentação de comprovantes do recebimento do cachê por parte dos artistas e bandas, ainda que o termo do convênio explicitamente exigisse a apresentação dos comprovantes do recebimento do cachê e do contrato de exclusividade registrado em cartório, celebrado entre o artista ou banda e o empresário contratado pelo convenente. (Brasil, 2020d)

9.4. determinar ao Ministério do Turismo que, quando da contratação, por meio de empresário exclusivo, de profissional de qualquer setor artístico consagrado pela crítica especializada ou pela opinião pública, nos termos do art. 25, inciso III, da Lei 8.666/1993 e do item 9.5 do Acórdão 96/2008-TCU-Plenário:

9.4.1. avalie conclusivamente a validade do contrato de exclusividade dos artistas com o empresário contratado antes do repasse dos recursos ao convenente, reiterando que o contrato de exclusividade difere da autorização restrita à localidade do evento e concedida apenas para os dias correspondentes à apresentação dos artistas; (Brasil, 2014c)

A Lei n. 14.133/2021 previu de forma expressa, no art. 74, inciso II, a possibilidade da contratação direta de profissional do setor artístico, deixando clara a necessidade de ampla consagração pela crítica especializada ou pela opinião pública.

— 4.3.4 —
Objetos que podem ser contratados por meio de credenciamento

A Lei n. 14.133/2021 estabeleceu, no art. 74, inciso IV, ser inexigível a licitação para objetos que devam ser contratados por meio de credenciamento.

Oliveira (2019) já compreendia – à luz das disposições constantes na Lei n. 8.666/1993 – que seria inexigível a realização de procedimento licitatório em casos nos quais se admite a contratação por credenciamento. Nesse sentido, Di Pietro (2019, p. 809) afirma:

> Embora não prevista expressamente no artigo 25 da Lei, constitui hipótese de inexigibilidade de licitação o credenciamento, que se configura como procedimento prévio à contratação quando haja pluralidade de interessados em prestar o serviço ou fornecer o bem; é hipótese de inexigibilidade, porque, havendo possibilidade de contratação de todos os interessados, a competição torna-se inviável; daí a aplicação do *caput* do art. 25; nesse procedimento, a própria Administração Pública estabelece o montante da remuneração, devendo ser assegurada igualdade de condições entre todos os contratados.

A nova lei previu regras claras a respeito desse procedimento auxiliar, estabelecendo as hipóteses em que sua utilização se faz possível[15]. Como regra, deve ser utilizado para selecionar potenciais interessados em fazer contratos com a Administração, não sendo escolhido um único vencedor, mas sim todos aqueles que preencherem requisitos previstos no instrumento de convocação.

---

5   "Art. 79. O credenciamento poderá ser usado nas seguintes hipóteses de contratação:
I – paralela e não excludente: caso em que é viável e vantajosa para a Administração a realização de contratações simultâneas em condições padronizadas;
II – com seleção a critério de terceiros: caso em que a seleção do contratado está a cargo do beneficiário direto da prestação;
III – em mercados fluidos: caso em que a flutuação constante do valor da prestação e das condições de contratação inviabiliza a seleção de agente por meio de processo de licitação.
Parágrafo único. Os procedimentos de credenciamento serão definidos em regulamento, observadas as seguintes regras:
I – a Administração deverá divulgar e manter à disposição do público, em sítio eletrônico oficial, edital de chamamento de interessados, de modo a permitir o cadastramento permanente de novos interessados;
II – na hipótese do inciso I do *caput* deste artigo, quando o objeto não permitir a contratação imediata e simultânea de todos os credenciados, deverão ser adotados critérios objetivos de distribuição da demanda;
III – o edital de chamamento de interessados deverá prever as condições padronizadas de contratação e, nas hipóteses dos incisos I e II do *caput* deste artigo, deverá definir o valor da contratação;
IV – na hipótese do inciso III do *caput* deste artigo, a Administração deverá registrar as cotações de mercado vigentes no momento da contratação;
V – não será permitido o cometimento a terceiros do objeto contratado sem autorização expressa da Administração;
VI – será admitida a denúncia por qualquer das partes nos prazos fixados no edital."
(Brasil, 2021a)

— 4.3.5 —
Aquisição ou locação de imóvel com características específicas

Por fim, a Lei n. 14.133/2021, no art. 74, inciso V, prevê como **hipótese de inexigibilidade de licitação** a "aquisição ou locação de imóvel cujas características de instalações e de localização tornem necessária sua escolha" (Brasil, 2021a).

O cenário, nesse caso, é claro e nítido: mostra-se completamente inviável qualquer tipo de competição, já que o interesse público apenas será concretizado com a aquisição ou a locação de um único imóvel, quer pelas suas características de instalações, quer de localização.

A Lei n. 8.666/1993, de modo diferente, trata como **dispensa de licitação** a compra ou locação de imóvel para atender a finalidades precípuas da administração (art. 24, X).

— 4.4 —
Dispensa de licitação

Indicada de forma exaustiva na Lei n. 8.666/1993. Nessa hipótese, é completamente indevida qualquer interpretação ampliativa ou analógica por parte da Administração Pública (Furtado, 2010). Diferentemente das hipóteses de inexigibilidade, na dispensa a competição é viável, mas o legislador autoriza que a Administração Pública não realize a licitação, segundo seus critérios de conveniência e oportunidade (Di Pietro, 2019; Oliveira, 2020).

É preciso recordar, porém, que há um nítido dever constitucional de licitar; apenas é excepcional a possibilidade do exercício de juízo discricionário por parte do administrador público ao escolher pela não realização do procedimento licitatório. Por evidente, a opção pela dispensa deve ser sempre motivada, nos termos do art. 26 da Lei n. 8.666/1993.

Até em razão do escopo desta obra, não trataremos de cada uma das hipóteses de dispensa previstas na Lei n. 8.666/1993 e na Lei n. 14.133/2021. Tal missão se mostraria claramente exaustiva e improdutiva.

De qualquer modo, trataremos a seguir algumas das hipóteses mais relevantes de dispensa, com uma breve análise comparativa entre as regras constantes na Lei n. 8.666/1993.

— 4.4.1 —
Contratações de valor reduzido

O legislador entendeu que a licitação pode não se justificar em casos nos quais o valor da contratação é extremamente reduzido. Com efeito, não compensaria a adoção de procedimentos formais e custosos pela Administração Pública para a realização de contratações de pequeno vulto, com baixo impacto econômico.

O legislador, nesse sentido, autorizou o administrador a optar ou não pela realização da licitação, efetuando verdadeiro juízo de conveniência e oportunidade ao considerar os custos potencialmente incorridos na realização do procedimento licitatório.

Nesse caso, fica clara a característica mais evidente das hipóteses de dispensa de licitação: a competição é plenamente viável, pois há pessoas interessadas em estabelecer contratos com a Administração Pública. Mesmo assim, é admitida a contratação direta, por possivelmente realizar de forma mais plena o interesse público, evitando gastos desnecessários.

A Lei n. 8.666/1993 definiu limites (valores máximos de contratação) bastante reduzidos para a dispensa da licitação. Assim, conforme Decreto n. 9.412, de 18 de junho de 2018, para contratações que envolvam obras e serviços de engenharia, a licitação é dispensável se o valor máximo corresponder a R$ 33.000,00; para outros serviços (que não sejam de engenharia) e compras, o valor máximo para a dispensa corresponde a R$ 17.600,00 (Brasil, 2018a).

A Lei n. 14.133/2021 aumentou significativamente os referidos limites máximos:

> Art. 75. É dispensável a licitação:
>
> I – para contratação que envolva valores inferiores a R$ 100.000,00 (cem mil reais), no caso de obras e serviços de engenharia ou de serviços de manutenção de veículos automotores;
>
> II – para contratação que envolva valores inferiores a R$ 50.000,00 (cinquenta mil reais), no caso de outros serviços e compras; (Brasil, 2021a)

A lei ainda prevê que os valores referidos nos incisos I e II podem ser duplicados para compras, obras e serviços contratados por consórcio público ou por autarquia ou fundação qualificada como agência executiva, de acordo com os mesmos parâmetros já constantes na Lei n. 8.666/1993.

Trata-se, com efeito, de hipótese de dispensa de licitação que visa atender aos princípios da eficiência e da economicidade, evitando-se a realização de um procedimento demorado e custoso para a Administração Pública incompatível com o custo dos serviços e/ou produtos adquiridos. Nesse sentido, vejamos o seguinte entendimento do TCU:

> a eficácia dos atos de dispensa e inexigibilidade de licitação a que se refere o art. 26 da Lei 8.666/93 (art. 24, incisos III a XXIV, e art. 25 da Lei 8.666/93), está condicionada a sua publicação na imprensa oficial, salvo se, em observância ao princípio da economicidade, os valores contratados estiverem dentro dos limites fixados nos arts. 24, I e II, da Lei 8.666/93. (Brasil, 2006d)

— 4.4.2 —
Contratações em situações emergenciais

A Lei n. 8.666/1993 prevê algumas situações excepcionais que exigem do administrador público atuação rápida e eficiente para fazer a contratação, em cenário de lógica incompatibilidade com os rigores burocráticos da licitação. Em tais situações, admite-se a contratação direta por dispensa.

De fato, sequer seria razoável ou compatível com o interesse público exigir que a Administração Pública realizasse procedimento burocrático em um cenário de grave emergência ou calamidade pública.

A Lei n. 8.666/1993, em seu art. 24, prevê de forma expressa a possibilidade de contratação direta por dispensa

> III – nos casos de guerra ou grave perturbação da ordem;
>
> IV – nos casos de emergência ou de calamidade pública, quando caracterizada urgência de atendimento de situação que possa ocasionar prejuízo ou comprometer a segurança de pessoas, obras, serviços, equipamentos e outros bens, públicos ou particulares [...] (Brasil, 1993)

De acordo com o referido dispositivo legal, nos casos de emergência ou de calamidade pública, admite-se a contratação por dispensa apenas para

> IV – [...] os bens necessários ao atendimento da situação emergencial ou calamitosa e para as parcelas de obras e serviços que possam ser concluídas no prazo de 180 (cento e oitenta) dias consecutivos e ininterruptos, contados da ocorrência da emergência ou calamidade [...] (Brasil, 1993)

A Lei n. 14.133/2021 trouxe poucas inovações quanto às referidas hipóteses de dispensa. O art. 75, inciso VII, da Lei n. 14.133/2021 admitiu expressamente a dispensa de licitação também para os casos de estado de defesa, estado de sítio e intervenção federal, ampliando o rol, que antes indicava apenas guerra e grave perturbação da ordem. O art. 75, inciso VIII, por sua vez, ampliou o prazo para a conclusão das parcelas de obras e serviços nos casos de emergência ou de calamidade pública, que agora passou a ser de, no máximo, um ano.

O que deve ficar claro é que a situação de emergência não dá carta branca ao administrador para dispensar arbitrariamente a licitação: é necessário que reste demonstrada a urgência no atendimento a alguma necessidade pública, e é certo que a contratação por dispensa deve restringir-se a bens, obras e serviços estritamente necessários.

O TCU tem diversos precedentes que nos auxiliam a compreender aspectos mais práticos relativos à dispensa de licitação em situação emergencial. Em tal contexto, o TCU já entendeu que o administrador público deve necessariamente comprovar a urgência e a impossibilidade de aguardar o tempo necessário à realização de procedimento licitatório. Nesse sentido, observe os seguintes entendimentos:

> REPRESENTAÇÃO. CONTRATAÇÃO DIRETA FUNDADA EM SITUAÇÃO EMERGENCIAL (ART. 24, IV, DA LEI 8.666/1993). AUSÊNCIA DE DEMONSTRAÇÃO DA INVIABILIDADE DE SE ESPERAR O TEMPO NECESSÁRIO À REALIZAÇÃO DE PROCEDIMENTO LICITATÓRIO. FALTA DE JUSTIFICATIVA DA ESCOLHA DA EMPRESA CONTRATADA E DO PREÇO PACTUADO. CONHECIMENTO E PROCEDÊNCIA. MULTA.

Para que sejam efetivadas contratações diretas fundadas em emergência (art. 24, inciso IV, da Lei 8.666/1993), deve haver a devida comprovação da impossibilidade de se esperar o tempo necessário à realização de procedimento licitatório, além de prévia justificativa acerca da escolha da empresa contratada e do preço pactuado. (Brasil, 2021b)

[Acórdão 1.130/2019]: Nas contratações diretas fundadas em emergência (art. 24, inciso IV, da Lei 8.666/1993), cabe ao gestor demonstrar a impossibilidade de esperar o tempo necessário à realização de procedimento licitatório, em face de risco de prejuízo ou comprometimento da segurança de pessoas e de bens públicos ou particulares, além de justificar a escolha do fornecedor e o preço pactuado. (Brasil, 2020h, p. 15)

De igual modo, o TCU tem entendimento consolidado de que a contratação direta deve restringir-se exclusivamente à parcela mínima necessária para evitar a ocorrência do dano; a solução definitiva deve ser objeto de licitação formal[16].

Os entendimentos nos parecem corretos: a dispensa da licitação decorre de circunstâncias excepcionais, que devem ser devidamente comprovadas. Além disso, deve limitar-se à parcela do objeto que efetivamente for necessário para o atendimento à necessidade urgente.

---

6 "a contratação direta [emergencial] deve se restringir somente à parcela mínima necessária para afastar a concretização do dano ou a perda dos serviços executados, devendo a solução definitiva, conforme o caso, ser objeto de licitação formal;" (Brasil, 2015f)

— 4.4.3 —
Contratações em casos de licitação anterior deserta ou frustrada

A Lei n. 8.666/1993 prevê, em seu art. 24, inciso V, a possibilidade da dispensa de licitação

> V - quando não acudirem interessados à licitação anterior e esta, justificadamente, não puder ser repetida sem prejuízo para a Administração, mantidas, neste caso, todas as condições preestabelecidas; [...]

Trata-se do que a doutrina tradicionalmente denomina de *licitação deserta* (Furtado, 2010), consubstanciada na inexistência de licitantes interessados em participar do certame licitatório. O dispositivo legal admite que o administrador dispense a realização de nova licitação desde que comprove:

- a ausência de interessados em participar do certame anterior;
- a impossibilidade fática da realização de novo certame com base no interesse público;
- a manutenção das mesmas condições constantes no instrumento convocatório da licitação anterior. (Oliveira, 2019)

O art. 24, inciso VII, da Lei n. 8.666/1993 também estipula a possibilidade de dispensa de licitação "quando as propostas apresentadas consignarem preços manifestamente superiores aos praticados no mercado nacional, ou forem incompatíveis com os fixados pelos órgãos oficiais competentes" (Brasil, 1993). Trata-se do que a doutrina chama de *licitação fracassada*. Entendemos que a dispensa de licitação, nesse caso, depende das seguintes circunstâncias:

- deve-se comprovar que os preços apresentados em licitação anterior efetivamente não encontram compatibilidade com os valores de mercado e com as exigências fixadas no instrumento convocatório;
- faz-se necessário que os licitantes não tenham retificado suas propostas após a devida intimação para fazê-lo, nos termos do art. 48, parágrafo 3º, da Lei n. 8.666/1993;
- deve-se comprovar a impossibilidade fática da realização de novo certame;
- a contratação direta deve ser realizada por valor não superior ao constante do registro de preços ou dos serviços, segundo os parâmetros oferecidos em anterior certame licitatório.

A Lei n. 14.133/2021 manteve as referidas possibilidades de dispensa de licitação, com fundamento no art. 75, inciso III[17]. É relevante destacar, porém, que o referido dispositivo inova ao prever que a dispensa de novo certame licitatório é possível apenas se realizada no prazo de um ano da licitação anterior.

---

7 "Art. 75. É dispensável a licitação: [...]
III – para contratação que mantenha todas as condições definidas em edital de licitação realizada há menos de 1 (um) ano, quando se verificar que naquela licitação:
a) não surgiram licitantes interessados ou não foram apresentadas propostas válidas;
b) as propostas apresentadas consignaram preços manifestamente superiores aos praticados no mercado ou incompatíveis com os fixados pelos órgãos oficiais competentes;" (Brasil, 2021a)

— 4.5 —
Licitação dispensada

Por último, ainda que não mencionada anteriormente, é essencial destacar a previsão legislativa da licitação dispensada, quando não há possibilidade de que a Administração Pública realize procedimento licitatório.

O rol de hipóteses é taxativo e refere-se, exclusivamente, à "alienação de bens da Administração Pública, subordinada à existência de interesse público devidamente justificado", nos termos do art. 17, incisos I e II, da Lei n. 8.666/1993.

A esse respeito, a doutrina tradicional entende que a licitação dispensada (dispensa legal) é determinada por lei; não está sujeita à discricionariedade da Administração Pública; tem um rol taxativo de hipóteses relacionadas à alienação de bens (Di Pietro, 2019).

Em sentido contrário, Oliveira (2020) entende que a previsão legislativa de **dispensa legal** não pode retirar a discricionariedade do gestor público, visto que a regra constitucional é a licitação. Portanto, o legislador ordinário não pode impedir sua realização quando houver competição. Além disso, os demais entes federados têm competência para legislar sobre a gestão de seus bens, inclusive no que se refere à licitação dispensada, razão pela qual estados e municípios têm autonomia para decidir a respeito das hipóteses descritas no art. 17, incisos I e II, da Lei n. 8.666/1993.

A despeito dessa discussão doutrinária, a Lei n. 14.133/2021, em seu art. 76, incisos I e II, manteve o rol taxativo de dispensa legal da licitação para a alienação de bens da Administração Pública, desde que observados os requisitos previstos na lei.

Capítulo 5

Modalidades de licitação e procedimentos auxiliares

Vimos que a licitação é um procedimento formal que necessariamente deve ser utilizado pela Administração Pública e pelos demais sujeitos indicados na lei para selecionar a melhor proposta entre aquelas oferecidas pelos interessados. Deixamos claro, ainda, que se trata de procedimento vinculado, pois depende do atendimento estrito às regras estabelecidas na legislação e no instrumento convocatório, não admitindo inovação ou discricionariedade por parte do administrador público licitante.

As modalidades de licitação são exatamente as formalidades estabelecidas por lei que devem ser observadas pela Administração Pública em cada procedimento licitatório, conforme aduz corretamente Oliveira (2019).

Nos tópicos subsequentes, analisaremos as particularidades que envolvem cada uma das modalidades de licitação previstas na Lei n. 8.666, de 21 de junho de 1993 (Brasil, 1993) e trataremos, brevemente, do pregão, previsto na Lei n. 10.520, de 17 de julho de 2002 (Brasil, 2002), e do Regime Diferenciado de Contratação, criado pela Lei n. 12.462, de 4 de agosto de 2011 (Brasil, 2011c). Por fim, abordaremos o cenário criado pela Lei n. 14.133, de 1º de abril de 2021 (Brasil, 2021a), a respeito das diferentes modalidades de licitação.

— 5.1 —
Impossibilidade de criação ou fusão de modalidades de licitação

Antes de analisarmos cada uma das modalidades de licitação previstas na legislação de regência, cabe destacar que o art. 22, parágrafo 8º, da Lei n. 8.666/1993 proíbe a criação de outas modalidades de licitação ou a combinação das modalidades já previstas na lei geral.

Por evidente, essa vedação é claramente aplicável ao administrador público, que de forma nenhuma pode mesclar regras previstas para diferentes modalidades, tampouco criar nova modalidade que não aquelas expressamente previstas em lei.

Aliás, no Tribunal de Contas da União (TCU), não há qualquer tipo de interpretação que desfigure a regra expressamente prevista em lei[1].

Não nos parece que o rol taxativo previsto na Lei n. 8.666/1993 proíba, ao legislador, criar livremente novas modalidades de licitação, desde que estas respeitem as normas constitucionais e os princípios aplicáveis.

No entanto, a Lei n. 14.133/2021 prevê regra que veda de forma expressa a criação de outras modalidades de licitação ou a combinação entre elas, conforme se depreende do art. 28, parágrafo 2º.

---

1 "abstenha-se de combinar duas ou mais modalidades de licitação, conforme estabelecido no art. 22, §§ 3º e 8º, da Lei 8.666/93;" (Brasil, 2004c)

— 5.2 —
Modalidades de licitação previstas na Lei n. 8.666/1993

A Lei n. 8.666/1993 prevê expressamente, em seu art. 22, cinco modalidades de licitação, que buscam atender a três finalidades distintas, conforme aduz corretamente Carvalho Filho (2016). De acordo com referido autor, as modalidades de concorrência, tomada de preços e convite têm a mesma finalidade: contratação de obras, de serviços e fornecimento.

As outras modalidades – concurso e leilão – apresentam objetivos distintos e próprios, conforme veremos com mais detalhes nos tópicos a seguir.

— 5.2.1 —
Concorrência

É a modalidade de licitação com mais formalidades, destinada à realização de contratações de grande vulto econômico. Nos termos do art. 22, parágrafo 1º, da Lei n. 8.666/1993, trata-se de modalidade em que, na fase inicial de habilitação preliminar, os licitantes devem comprovar que atendem aos requisitos mínimos de qualificação exigidos no edital para a execução de seu objeto[2].

---

2   Cf. Oliveira, 2020, p. 655.

Como veremos com mais detalhes em tópico apropriado, na fase inicial de habilitação preliminar, a empresa licitante deve comprovar documentalmente habilitação jurídica, qualificação técnica, qualificação econômico-financeira, regularidade fiscal e trabalhista e cumprimento do disposto no art. 7º, inciso XXXIII, da Constituição Federal (art. 27 da Lei n. 8.666/1993).

A seguir, vejamos algumas peculiaridades a respeito da utilização da concorrência nos termos da Lei n. 8.666/1993, com base no Decreto n. 9.412, de 18 de junho de 2018 (Brasil, 2018a):

- é a modalidade cabível qualquer que seja o valor de seu objeto, tanto na compra ou alienação de bens imóveis quanto nas concessões de direito real e em determinadas licitações internacionais;
- pode ser utilizada sempre que couberem as modalidades de tomada de preços e convite;
- é obrigatória para obras e serviços com valor superior a R$ 3.300.000,00; pode ser utilizada para obras e serviços com valor inferior;
- em consórcios públicos formados por até três entes da federação, é obrigatória para obras e serviços com valor superior a R$ 6.600.000,00; pode ser utilizada para obras e serviços com valor inferior (art. 23, parágrafo 8º, da Lei n. 8.666/1993);
- em consórcios públicos formados por mais três entes da federação, é obrigatória para obras e serviços com valor superior a R$ 9.900.000,00; pode ser utilizada para obras e serviços com valor inferior (art. 23, parágrafo 8º, da Lei n. 8.666/1993);

- é obrigatória para compras e serviços que não sejam de engenharia com valor superior a R$ 1.430.000,00; pode ser utilizada para compras e serviços com valor inferior;
- em consórcios públicos formados por até três entes da federação, é obrigatória para compras e serviços que não sejam de engenharia com valor superior a R$ 2.860.000,00; pode ser utilizada para compras e serviços com valor inferior;
- em consórcios públicos formados por mais de três entes da federação, é obrigatória para compras e serviços que não sejam de engenharia com valor superior a R$ 4.290.000,00; pode ser utilizada para compras e serviços com valor inferior.

Outro elemento relevante da concorrência diz respeito à necessidade de que seus atos sejam realizados com a mais ampla publicidade, assegurando a máxima transparência possível.

A concorrência é a modalidade de licitação mais utilizada pela Administração Pública, uma vez que, embora mais complexa e rigorosa formalmente, garante ao gestor maior segurança jurídica a respeito da validade da contratação realizada.

A Lei n. 14.133/2021 manteve a concorrência entre as modalidades de licitação:

> Art. 6º Para os fins desta Lei, consideram-se: [...]
>
> XXXVIII - concorrência: modalidade de licitação para contratação de bens e serviços especiais e de obras e serviços comuns e especiais de engenharia, cujo critério de julgamento poderá ser:

a) menor preço;

b) melhor técnica ou conteúdo artístico;

c) técnica e preço;

d) maior retorno econômico;

e) maior desconto; [...] (Brasil, 2021a)

Uma questão relevante do novo regime licitatório decorre do fato de que o valor estimado da contratação não é mais fator essencial para a definição da modalidade licitatória a ser adotada pelo administrador público. A lei de 2021 determina que a concorrência deve ser utilizada para a "contratação de bens e serviços especiais e de obras e serviços comuns e especiais de engenharia" independentemente do valor (Brasil, 2021a).

Essa mudança decorre essencialmente da extinção das modalidades do convite e da tomada de preços, que eram empregadas para licitar objeto similar ao da concorrência. Além disso, eram pouco utilizadas pela Administração Pública, de modo que sua existência no ordenamento jurídico não fazia mais sentido.

— 5.2.2 —
Tomada de preços

É a modalidade prevista pela Lei n. 8.666/1993 para as contratações de médio vulto econômico, que não demandem formalidades tão rigorosas quanto aquelas exigidas para a concorrência[13].

---

3   Cf. Oliveira, 2020, p. 656.

Nos termos do art. 22, parágrafo 2º, da Lei n. 8.666/1993, a tomada de preços

> é a modalidade de licitação entre interessados devidamente cadastrados ou que atenderem a todas as condições exigidas para cadastramento até o terceiro dia anterior à data do recebimento das propostas, observada a necessária qualificação[4].

Como bem aponta Carvalho Filho (2016), na tomada de preços apenas podem participar do certame aqueles licitantes que estejam previamente cadastrados ou, ainda, os que provem que atendam aos requisitos necessários ao cadastramento, desde que o façam antes da data final do recebimento das propostas.

Nessa modalidade de licitação, o cadastro prévio funciona como se fosse uma fase de habilitação: antes de aberto o certame, os interessados apresentam seus documentos de habilitação para que sejam cadastrados em determinado órgão ou ente licitante (Oliveira, 2019). Assim que iniciada a tomada de preços, faz-se desnecessária a realização de uma fase específica de habilitação, pois os interessados já se encontram devidamente cadastrados e aptos a participar da licitação.

Como é possível verificar, a antecipação da fase de habilitação – que passa a corresponder a um registro prévio – torna mais simples o procedimento se comparado à concorrência (em

---

4   A previsão normativa que permite aos interessados não previamente cadastrados participarem do certame desde que se inscrevam até o terceiro dia anterior à data do recebimento das propostas visa atender ao princípio da competitividade.

que são aferidos os documentos de habilitação de todos os licitantes, em cada procedimento licitatório).

A seguir, vejamos os limites de valor para a utilização da tomada de preços com base na Lei n. 8.666/1993 (e também no Decreto n. 9.412/2018):

- pode ser utilizada para obras e serviços com valor de até R$ 3.300.000,00;
- em consórcios públicos formados por até três entes da federação, pode ser utilizada para obras e serviços com valor de até R$ 6.600.000,00;
- em consórcios públicos formados por mais de três entes da federação, pode ser utilizada para obras e serviços com valor de até R$ 9.900.000,00;
- pode ser utilizada para compras e serviços que não sejam de engenharia com valor de até R$ 1.430.000,00;
- em consórcios públicos formados por até três entes da federação, pode ser utilizada para compras e serviços que não sejam de engenharia com valor de até R$ 2.860.000,00;
- em consórcios públicos formados por mais de três entes da federação, pode ser utilizada para compras e serviços que não sejam de engenharia com valor de até R$ 4.290.000,00.

É interessante salientar que a Lei n. 14.133/2021 extinguiu a tomada de preços. De acordo com o novo regime licitatório, a contratação de bens e serviços especiais (que não são comuns), obras e serviços comuns e especiais de engenharia necessariamente deve ser licitada por concorrência.

— 5.2.3 —
Convite

É a modalidade mais simples e menos formal, destinada às contratações de menor vulto econômico[5].

O art. 22, parágrafo 3º, da Lei n. 8.666/1993 conceitua o convite como a

> modalidade de licitação entre interessados do ramo pertinente ao seu objeto, cadastrados ou não, escolhidos e convidados em número mínimo de 3 (três) pela unidade administrativa, a qual afixará, em local apropriado, cópia do instrumento convocatório e o estenderá aos demais cadastrados na correspondente especialidade que manifestarem seu interesse com antecedência de até 24 (vinte e quatro) horas da apresentação das propostas. (Brasil, 1993)

Desse conceito, depreendemos que podem participar da licitação na modalidade do convite tanto os convidados pela Administração (cadastrados ou não) quanto os não convidados (previamente cadastrados) que manifestem interesse, desde que o façam com antecedência de até 24 horas.

Ainda cumpre destacar que, nessa modalidade, não há obrigatoriedade de publicação oficial do edital regulamentador do certame, embora a Administração Pública seja obrigada a fixar uma cópia em local apropriado, justamente para que os interessados (não convidados) possam manifestar-se no prazo exigido.

---

5 Cf. Oliveira, 2020, p. 657-658.

A lei determina que a Administração deve convidar ao menos três interessados para participar do certame. Excepcionalmente, caso seja impossível a obtenção do número mínimo de convidados por limitações de mercado ou pelo manifesto desinteresse de interessados, pode-se realizar a licitação com número inferior ao indicado na lei; para isso, é necessária a devida motivação por parte do administrador (conforme exige o art. 22, parágrafo 7º, da Lei n. 8.666/1993).

Para evitar que a Administração convide sempre os mesmos interessados em licitações com objeto idêntico ou assemelhado, a Lei n. 8.666/1993 determina que, a cada nova licitação, seja convidado no mínimo um novo interessado (art. 22, parágrafo 6º). Tal regra permite certo "rodízio" entre os interessados, conforme bem aduz Oliveira (2019).

O convite pode ser utilizado nas contratações que envolvam os seguintes valores, com base na Lei n. 8.666/1993 (e também no Decreto n. 9.412/2018):

- para obras e serviços com valor de até R$ 330.000,00;
- em consórcios públicos formados por até três entes da federação, para obras e serviços com valor de até R$ 660.000,00;
- em consórcios públicos formados por mais de três entes da federação, para obras e serviços com valor de até R$ 990.000,00;
- para compras e serviços que não sejam de engenharia com valor de até R$ 176.000,00;

- em consórcios públicos formados por até três entes da federação, para compras e serviços que não sejam de engenharia com valor de até R$ 352.000,00;
- em consórcios públicos formados por mais de três entes da federação, para compras e serviços que não sejam de engenharia com valor de até R$ 528.000,00.

Como destacamos, a Lei n. 14.133/2021 extinguiu também a modalidade do convite. Assim, após o transcurso do prazo legal de dois anos a contar da publicação da nova Lei de Licitações, o administrador público ficará totalmente impedido de empregar tal modalidade para fazer contratações de menor vulto econômico. Deverá, portanto, adotar a concorrência ou o pregão, a depender do objeto da contratação.

— 5.2.4 —
Concurso

É a modalidade de licitação que, nos termos do art. 22, parágrafo 4º, da Lei n. 8.666/1993, presta-se à escolha de trabalho técnico, científico ou artístico por meio da instituição de prêmios ou remuneração aos vencedores. Os critérios de seleção devem ser estabelecidos em edital, publicado na imprensa oficial com antecedência mínima de 45 dias (Oliveira, 2020).

Como aponta Furtado (2010) de maneira perspicaz, essa modalidade licitatória não pode ser confundida com o que se denomina de *concurso público*, destinado à seleção e investidura em cargos ou empregos públicos.

O concurso como modalidade de licitação deve ter suas regras previstas em regulamento próprio, que, nos termos do art. 52 da Lei n. 8.666/1993, deve indicar:

- a qualificação exigida dos participantes;
- as diretrizes e a forma de apresentação do trabalho;
- as condições da realização do concurso e os prêmios a serem concedidos.

Ainda, conforme prevê o art. 51, parágrafo 5º, da Lei n. 8.666/1993, o julgamento dos trabalhos técnicos, científicos ou artísticos apresentados pelos interessados deve ser realizado por uma "comissão especial integrada por pessoas de reputação ilibada e reconhecido conhecimento da matéria em exame, servidores públicos ou não" (Brasil, 1993).

Por sua vez, o art. 111 da Lei n. 8.666/1993 estabelece que a contratação, o pagamento, a concessão de premiação e o próprio recebimento do projeto ou do serviço técnico especializado apenas podem ocorrer caso o licitante vencedor ceda os respectivos direitos patrimoniais à Administração, para utilização conforme o previsto no regulamento do concurso ou no ajuste para sua elaboração.

Nesse sentido, é certo que não se aplicam ao concurso os critérios de julgamento previstos no art. 45 da lei de 1993, pois, além de a seleção se basear nos termos do art. 51, parágrafo 5º, da referida lei, a remuneração do vencedor é uma espécie de prêmio.

A Lei n. 14.133/2021 manteve o concurso entre as modalidades de licitação. Segundo seu art. 30, as regras de qualificação exigidas dos participantes, as diretrizes e formas de apresentação do trabalho, as condições de realização e o prêmio ou remuneração do vencedor devem estar previstos em edital, devidamente publicado na imprensa oficial. Como é possível verificar, essa lei não mais faz referência a um regulamento que defina as principais regras do concurso. Entendemos que a solução adotada se conforma melhor ao necessário resguardo ao princípio da publicidade.

— 5.2.5 —
Leilão

É a modalidade de licitação indicada para a alienação de bens móveis e imóveis da Administração (Di Pietro, 2019; Oliveira, 2020). O art. 22, parágrafo 5º, da Lei n. 8.666/1993 conceitua o leilão como

> a modalidade de licitação entre quaisquer interessados para a venda de bens móveis inservíveis para a administração ou de produtos legalmente apreendidos ou penhorados, ou para a alienação de bens imóveis prevista no art. 19, a quem oferecer o maior lance, igual ou superior ao valor da avaliação.

Para que não reste dúvidas, nessa modalidade, logicamente, o que se busca não é o menor preço, tampouco a melhor técnica, mas justamente o melhor lance ou oferta, igual ou superior ao valor da avaliação.

Nos termos do art. 53 da Lei n. 8.666/1993, o leilão pode ser cometido a leiloeiro oficial ou a servidor público designado pela Administração, devendo ser realizada avaliação prévia para a fixação do preço mínimo de arrematação.

Como é evidente, todas as regras do leilão devem ser disciplinadas em edital, que deve ser publicado com antecedência mínima de 15 dias (art. 21, § 2º, III, da Lei n. 8.666/1993).

A Lei n. 14.133/2021, em seu art. 31, manteve o leilão entre as modalidades de licitação destinadas à alienação de bens móveis e imóveis. A grande inovação é a especificação detalhada das informações que necessariamente devem constar do edital do leilão, publicado em sítio eletrônico oficial e afixado em local de ampla circulação de pessoas na sede da Administração.

De acordo com o art. 31, parágrafo 2º, da lei de 2021, o leilão deve ser precedido de edital com o seguinte conteúdo:

- a descrição do bem com suas características e, no caso de imóvel, sua situação e suas divisas, com remissão à matrícula e aos registros;
- o valor pelo qual o bem foi avaliado, o preço mínimo pelo qual pode ser alienado, as condições de pagamento e, se for o caso, a comissão do leiloeiro designado;
- a indicação do lugar onde estiverem os móveis, os veículos e os semoventes;

- o sítio da internet e o período em que ocorrerá o leilão, salvo se excepcionalmente for realizado presencialmente por comprovada inviabilidade técnica ou desvantagem para a Administração, hipótese em que serão indicados o local, o dia e a hora de sua realização;
- a especificação de eventuais ônus, gravames ou pendências existentes sobre os bens a serem leiloados.

Além disso, é relevante destacar que, no regime da Lei n. 8.666/1993, a alienação de bens imóveis como regra geral deve ser realizada por concorrência. A Lei n. 14.133/2021 altera a referida regra, prevendo de forma expressa, no art. 76, inciso I, que a alienação de bens imóveis exige autorização legislativa e depende de licitação na modalidade do leilão.

— 5.3 —
Pregão

Foi previsto inicialmente pela Lei n. 9.472/1997, que dispôs sobre a organização dos serviços de telecomunicações no país. De acordo com a referida lei, a Agência Nacional de Telecomunicações (Anatel) pode utilizar-se de procedimentos próprios para as contratações que não envolvam obras e serviços de engenharia civil, seguindo as modalidades de consulta e pregão[6]. Desse modo, a Anatel teve a possibilidade de realizar

---

6   Cf. Oliveira, 2020, p. 660-662.

pregão para a contratação de bens e serviços comuns, com os fornecedores previamente cadastrados chamados a formular lances em sessão pública.

A experiência com a Anatel foi bem-sucedida, motivo pelo qual, a partir da Lei n. 10.520/2002, a utilização do pregão passou a ser admitida para a União, os estados, o Distrito Federal e os municípios, para a aquisição de bens e serviços comuns, como já mencionamos.

Nesse contexto, precisamos fazer duas observações relevantes a respeito da interpretação do referido dispositivo legal.

É possível compreender, a princípio, que o legislador foi muito claro ao determinar que o leilão para a aquisição de bens e serviços comuns é discricionário (na medida em que utilizou o termo *poderá*, e não *deverá*). Essa interpretação encontra eco na doutrina. Vejamos o que afirma Oliveira (2019, p. 132):

> Não é obrigatória a utilização do pregão para aquisição de bens e serviços comuns. O art. 1.º da Lei 10.520/2002 estabelece que o pregão "poderá" ser adotado nesses casos. Trata-se de atuação discricionária do administrador que pode optar por outra modalidade de licitação.

Como podemos verificar, ao administrador caberia optar pela utilização das regras do pregão ou de outra modalidade de licitação, ainda que o objeto corresponda à aquisição de bens e serviços comuns.

É necessário destacar, porém, que o Decreto n. 10.024/2019, que regulamentou o pregão na Administração Pública federal, tornou expressamente obrigatório o emprego dessa modalidade na aquisição de bens e serviços comuns. Isso para órgãos da Administração Pública federal direta, autarquias, fundações e fundos especiais (art. 1º, § 1º).

Além disso, o decreto estendeu a obrigatoriedade do pregão para a compra de bens e a contratação de serviços comuns pelos demais entes federativos, sempre que houver o envolvimento de recursos da União decorrentes de transferências voluntárias, como convênios e contratos de repasse (art. 1º, § 3º).

Assim, a discricionariedade do agente público a respeito da utilização ou não do pregão para a aquisição de bens e serviços comuns deve ser lida *cum grano salis*, especialmente quando se trata de contratações com recursos da União realizadas pela Administração Pública federal ou pelos demais entes federativos.

A Lei n. 14.133/2021, o novo marco legal das licitações, prevê a obrigatoriedade de se adotar o pregão para a aquisição de bens e serviços comuns.

Outra questão bastante relevante é a precisa identificação do que são os bens e serviços comuns. De acordo com o art. 1º, parágrafo único, da Lei n. 10.520/2002, consideram-se bens e serviços comuns "aqueles cujos padrões de desempenho e qualidade possam ser objetivamente definidos pelo edital, por meio de especificações usuais no mercado" (Brasil, 2002).

Como é possível verificar, trata-se de conceito aberto, por isso torna-se extremamente complexo identificar com precisão todos os bens e serviços que podem ser considerados comuns. De qualquer modo, entendemos que está com a razão Carvalho Filho (2016) ao afirmar que tais bens e serviços devem ser selecionados exclusivamente pelos seus preços, já que suas demais características são padronizadas, dispensando avaliação detalhada.

Em outras palavras: o processo de seleção e aquisição promovido pela Administração considera como elemento distintivo entre os licitantes apenas os preços ofertados, e não características próprias e específicas dos bens e serviços.

Nesse contexto, é importante mencionar a Orientação Normativa n. 54 da Advocacia-Geral da União (AGU), alterada por meio da Portaria n. 124, de 25 de abril de 2014:

> Compete ao agente ou setor técnico da administração declarar que o objeto licitatório é de natureza comum para efeito de utilização da modalidade pregão e definir se o objeto corresponde a obra ou serviço de engenharia, sendo atribuição do órgão jurídico analisar o devido enquadramento da modalidade licitatória aplicável. (Brasil, 2014a)

O TCU tem diversos entendimentos a respeito da definição de *serviços comuns* para fins da adoção do pregão, destacando-se os seguintes julgados:

O uso do pregão nas contratações de serviços comuns de engenharia encontra amparo na Lei 10.520/2002. (Brasil, 2010j)

17. O Parquet observou que, nos termos da legislação em vigor, consideram-se bens e serviços comuns aqueles cujos padrões de desempenho e qualidade possam ser objetivamente definidos pelo edital, por meio de especificações usuais no mercado. "A identificação do bem comum independe da natureza simples ou da complexidade do bem ou do serviço". (Brasil, 2017b)

Os serviços de consultoria devem ser contratados mediante pregão, ressalvadas situações excepcionais, devidamente justificadas, em que tais serviços não se caracterizem como comuns. (Brasil, 2019k, p. 1)

35. Do exposto, pode-se concluir que ocorreu a utilização da modalidade indevida de licitação no certame examinado, uma vez que os objetos que se pretendiam contratar, quais sejam, serviços técnicos especializados de engenharia consultiva e supervisão dos trechos das rodovias concedidos pela ANTT, podem ter seus padrões de desempenho e qualidade objetivamente definidos pelo edital, enquadrando-se como 'serviços comuns', cabendo, pois, sua contratação por meio de pregão, em consonância com a legislação, art. 1º, da Lei 10.520/2002, bem como com jurisprudência desta Corte, a exemplo do Acórdão 2932/2011-TCU-Plenário. (Brasil, 2019e)

É relevante destacar, ainda, que o pregão pode ser realizado tanto presencialmente quanto de forma remota, por meio eletrônico. Como é evidente, o pregão presencial é realizado em ambiente físico, com a presença de todos aqueles que participam do certame (agentes da Administração, licitantes etc). O pregão eletrônico, por sua vez, processa-se em ambiente virtual, por meio da rede mundial de computadores (internet).

O Decreto n. 10.024/2019 – aplicável à Administração Pública federal – estabeleceu a obrigatoriedade do pregão na forma eletrônica. Excepcionalmente, mediante prévia decisão motivada, o procedimento pode ser realizado de forma presencial, o que necessariamente está condicionado à comprovação da inviabilidade técnica ou desvantagem da forma eletrônica (art. 1º, § 4º).

Destacamos, a seguir, algumas das características essenciais do pregão previstas na Lei n. 10.520/2002:

- A autoridade responsável pelo recebimento das propostas e dos lances, pela análise de sua aceitabilidade e classificação, bem como pela habilitação dos licitantes e pela adjudicação do objeto ao licitante vencedor, denomina-se *pregoeiro* (art. 3º, IV).
- A etapa externa do certame tem início com a publicação do instrumento convocatório, que deve especificar o objeto do certame, as exigências de habilitação, os critérios de aceitação das propostas, as sanções por inadimplemento e as cláusulas do contrato, inclusive com fixação dos prazos para fornecimento (art. 3º, I).
- Aberta a sessão, os interessados e seus representantes devem apresentar declaração que dê ciência de que cumprem os requisitos de habilitação e entregar, ainda, envelope com a indicação do objeto e do preço oferecido (art. 3º, VII).

- Verificadas as propostas formais e escritas apresentadas pelos licitantes, o pregoeiro deve julgar as propostas e estabelecer a ordem de classificação pelo critério do menor preço. Em seguida, admite-se a realização de novos lances verbais (eletrônicos) e sucessivos; dessa fase, pode participar apenas o autor da proposta com o menor valor e daquelas com preços até 10% superiores (art. 3º, VIII).
- Encerrada a etapa competitiva, o pregoeiro deve proceder à abertura do envelope que contém os documentos da habilitação do licitante que apresentou a melhor proposta, para verificação do atendimento às condições fixadas no edital (art. 3º, XII).

Como é possível verificar, a Lei n. 10.520/2002 adotou a inversão de fases de habilitação e julgamento, de modo que a Administração apenas analisa os documentos de habilitação do licitante que apresentar a melhor proposta de preços ao final da etapa competitiva.

É relevante destacar, por fim, que, após o transcurso do prazo de dois anos da aprovação do novo marco legal das licitações, a Lei n. 10.520/2002 será revogada. Depois desse prazo, deverão ser aplicadas as regras constantes na Lei n. 14.133/2021.

— 5.4 —
Regime Diferenciado de Contratação Pública (RDC)

Foi criado pela Lei n. 12.462/2011 com o objetivo de adotar modelos e soluções mais flexíveis para contratações públicas relacionadas a grandes eventos esportivos (Justen Filho, 2015a).

Desde 2012, o RDC passou ser aplicável também para licitações e contratos relativos a ações integrantes do Programa de Aceleração do Crescimento (PAC), obras e serviços de engenharia do Sistema Único de Saúde (SUS), obras e serviços de engenharia para a construção, reforma e administração de estabelecimentos penais e de unidades de atendimento socioeducativo, ações de segurança pública, obras e serviços de engenharia relacionadas a melhorias na mobilidade urbana ou ampliação de infraestrutura logística, determinadas locações de bens imóveis e ações em órgãos e entidades dedicados à ciência, tecnologia e inovação.

Nas palavras de Justen Filho (2015a), a lei do RDC configura verdadeira "espécie de experimentação legislativa". Tal regime previu diversas inovações que foram posteriormente incluídas na Lei n. 14.133/2021.

Em razão do próprio escopo e da extensão da presente obra, não abordaremos de forma detalhada as regras do RDC. É relevante considerar, no entanto, que a lei do RDC será revogada após o transcurso do prazo de dois anos da publicação do novo marco legal da licitação, conforme se depreende do art. 193, inciso II, da Lei n. 14.133/2021.

— 5.5 —
Diálogo competitivo

É a modalidade de licitação prevista no art. 28, inciso V, da Lei n. 14.133/2021; suas principais regras constam no art. 32 da referida lei[17].

Nos termos do referido dispositivo, há hipóteses restritas em que a Administração pode empregar a modalidade do diálogo competitivo:

> Art. 32. A modalidade diálogo competitivo é restrita a contratações em que a Administração:
>
> I – vise a contratar objeto que envolva as seguintes condições:
>
> a) inovação tecnológica ou técnica;
>
> b) impossibilidade de o órgão ou entidade ter sua necessidade satisfeita sem a adaptação de soluções disponíveis no mercado; e

---

7   A inserção do diálogo competitivo na Lei de Licitações, ainda que não exatamente da forma prevista em lei, é defendida há muito tempo por autores como Justen Filho. Cf. Justen Filho, 2015b.

c) impossibilidade de as especificações técnicas serem definidas com precisão suficiente pela Administração;

II – verifique a necessidade de definir e identificar os meios e as alternativas que possam satisfazer suas necessidades, com destaque para os seguintes aspectos:

a) a solução técnica mais adequada;

b) os requisitos técnicos aptos a concretizar a solução já definida;

c) a estrutura jurídica ou financeira do contrato; [...] (Brasil, 2021a)

As restritas hipóteses de cabimento do diálogo competitivo já demonstram que se trata de modalidade que deve ser empregada de forma excepcional pela Administração, especialmente quando se estiver diante de necessidades que exijam soluções mais complexas, que dependem de *expertise* própria da dinâmica privada do mercado.

Essa modalidade, baseada em soluções oriundas do direito europeu, permite que a Administração recorra ao mercado privado para formatar modelos de contratação complexos para atender às necessidades públicas. Nesse caso, em vez de divulgar desde logo todos os parâmetros detalhados da seleção e do modelo de contratação proposto, a Administração pode tornar públicas suas **necessidades** (e não as soluções preconcebidas) e exigências para que os licitantes privados manifestem, no prazo de 25 dias úteis, o interesse em participar da licitação.

Logo, os interessados devem apresentar soluções para atender às necessidades públicas, iniciando-se, então, a **fase de diálogo**, que poderá ser mantida até que a Administração identifique a solução ou as soluções mais adequadas.

Ao encerrar a fase de diálogo – com a solução ou as soluções já definidas –, a Administração deve iniciar a **fase competitiva** do certame, com a divulgação do instrumento convocatório, que deve tornar públicos os critérios objetivos a serem considerados pelos licitantes para a apresentação de suas propostas.

Como é fácil perceber, trata-se de modalidade em que há nítida cooperação entre a Administração Pública e o setor privado para que, desde logo, formatem-se soluções destinadas a atender às necessidades públicas eminentemente complexas.

A aproximação colaborativa entre setor público e mercado logo na estruturação dos projetos e definição das necessidades pode tornar mais eficiente a contratação, tornando possível que soluções mais inovadoras migrem da iniciativa privada para a Administração Pública.

— 5.6 —
Procedimentos auxiliares previstos na Lei n. 14.133/2021

Além das modalidades de licitação previstas no art. 28 da Lei n. 14.133/2021, é necessário destacar a existência dos procedimentos auxiliares que também podem ser utilizados para a seleção de candidatos interessados em fazer contratos com a Administração Pública.

A lei de 2021 consolida as regras atinentes a procedimentos auxiliares já previstos em legislação esparsa, melhor sistematizando todos os instrumentos disponíveis à Administração para a seleção das propostas que mais se conformem à realização do interesse público.

São cinco os procedimentos auxiliares previstos pela Lei n. 14.133/2021: credenciamento; pré-qualificação; manifestação de interesse; registro de preço; registro cadastral.

Ainda que de forma breve, trataremos a seguir das principais regras a respeito dos referidos procedimentos auxiliares.

— 5.6.1 —
Credenciamento

Vem sendo utilizado há mais de duas décadas por diversos entes da Administração para contratações por inexigibilidade de licitação. É cabível quando o interesse coletivo puder ser satisfeito por todos aqueles que preencham determinados critérios do instrumento convocatório, sem exclusão de quaisquer dos interessados[18].

Nas palavras de Torres (2019, p. 348), o credenciamento é utilizado quando "a Administração aceita como colaborador todos aqueles que, atendendo as motivadas exigências

---

8 Cf. Di Pietro, 2019, p. 809-810; Oliveira, 2020, p. 653.

públicas, manifestem interesse em firmar contrato ou acordo administrativo".

Nesse sentido, confira a definição do TCU:

> O credenciamento, entendido como espécie de inexigibilidade de licitação, é ato administrativo de chamamento público de prestadores de serviços que satisfaçam determinados requisitos, constituindo etapa prévia à contratação, devendo-se **oferecer a todos igual oportunidade** de se credenciar. (Brasil, 2020b, grifo do original)

Quando for do interesse público, portanto, que todos aqueles que cumpram determinados requisitos previstos no ato convocatório sejam contratados, a licitação será inexigível. Nesse caso, é admitida a utilização do credenciamento, conforme entendimento reiterado do TCU a seguir transcrito:

> 19. Conforme orientações emanadas do Acórdão 351/2010-TCU-Plenário, o credenciamento pode ser considerado como hipótese de inviabilidade de competição quando observados requisitos como: a) a contratação de todos os que tiverem interesse e que satisfaçam as condições fixadas pela Administração, não havendo relação de exclusão; b) a garantia da igualdade de condições entre todos os interessados hábeis a contratar com a Administração, pelo preço por ela definido; e, c) a demonstração inequívoca de que as necessidades da Administração somente poderão ser atendidas dessa forma. (Brasil, 2017d)

Entendemos que o legislador andou bem ao prever e sistematizar as normas do credenciamento, trazendo mais segurança jurídica ao gestor que pretende utilizar o procedimento para atender às necessidades da Administração. De acordo com a lei de 2021, o credenciamento pode ser utilizado em restritas hipóteses previstas nos incisos do art. 79, que se relacionam a contratações simultâneas em condições padronizadas, a casos em que a seleção está a cargo do beneficiário direto da prestação e em mercados fluidos, quando há flutuação constante de preços e condições de contratação, inviabilizando a escolha por meio de licitação.

Para o credenciamento, a Administração deve publicar edital de chamamento para divulgar a necessidade pública a ser atendida, assim como todos os critérios objetivos que devem ser observados pelos interessados.

É relevante destacar que a Administração deve definir em regulamento as principais regras aplicáveis aos seus credenciamentos; para tanto, é preciso adotar critérios objetivos de distribuição da demanda.

— 5.6.2 —
Pré-qualificação

Já havia sido prevista como procedimento auxiliar da licitação na Lei n. 12.462/2011 (Lei do RDC). Nas palavras de Justen Filho (2011, p. 1), pode ser assim conceituada:

> A pré-qualificação permanente consiste em uma decisão administrativa de que um determinado licitante preenche requisitos genéricos e (ou) específicos de habilitação ou que um certo objeto apresenta qualidade mínima satisfatória para atender às necessidades administrativas. Essa decisão deve ser precedida do devido procedimento administrativo e fundar-se em critérios objetivos predeterminados.

Como é possível verificar, trata-se de procedimento por meio do qual a Administração qualifica previamente licitantes e bens para certames futuros, por meio da previsão de critérios objetivos que devem ser rigidamente atendidos por aqueles que se interessem em fazer contratos com a Administração Pública.

O procedimento de pré-qualificação deve ficar permanentemente aberto para a inscrição de interessados. No edital do procedimento, devem constar: as informações mínimas necessárias para a definição do objeto, a modalidade, a forma da futura licitação e os critérios de julgamento.

É relevante destacar, por fim, que, nos termos do art. 80, parágrafo 10, da lei de 2021, a Administração pode promover certames restritos a licitantes ou bens pré-qualificados desde que, a nosso ver, tal limitação objetiva/subjetiva atenda ao interesse público, por isso deve ser suficientemente motivada.

— 5.6.3 —
Procedimento de Manifestação de Interesse (PMI)

A Lei n. 8.987, de 13 de fevereiro de 1995 (Brasil, 1995a), e a Lei n. 9.074, de 7 de julho de 1995 (Brasil, 1995b), que tratam da concessão e permissão de serviços púbicos, permitem que a Administração Pública – na posição de poder concedente – autorize a realização, pela iniciativa privada, de estudos, investigações, levantamentos e projetos destinados à formatação de futuros procedimentos licitatórios e modelos de negócio para o atendimento às necessidades coletivas.

O Decreto n. 8.428, de 2 de abril de 2015 (Brasil, 2015a), dispôs sobre o Procedimento de Manifestação de Interesse (PMI) e regulamenta os dispositivos pertinentes constantes nas leis anteriormente indicadas.

A rigor, entendemos que as disposições atinentes ao PMI constantes na Lei n. 14.133/2021 não alteram ou substituem o que já previu o Decreto n. 8.248/2015, de aplicação restrita às hipóteses de concessão e permissão de serviços públicos. O que fez a Lei n. 14.133/2021 foi aumentar o âmbito de aplicação do PMI, que pode ser utilizado também para contratações gerais relacionadas a compras, obras e serviços.

De acordo com a lei de 2021, a Administração pode solicitar à iniciativa privada, em edital de chamamento público, a propositura e realização de estudos, investigações, levantamentos e projetos de soluções inovadoras que se prestem a auxiliar a satisfação de necessidades públicas.

Algumas regras importantes sobre o PMI podem ser depreendidas da leitura da Lei n. 14.133/2021:

- A seleção de estudos, investigações, levantamentos e projetos não atribui ao elaborador o direito de preferência no processo licitatório, nem mesmo obriga o Poder Público a realizar a licitação.
- O elaborador dos estudos, das investigações, dos levantamentos e dos projetos selecionados deve ser remunerado exclusivamente pelo vencedor da licitação, ficando vedada, em qualquer hipótese, a cobrança de valores do Poder Público.

Por fim, destacamos que a Administração deve elaborar parecer fundamentado no momento da escolha da melhor solução proposta pelos interessados, demonstrando que as premissas adotadas são compatíveis com as necessidades públicas.

— 5.6.4 —
Registro de preços

A Lei n. 8.666/1993, em seu art. 15, já havia previsto que as compras realizadas pela Administração devem ser preferencialmente processadas por meio de sistema de registro de preços, regulamentado por decreto. Assim, o Decreto n. 7.892, de 23 de janeiro de 2013 (Brasil, 2013a), regulamenta as contratações de serviços e a aquisição de bens efetuadas pelo Sistema de Registro de Preços (SRP) na Administração Pública federal.

De forma resumida, é possível apontar que o SRP pode ser compreendido como um procedimento administrativo por meio do qual a Administração Pública seleciona propostas previamente registradas. Portanto, trata-se de um banco de propostas que pode ser utilizado pela Administração para contratações futuras.

Algumas regras constantes na Lei n. 14.133/2021 nos parecem relevantes:

- O critério de julgamento da licitação deve ser o de menor preço ou de maior desconto sobre a tabela de preços praticada no mercado.
- A apresentação de proposta de preços implica o compromisso de fornecimento nas condições estabelecidas, mas não obriga a Administração a fazer a respectiva contratação.
- O prazo de vigência da ata de registro de preços é de um ano e pode ser prorrogado por igual período.
- Nos casos previstos no art. 85 da referida lei, é possível a contratação da execução de obras e serviços de engenharia pelo sistema do registro de preços.

Por fim, vale ressaltar que o art. 86, parágrafo 8º, proíbe o que se denominou na doutrina de *efeito carona* do registro de preços: os órgãos e as entidades da Administração Pública federal não podem aderir a atas de registro de preços gerenciadas por órgãos ou entidades estaduais, distritais ou municipais.

Na vigência da Lei n. 8.666/1993, o efeito carona, ainda que com ressalvas doutrinárias[9] e da própria AGU[10], é usualmente admitido[11]. Inclusive há entendimento do TCU que regulamenta sua aplicação:

> A possibilidade de **adesão** a **ata de registro de preços** por órgãos ou entidades não participantes (**"caronas"**) deve estar devidamente justificada no processo licitatório. (Brasil, 2020f, p. 2, grifo nosso)
>
> Em pregões para **registro de preços**, eventual previsão em edital da possibilidade de **adesão à ata** por órgãos ou entidades não participantes (art. 9º, inciso III, *in fine*, do Decreto 7.892/2013) deve estar devidamente motivada no processo administrativo. (Brasil, 2019j, p. 2, grifo nosso)

— 5.6.5 —
Registro cadastral

A Lei n. 14.133/2021 criará o Portal Nacional de Contratações Públicas (PNCP), que tem por objetivos:

---

9   Cf. Garcia, 2007, p. 145-159; Justen Filho, 2010, p. 206; Di Pietro, 2019, p. 862-863.

10 Orientação Normativa AGU n. 21, de 1º de abril de 2009: "É vedada aos órgãos públicos federais a adesão à Ata de Registro de Preços quando a licitação tiver sido realizada pela Administração Pública Estadual, Municipal ou do Distrito Federal, bem como por entidades paraestatais." (Brasil, 2009a).

11 Sobre a admissão do efeito carona: Cf. Fernandes, 2007, p. 7-12; Oliveira, 2020, p. 609-610.

- fazer a divulgação centralizada e obrigatória dos atos exigidos pelo novo marco legal de licitações;
- realizar, de modo facultativo, as contratações pelos órgãos e pelas entidades do Executivo, do Legislativo e do Judiciário de todos os entes federativos.

Uma das funcionalidades do PNCP é o oferecimento de sistema de registro cadastral unificado, por meio do qual os interessados podem inscrever-se para futuras contratações.

É importante consignar que a Administração pode fazer licitação restrita a fornecedores cadastrados, desde que atenda a critérios, condições e limites estabelecidos em regulamento.

Capítulo 6

Procedimento licitatório

A doutrina majoritária costuma identificar duas fases distintas no procedimento da licitação, a fase interna e a fase externa.

A **fase interna** engloba os atos iniciais e preparatórios praticados na repartição interessada pela contratação. Já a **fase externa** se inicia com a publicação do instrumento convocatório e prossegue até a adjudicação final do objeto ao licitante vencedor (Meirelles, 1971).

Nos tópicos subsequentes, analisaremos de forma mais detalhada todas as etapas do procedimento licitatório, abordando não apenas as regras constantes na Lei n. 8.666, de 21 de junho de 1993 (Brasil, 1993), mas também as inovações trazidas pela Lei n. 14.133, de 1º de abril de 2021 (Brasil, 2021a)

— 6.1 —
Fase interna

Nessa fase, são praticados os atos anteriores à publicação do edital, os quais englobam o planejamento e a prática de uma série de atos essenciais ao sucesso da licitação e da contratação administrativa.

A Lei n. 8.666/1993 não detalha todos os atos que devem ser praticados internamente pela Administração na etapa preparatória.

A seguir, confira uma lista não exaustiva de atos sugerida pelo Tribunal de Contas da União (TCU), a qual nos auxilia a identificar a importância da fase interna da licitação:

- solicitação expressa do setor requisitante interessado, com indicação de sua necessidade;
- aprovação da autoridade competente para início do processo licitatório, devidamente motivada e analisada sob a ótica da oportunidade, conveniência e relevância para o interesse público;
- autuação do processo correspondente, que deverá ser protocolizado e numerado;
- elaboração da especificação do objeto, de forma precisa, clara e sucinta, com base em projeto básico ou em termo de referência apresentado;
- elaboração de projeto básico, prévio e obrigatório nas licitações para contratação de obras e serviços, em caso de concorrência, tomada de preços e convite;
- elaboração de termo de referência, prévio e obrigatório nas licitações para contratação de bens e serviços comuns, em caso de pregão;
- estimativa do valor da contratação, por comprovada pesquisa de mercado, em pelo menos três fornecedores do ramo correspondente ao objeto da licitação;
- indicação dos recursos orçamentários para fazer face à despesa;
- verificação da adequação orçamentária e financeira, em conformidade com a Lei de Responsabilidade Fiscal, quando for o caso;

- elaboração de projeto executivo, que pode ser concomitante com a realização da obra ou serviço;
- definição da modalidade e do tipo de licitação a serem adotados. (Brasil, 2010g, p. 140)

Como é possível verificar, o processo de contratação se inicia para o atendimento a uma necessidade da Administração Pública, dando origem a um processo administrativo formal e escrito devidamente motivado. Nesse processo administrativo, é necessário que o objeto da contratação seja corretamente especificado e detalhado, e ainda é obrigatória a realização de estimativa do valor da contratação para análise de sua adequação e seu impacto orçamentário, conforme exige a Lei Complementar n. 101, de 4 de maio de 2000 (Brasil, 2000) – Lei de Responsabilidade Fiscal.

Conforme bem esclarece o TCU, a estimativa do impacto orçamentário-financeiro no exercício em que deva entrar em vigor a despesa e nos dois subsequentes, além da declaração do ordenador de que o respectivo aumento encontra adequação com os termos das leis orçamentárias, constituem condição prévia tanto para o empenho da despesa quanto para a própria realização do procedimento licitatório.

Com a autorização para realizar a despesa e a elaboração de todos os projetos e documentos essenciais, o administrador deve escolher a modalidade de licitação adequada ao objeto que será contratado.

Oliveira (2019) ainda aponta outras etapas essenciais da fase interna:

- designar a comissão de licitação, permanente ou especial, criada pela Administração para receber, examinar e julgar todos os documentos e procedimentos relativos às licitações e ao cadastramento dos licitantes (art. 6º, XVI, da Lei n. 8.666/1993);
- elaborar as minutas do instrumento convocatório e do contrato administrativo;
- aprovar as minutas da licitação e do contrato administrativo, de responsabilidade da assessoria jurídica da Administração, nos termos do art. 38, parágrafo único, da Lei n. 8.666/1993;
- observar as exigências específicas determinadas pela legislação, por exemplo, a realização de audiência pública ou a obtenção de autorização legislativa para a alienação de imóveis.

A Lei n. 8.666/1993 exige a realização de audiência pública sempre que o valor estimado de uma licitação ou de um conjunto de licitações simultâneas ou sucessivas for maior que cem vezes o limite previsto no art. 23, inciso I, alínea "c". Atualmente, com base no Decreto n. 9.412, de 18 de junho de 2018, o referido limite corresponde a R$ 3.300.000,00, ou seja, a audiência pública é obrigatória para licitações com valor superior a R$ 330.000.000,00 (Brasil, 2018a).

6.1.1
Regras da Lei n. 14.133/2021 sobre a fase interna

Como vimos anteriormente, a Lei n. 8.666/1993 não previu regras detalhadas a respeito dos atos que devem ser praticados pela Administração na fase interna (preparatória) da licitação. Já a Lei n. 14.133/2021 seguiu outra linha: detalhou todos os aspectos que necessariamente devem ser considerados pelo gestor no planejamento e na preparação do procedimento licitatório.

A seguir, listamos alguns pontos relevantes incluídos na lei de 2021 que se referem especificamente à instrução da fase interna da licitação:

- O art. 18 da referida lei é expresso ao determinar que a fase preparatória do processo licitatório necessariamente deve ser caracterizada pelo **planejamento** e deve se compatibilizar com o plano anual de contratações de cada ente e com as leis orçamentárias, abrangendo "**todas as considerações técnicas, mercadológicas e de gestão que podem interferir na contratação**" (Brasil, 2021a, grifo nosso). Além disso, o legislador prevê uma série de atos, documentos e decisões que devem ser adotados pelo administrador na instrução do processo, com especial relevância para a elaboração de estudo técnico preliminar.

- De acordo com o art. 21 da lei, a Administração pode convocar audiência pública sobre licitação que pretenda realizar, com a disponibilização das informações pertinentes e a abertura de possibilidade de manifestação de todos os interessados. O parágrafo único do referido dispositivo legal ainda admite a realização de consulta pública, para que os interessados formulem sugestões em prazo fixado. Nesse caso, vale citar que há uma alteração relevante referente às disposições contidas na Lei n. 8.666/1993, que obrigava a realização de audiência pública para licitações com valor superior a determinado limite. Tal obrigatoriedade parece não mais existir no novo marco legal.

- O art. 22 da lei de 2021 prevê a possibilidade de o edital contemplar **matriz de alocação de riscos** entre o contratante e o contratado, trazendo mais segurança jurídica à Administração Pública e àqueles que pretendem firmar contratos com ela. É relevante destacar que, quando a contratação se referir a obras e serviços de grande vulto ou forem adotados os regimes de contratação integrada e semi-integrada, a previsão de matriz de riscos é obrigatória.
- O art. 23 da lei estabelece que o valor previamente estimado da contratação deve ser compatível com os valores praticados pelo mercado, com base nos preços publicados em bancos de dados públicos e índices referenciais de mercado.
- O art. 24 da lei incorpora, ao regime geral de licitações, a possibilidade de o orçamento estimado da contratação ter caráter sigiloso e ser tornado público aos licitantes apenas e imediatamente após a fase de julgamento das propostas. A Lei do RDC e a Lei das Estatais já preveem a possibilidade do

orçamento sigiloso. O sigilo, por sua vez, tem de ser devidamente fundamentado pelo administrador público e não prevalecerá para os órgãos de controle interno e externo.

Ao final da fase preparatória, o processo licitatório deve ser encaminhado ao órgão de assessoramento jurídico competente para a realização de controle prévio de legalidade por meio de análise jurídica da contratação (art. 53).

A lei manteve a necessidade de autorização legislativa para a alienação de bens imóveis, ressalvadas as exceções constantes no art. 76, inciso I. Com efeito, o princípio (ou mesmo diretriz) do planejamento previsto na Lei n. 14.133/2021 torna muito mais relevante e essencial a adequada assessoria jurídica dos órgãos da Administração Pública na fase interna da licitação, de modo a atender às exigências legais especialmente no que diz respeito aos estudos prévios de impactos financeiros e orçamentários.

— 6.2 —
Fase externa

A **publicação do instrumento convocatório** é o marco inicial da fase externa da licitação, oportunidade em que a Administração divulga as regras objetivas do certame e convoca os interessados a apresentarem suas propostas.

Conforme já salientamos, o princípio da vinculação ao instrumento convocatório exige que as regras ali constantes sejam fielmente observadas tanto pela Administração quanto pelos interessados em participar do certame. Tal é a importância do instrumento convocatório que a doutrina costuma se referir ao edital como "a lei da licitação" (Oliveira, 2020, p. 595).

O art. 21 da Lei n. 8.666/1993 estabelece a necessidade da publicação de avisos com o resumo do edital em diário oficial e em jornal diário de grande circulação. O aviso deve indicar o local em que os interessados podem ler e obter acesso aos documentos. O mesmo dispositivo legal ainda estipula prazos mínimos entre as datas do recebimento das propostas e da disponibilização do instrumento convocatório, permitindo que os licitantes tenham tempo razoável para analisar as regras da licitação e preparar a documentação exigida:

> Art. 21. Os avisos contendo os resumos dos editais das concorrências, das tomadas de preços, dos concursos e dos leilões, embora realizados no local da repartição interessada, deverão ser publicados com antecedência, no mínimo, por uma vez:
>
> I – no Diário Oficial da União, quando se tratar de licitação feita por órgão ou entidade da Administração Pública Federal e, ainda, quando se tratar de obras financiadas parcial ou totalmente com recursos federais ou garantidas por instituições federais;
>
> II – no Diário Oficial do Estado, ou do Distrito Federal quando se tratar, respectivamente, de licitação feita por órgão ou entidade da Administração Pública Estadual ou Municipal, ou do Distrito Federal;

III – em jornal diário de grande circulação no Estado e também, se houver, em jornal de circulação no Município ou na região onde será realizada a obra, prestado o serviço, fornecido, alienado ou alugado o bem, podendo ainda a Administração, conforme o vulto da licitação, utilizar-se de outros meios de divulgação para ampliar a área de competição.

§ 1º O aviso publicado conterá a indicação do local em que os interessados poderão ler e obter o texto integral do edital e todas as informações sobre a licitação.

§ 2º O prazo mínimo até o recebimento das propostas ou da realização do evento será:

I – quarenta e cinco dias para:

a) concurso;

b) concorrência, quando o contrato a ser celebrado contemplar o regime de empreitada integral ou quando a licitação for do tipo "melhor técnica" ou "técnica e preço".

II – trinta dias para:

a) concorrência, nos casos não especificados na alínea "b" do inciso anterior;

b) tomada de preços, quando a licitação for do tipo "melhor técnica" ou "técnica e preço"; III–quinze dias para a tomada de preços, nos casos não especificados na alínea "b" do inciso anterior, ou leilão;

IV – cinco dias úteis para convite. [...] (Brasil, 1993)

A Lei n. 14.133/2021 previu prazos diferenciados entre as datas de apresentação das propostas e lances e a data de divulgação do edital da licitação, que variam conforme o objeto licitado e o critério de julgamento escolhido. É relevante destacar, ainda, que os prazos passam a ser contados em **dias úteis**, e não corridos, como prevê a Lei n. 8.666/1993.

As informações que obrigatoriamente devem constar no edital estão elencadas no art. 40 da Lei n. 8.666/1993, assim como os anexos que devem acompanhar o instrumento convocatório.

Uma questão relevante dessa etapa se refere à possibilidade de impugnação ao edital, prevista tanto na Lei n. 8.666/1993 quanto na Lei n. 14.133/2021.

De acordo com o art. 41, parágrafo 1º, da Lei n. 8.666/1993, qualquer cidadão pode impugnar o edital por eventual irregularidade. A impugnação deve ser apresentada por escrito em até cinco dias úteis antes da data de abertura do envelope de licitação. A Administração deve julgar e responder a impugnação em até três dias úteis. O licitante também pode apresentar impugnação aos termos do edital, desta vez no prazo de até dois dias úteis antes da abertura dos envelopes de habilitação na concorrência, dos envelopes com as propostas no caso de convite, tomada de preços ou concurso ou, ainda, da realização de leilão.

Ademais, o art. 113, parágrafo 2º, da referida lei prevê

> § 2º Os Tribunais de Contas e os órgãos integrantes do sistema de controle interno poderão solicitar para exame, até o dia útil imediatamente anterior à data de recebimento das propostas, cópia de edital de licitação já publicado [...] (Brasil, 1993)

Embora não se trate de previsão expressa de impugnação de edital pelo tribunal de contas, é certo que a corte terá mais tempo hábil para o exame e a indicação de irregularidade em comparação aos particulares – o que se justifica pela função das cortes de contas no Brasil.

A Lei n. 14.133/2021 prevê alterações relevantes quanto ao prazo para a apresentação de impugnação ao edital: o art. 164 estabelece um único prazo de três dias úteis antes da abertura do certame para a impugnação ou o pedido de esclarecimento dos termos do instrumento convocatório. A Administração, por sua vez, deve divulgar resposta em sítio eletrônico oficial também no prazo de até três dias úteis, limitado ao último dia útil anterior à data da abertura do certame. Quanto aos tribunais de contas, a lei não define qualquer prazo específico – semelhante ao art. 113, parágrafo 2º, da Lei n. 8.666/1993 – para que as cortes examinem o edital de licitação.

Na sequência à publicação do instrumento convocatório, inicia-se a etapa de **habilitação dos licitantes**[1]. Como bem aponta Carvalho Filho (2016, p. 296),

> a habilitação é a fase do procedimento licitatório em que a Administração examina a aptidão do licitante para a futura contratação, tendo por base os termos e exigências constantes no instrumento convocatório.

---

1   Cf. Oliveira, 2019.

É importante destacar que, nos termos do art. 43 da Lei n. 8.666/1993, a habilitação precede o julgamento das propostas. Com efeito, dispôs o legislador que o fluxo normal do procedimento licitatório deve compreender primeiramente a análise documental para depois serem julgadas as propostas. Essa ordem será invertida no novo marco legal das licitações.

Desse modo, a Lei n. 14.133/2021 estabelece expressamente, no art. 17, que a fase de julgamento deve ocorrer antes da habilitação. A inversão das fases vem em boa hora: parece-nos muito mais eficiente que apenas sejam analisados os documentos de habilitação dos licitantes que apresentaram as propostas mais interessantes à Administração, evitando-se perda desnecessária de tempo e recursos.

A Lei n. 12.462/2011 já havia previsto procedimento semelhante: de acordo com o referido diploma legal, a apresentação das propostas de preços e seu julgamento deveriam preceder a habilitação dos licitantes.

Ultrapassada referida questão, cabe destacar que a Administração Pública não pode fazer exigências indevidas ou que, por qualquer razão, sejam impertinentes à aferição da capacidade do licitante de executar o objeto a ser contratado. Lembremos o teor do art. 37, inciso XXI, da Constituição Federal (CF) de 1988:

> Art. 37. A administração pública direta e indireta de qualquer dos Poderes da União, dos Estados, do Distrito Federal e dos Municípios obedecerá aos princípios de legalidade,

impessoalidade, moralidade, publicidade e eficiência e, também, ao seguinte:

[...]

XXI – ressalvados os casos especificados na legislação, as obras, serviços, compras e alienações serão contratados mediante processo de licitação pública que assegure igualdade de condições a todos os concorrentes, com cláusulas que estabeleçam obrigações de pagamento, mantidas as condições efetivas da proposta, nos termos da lei, o qual somente permitirá as exigências de qualificação técnica e econômica indispensáveis à garantia do cumprimento das obrigações. (Brasil, 1988)

O objetivo do constituinte foi claramente permitir que o legislador estabelecesse exigências de habilitação que não representem violação ao princípio da ampla competitividade, restringindo-se à análise das qualificações técnica e econômica indispensáveis ao cumprimento das obrigações que serão ao fim contratadas.

A esse respeito, confira o entendimento de Di Pietro (2019, p. 833):

> Pelo artigo 37, XXI, da Constituição, somente poderão ser exigidos documentos referentes à "qualificação técnica e econômica indispensáveis à garantia do cumprimento das obrigações". Revendo posicionamento adotado em edições anteriores, passamos a entender que o sentido do dispositivo constitucional não é o de somente permitir as exigências de qualificação

técnica e econômica, mas de, em relação a esses dois itens, somente permitir as exigências que sejam indispensáveis ao cumprimento das obrigações.

A norma constitui aplicação do princípio da razoabilidade ou da proporcionalidade entre meios e fins. Qualquer outra documentação, além das pertinentes aos itens descritos no art. 27 da Lei n. 8.666/1993, é inexigível no edital. Esse dispositivo define os requisitos de habilitação relativamente aos quais pode ser exigida documentação:

> I – habilitação jurídica;
>
> II – qualificação técnica;
>
> III – qualificação econômico-financeira;
>
> IV – regularidade fiscal e trabalhista;
>
> V – cumprimento do disposto no inciso XXXIII do art. 7º da Constituição Federal. (Brasil, 1993)

O novo marco legal das licitações (Lei n. 14.133/2021) não apresenta distinção relevante quanto aos requisitos de habilitação que devem ser atendidos pelos licitantes.

Antes de analisarmos cada um desses requisitos, é importante destacar que o licitante vencedor necessariamente deve manter, durante a execução do contrato, o fiel cumprimento aos requisitos de habilitação e qualificação exigidos, conforme determina o art. 55, inciso XIII, da Lei n. 8.666/1993.

Habilitação jurídica

Como bem explica Oliveira (2019), na habilitação jurídica pretende-se aferir se o licitante tem a capacidade de contrair direitos e obrigações. Nesse caso, faz-se análise da regularidade formal da personalidade jurídica e da capacidade de contratar do interessado em participar do certame licitatório e realizar negócio jurídico com a Administração. Conforme o art. 66 da Lei n. 14.133/2021:

> Art. 66. A habilitação jurídica visa a demonstrar a capacidade de o licitante exercer direitos e assumir obrigações, e a documentação a ser apresentada por ele limita-se à comprovação de existência jurídica da pessoa e, quando cabível, de autorização para o exercício da atividade a ser contratada. (Brasil, 2021a)

Já o art. 28 da Lei n. 8.666/1993 lista os documentos que podem ser exigidos nessa etapa da habilitação:

> I – cédula de identidade;
>
> II – registro comercial, no caso de empresa individual;
>
> III – ato constitutivo, estatuto ou contrato social em vigor, devidamente registrado, em se tratando de sociedades comerciais, e, no caso de sociedades por ações, acompanhado de documentos de eleição de seus administradores;
>
> IV – inscrição do ato constitutivo, no caso de sociedades civis, acompanhada de prova de diretoria em exercício;

V – decreto de autorização, em se tratando de empresa ou sociedade estrangeira em funcionamento no País, e ato de registro ou autorização para funcionamento expedido pelo órgão competente, quando a atividade assim o exigir. (Brasil, 1993)

Qualificação técnica

A Administração deve aferir se o licitante tem capacidade técnica para executar o objeto do contrato, ou seja, se tem *expertise* para atender de forma satisfatória às necessidades do Poder Público.

Justen Filho (2015a, p. 574) bem resume o que se deve compreender por aferição da qualificação técnica dos licitantes:

> A qualificação técnica é a comprovação documental da idoneidade técnica para execução do objeto do contrato licitado, mediante a demonstração de experiência anterior na execução de contrato similar e da disponibilidade do pessoal e dos equipamentos indispensáveis. A legislação não proíbe as exigências de qualificação técnica, mas reprime exigências desnecessárias ou inadequadas. A Administração Pública não tem liberdade para impor exigências quando a atividade a ser executada não apresentar complexidade nem envolver graus mais elevados de aperfeiçoamento.

Cabe ressaltar que a comprovação da aptidão para desempenho de atividade pertinente e compatível com o objeto da licitação deve ser realizada por meio da apresentação de atestados fornecidos por pessoa jurídica de direito público ou privado, que se refiram a obras ou serviços similares de equivalente ou superior complexidade tecnológica.

É importante destacar, ainda, que o art. 30, parágrafo 5º, da Lei n. 8.666/1993 veda exigências que imponham limitações de tempo, época ou local para a comprovação da qualificação técnica dos licitantes.

Por fim, tais exigências devem limitar-se às "parcelas de maior relevância e valor significativo do objeto da licitação", conforme se depreende da redação do art. 30, parágrafo 2º, da Lei n. 8.666/1993. Isso significa que a Administração não deve realizar exigências de aptidão técnica que se refiram a parcelas do objeto da licitação com diminuta relevância técnica ou econômica. O legislador, porém, optou por não estabelecer critérios objetivos para a aferição da relevância de determinada parcela do objeto da licitação.

Já a Lei n. 14.133/2021 prevê critérios objetivos e quantitativos:

> Art. 67. A documentação relativa à qualificação técnico-profissional e técnico-operacional será restrita a:
>
> [...]
>
> § 1º A exigência de atestados será restrita às parcelas de maior relevância ou valor significativo do objeto da licitação, assim consideradas as que tenham valor individual igual ou superior a 4% (quatro por cento) do valor total estimado da contratação.
>
> § 2º Observado o disposto no caput e no § 1º deste artigo, será admitida a exigência de atestados com quantidades mínimas de até 50% (cinquenta por cento) das parcelas de que trata o

referido parágrafo, vedadas limitações de tempo e de locais específicos relativas aos atestados. (Brasil, 2021a)

A esse respeito, é importante apontar que existe entendimento sumulado do TCU de que apenas itens de grande relevância econômica e complexidade técnica podem dar ensejo à inabilitação técnica dos licitantes. Vejamos o texto da Súmula n. 263 do TCU:

> Para a comprovação da capacidade técnico-operacional das licitantes, e desde que limitada, simultaneamente, às parcelas de maior relevância e valor significativo do objeto a ser contratado, é legal a exigência de comprovação da execução de quantitativos mínimos em obras ou serviços com características semelhantes, devendo essa exigência guardar proporção com a dimensão e a complexidade do objeto a ser executado. (Brasil, 2011m)

Os julgados seguintes também deixam claro que as exigências de qualificação técnica devem preferencialmente recair sobre parcelas de relevante impacto financeiro, logo são consideradas irrazoáveis eventuais desclassificações ou inabilitações com fundamento em tais exigências:

> a exigência de comprovação de capacidade técnica-operacional deve se limitar estritamente às parcelas do objeto licitado de maior relevância técnica e de valor mais significativo. (Brasil, 2011g)

> 9.3.1. verifique a estrita necessidade de solicitar atestados de capacidade técnico-operacional e profissional para comprovação de experiência dos licitantes em serviços ou itens específicos da obra, limitando tais exigências, nas situações ordinárias, à expertise na execução de obras similares ou equivalentes tidas como um todo, por desnecessária restrição à competitividade do certame, em respeito ao art. 3º, § 1º, inciso I, da Lei 8.666/93;
>
> [...]
>
> admite-se a exigência de atestados de experiência para comprovação da capacidade técnica em itens de maior relevância ou valor significativo da obra. Consoante já sumulado por esta Corte, entretanto, tais condicionantes só deveriam ser realizadas quando, cumulativamente, o serviço for tecnicamente e materialmente relevante (Súmula 263/2011). (Brasil, 2011j)

Em resumo: o TCU entende que as exigências de qualificação técnica devem guardar pertinência com o objeto licitado, por isso é irrazoável a necessidade de apresentação de documentação comprobatória de experiência prévia no fornecimento de serviços e/ou produtos que constituem parcela irrelevante ou insignificante do contrato.

Qualificação econômico-financeira

Consiste na aferição documental da capacidade econômica do licitante para executar o objeto da licitação.

Como indica Justen Filho (2015a), pode-se presumir que aquele que não dispõe de recursos econômicos suficientes não terá capacidade de cumprir satisfatoriamente o contrato e atender às necessidades da Administração.

O art. 31 da Lei n. 8.666/1993 dispõe que o ente licitante pode fazer tão somente as seguintes exigências para aferir a qualificação econômico-financeira dos licitantes:

- balanço patrimonial e demonstrações contábeis do último exercício social que já sejam exigíveis e apresentados na forma da lei;
- certidão negativa de falência ou concordata expedida pelo distribuidor da sede da pessoa jurídica;
- garantia limitada a 1% do valor estimado do objeto da contratação.

É relevante salientar que, conforme entendimento do TCU, não se admite a exigência da apresentação de documentos adicionais aos previstos na lei para se verificar a qualificação econômico-financeira dos licitantes[12].

A Lei n. 14.133/2021 faz referência à possibilidade de a Administração exigir a apresentação do balanço patrimonial,

---

2 "É ilegal a exigência, como condição de habilitação em licitação, de capital social integralizado mínimo. Tal exigência extrapola o comando legal contido no art. 31, §§ 2º e 3º, da Lei 8.666/1993, que prevê tão somente a comprovação de capital mínimo como alternativa para a qualificação econômico-financeira dos licitantes." (Brasil, 2020h, p. 1)
"10. Quanto ao primeiro ponto (exigência de capital social mínimo integralizado (10%) como condição de habilitação econômico-financeira), a jurisprudência do Tribunal [...] entende ser ilegal a exigência, como condição para participação na licitação, de demonstração de capital social integralizado mínimo. Tal exigência extrapola o comando legal contido no art. 31, §§ 2º e 3º, da Lei 8.666/1993, que prevê tão somente a comprovação de capital mínimo como alternativa para a qualificação econômico-financeira dos licitantes." (Brasil, 2019h)

da demonstração do resultado do exercício e das demais demonstrações contábeis dos últimos dois exercícios sociais.

Tanto a Lei n. 8.666/1993 quanto a Lei n. 14.133/2021 vedam que sejam realizadas exigências relacionadas a valores mínimos de faturamento anterior, índices de rentabilidade ou lucratividade.

Regularidades fiscal e trabalhista

A Lei n. 8.666/1993 exige que os interessados em fazer contratos com a Administração Pública apresentem prova de suas regularidades fiscal e trabalhista.

Desde logo, consideremos um apontamento relevante: não se exige a comprovação da quitação de todos os tributos ou débitos trabalhistas, já que o licitante pode ter obtido a suspensão da exigibilidade dos débitos mediante parcelamento, defesa/recurso administrativo ou medida liminar, nos termos da legislação tributária.

Nessa linha, aliás, vejamos os entendimentos do TCU:

> [Súmula TCU n. 283]: Para fim de habilitação, a Administração Pública não deve exigir dos licitantes a apresentação de certidão de quitação de obrigações fiscais, e sim prova de sua regularidade. (Brasil, 2013e)

> 3. Cumpre destacar, ainda, a questão da exigência de certidões de quitação junto à fazenda pública. Conquanto a Decisão nº 246/1997–Plenário, em que se amparou a Codesp, tenha feito referência ao termo quitação, seu propósito verdadeiro

foi firmar o entendimento de que a regularidade fiscal abrange também a Dívida Ativa da União. Mais recentemente, a Decisão nº 792/2002-Plenário baseou-se de forma específica na existência de diferença entre regularidade fiscal, requerida pela lei, e quitação, sendo que a primeira, ao contrário da segunda, pode se configurar mesmo no caso de a licitante estar em débito com o fisco, contanto que em situação admitida como de adimplência pela legislação. Assim, justifica-se a contestação oferecida por um dos representantes. (Brasil, 2003)

Assim, é admitida a apresentação de certidão positiva com efeito de negativa para fins de comprovação da regularidade fiscal do licitante.

O art. 29 da Lei n. 8.666/1993 prevê os documentos que podem ser exigidos do licitante para a comprovação de suas regularidades fiscal e trabalhista:

> I – prova de inscrição no Cadastro de Pessoas Físicas (CPF) ou no Cadastro Geral de Contribuintes (CGC);
>
> II – prova de inscrição no cadastro de contribuintes estadual ou municipal, se houver, relativo ao domicílio ou sede do licitante, pertinente ao seu ramo de atividade e compatível com o objeto contratual;
>
> III – prova de regularidade para com a Fazenda Federal, Estadual e Municipal do domicílio ou sede do licitante, ou outra equivalente, na forma da lei;

IV – prova de regularidade relativa à Seguridade Social e ao Fundo de Garantia por Tempo de Serviço (FGTS), demonstrando situação regular no cumprimento dos encargos sociais instituídos por lei.

V – prova de inexistência de débitos inadimplidos perante a Justiça do Trabalho, mediante a apresentação de certidão negativa, nos termos do Título VII-A da Consolidação das Leis do Trabalho, aprovada pelo Decreto-Lei no 5.452, de 1º de maio de 1943. (Brasil, 1993)

A Lei n. 14.133/2021 não contém alterações relevantes quanto à comprovação das regularidades fiscal e trabalhista dos licitantes.

Cumprimento do disposto no art. 7º, inciso XXXIII, da Constituição

O art. 7º, inciso XXXIII, da Constituição Federal proíbe de forma expressa o trabalho noturno, perigoso ou insalubre para menores de 18 anos e qualquer trabalho para menores de 16 anos, exceto como menor aprendiz a partir de 14 anos de idade. Trata-se de regra constitucional que tem por objetivo lógico proteger os menores de idade.

A Lei n. 8.666/1993 exige que os licitantes apresentem declaração de que obedecem à exigência prevista na Constituição.

— 6.2.1 —
Resultado da habilitação e interposição de recurso

Após a análise de todos os documentos apresentados pelos licitantes, a comissão de licitações deve divulgar o resultado da habilitação.

A fase posterior do certame licitatório, o julgamento das propostas, apenas terá início caso ocorra o transcurso *in albis* do prazo de recurso administrativo e os licitantes interessados desistam expressamente da possibilidade de interposição de recurso ou após o julgamento definitivo dos recursos interpostos.

É relevante destacar que a possibilidade de interposição de recurso administrativo contra decisão de habilitação ou inabilitação de licitante está prevista no art. 103, inciso I, alínea "a", da Lei n. 8.666/1993, o que deve ser feito no prazo de cinco dias úteis a contar da intimação do ato ou da lavratura da ata[3].

— 6.2.2 —
Julgamento das propostas

Com base no regime previsto pela Lei n. 8.666/1993, encerrada a habilitação, inicia-se a etapa do julgamento das propostas, que deve ocorrer em sessão pública, devidamente comunicada aos licitantes (Justen Filho, 2009).

---

3   Cf. Di Pietro, 2019, p. 838.

Dispõe o art. 44 da Lei n. 8.666/1993 que a comissão deve levar em conta critérios objetivos definidos no edital ou no convite para fazer tal julgamento. De fato, é no instrumento convocatório que são apresentamos os critérios e as particularidades que necessariamente devem ser consideradas pela Administração nessa etapa do certame.

Antes de analisarmos as peculiaridades dessa complexa etapa da licitação, trataremos dos critérios de julgamento estabelecidos pela Lei n. 8.666/1993, fazendo sucinta comparação com as regras constantes na Lei n. 14.133/2021.

Critérios de julgamento conforme o tipo de licitação

O art. 45, parágrafo 1º, da Lei n. 8.666/1993 previu quatro tipos de licitação aplicáveis a todas as modalidades licitatórias (exceto o concurso): menor preço; melhor técnica; técnica e preço; maior lance ou oferta. Essa lista é taxativa, logo é expressamente vedada a utilização de outros tipos de licitação que não estejam ali previstos.

Como bem aponta Furtado (2010), há, a rigor, três tipos comuns de licitação (menor preço, melhor técnica, técnica e preço), já que o tipo de maior lance ou oferta apenas pode ser utilizado em licitação que tenha por objeto a alienação de bens ou concessão de direito real de uso.

Como **regra geral**, deve a Administração realizar o julgamento das propostas pelo critério do menor preço, a não ser que as circunstâncias específicas da contratação imponham a adoção de outro tipo de licitação.

Para a contratação de **bens e serviços de informática**, deve ser adotado obrigatoriamente o tipo técnica e preço. É permitido o emprego de outro tipo de licitação apenas nos casos indicados em decreto expedido pelo Executivo, nos termos do art. 45, parágrafo 4º, da Lei n. 8.666/1993.

Além disso, o inciso X do art. 4º da Lei n. 10.520, de 17 de julho de 2002 (Brasil, 2002) – Lei do Pregão – define como obrigatória a adoção do critério de julgamento menor preço para julgamento e classificação das propostas na modalidade do **pregão**.

A Lei Geral de Licitações dispõe sobre a possibilidade da adoção dos tipos de melhor técnica ou técnica e preço para a contratação de **serviços de natureza predominantemente intelectual** e para o **fornecimento de bens e execução de obras ou prestação de serviços de grande vulto** majoritariamente dependentes de tecnologia nitidamente sofisticada e de domínio restrito. Nessas contratações, a qualidade do serviço é essencial para atender ao melhor interesse público.

Nas palavras de Justen Filho (2009, p. 602), as licitações de técnica são adequadas quando "o interesse estatal apenas puder ser atendido por objetos que apresentem a melhor técnica possível, considerando as limitações econômico-financeiras dos gastos públicos". Em tais casos, portanto, a qualidade dos serviços serve como parâmetro de diferenciação entre as propostas apresentadas.

A Lei n. 8.666/1993 tem disposições extremamente confusas sobre os procedimentos que devem ser adotados nas licitações realizadas sob os critérios de melhor técnica e técnica e preço:

- **Licitação por melhor técnica**: tem duas etapas. Na primeira, são abertos os envelopes com as propostas técnicas exclusivamente dos licitantes previamente qualificados (que passaram, portanto, da etapa de habilitação) e é realizada avaliação e classificação das propostas de acordo com os critérios pertinentes e adequados previstos no edital. Apenas as propostas que atinjam critérios técnicos mínimos passam para a segunda etapa, em que são abertas as propostas de preços. Inicia-se, portanto, a negociação das condições propostas, com a proponente mais bem classificada, tendo como referência o limite representado pela proposta de menor preço entre os licitantes que obtiveram a valorização mínima na primeira etapa. Se o licitante que tiver apresentado a melhor proposta técnica se recusar a reduzir seu preço até o preço mínimo oferecido, convoca-se o licitante que apresentou a segunda melhor proposta técnica, e assim por diante (art. 46, § 1º, I e II, da Lei n. 8.666/1993).
- **Licitação por técnica e preço**: na mesma sessão são abertos os envelopes com as propostas técnica e de preços. A classificação dos proponentes deve ser realizada de acordo com a média ponderada das valorizações das propostas técnicas e de preço, seguindo as regras estabelecidas no instrumento convocatório.

A Lei n. 14.133/2021 traz critérios de julgamento diferentes daqueles indicados na Lei n. 8.666/1993. O novo marco legal estabeleceu que as licitações podem ser processadas conforme os seguintes critérios:

> Art. 33. O julgamento das propostas será realizado de acordo com os seguintes critérios:
>
> I – menor preço;
>
> II – maior desconto;
>
> III – melhor técnica ou conteúdo artístico;
>
> IV – técnica e preço;
>
> V – maior lance, no caso de leilão;
>
> VI – maior retorno econômico. (Brasil, 2021a)

A lei de 2021 tem inovações importantes. Em primeiro lugar, temos a criação de dois novos critérios de julgamento de propostas: maior desconto e maior retorno econômico.

Essa lei traz pouquíssimas regras específicas a respeito do critério do **maior desconto**, prevendo apenas a necessidade de que seja considerado o menor dispêndio possível para a Administração, atendidos os parâmetros mínimos de qualidade definidos no instrumento convocatório. Além disso, o art. 34, parágrafo 2º, prevê: "O julgamento por maior desconto terá como referência o preço global fixado no edital de licitação, e o desconto será estendido aos eventuais termos aditivos" (Brasil, 2021a).

As regras do critério do julgamento por **maior retorno econômico** estão dispostas no art. 39:

> Art. 39. O julgamento por maior retorno econômico, utilizado exclusivamente para a celebração de contrato de eficiência, considerará a maior economia para a Administração, e a remuneração deverá ser fixada em percentual que incidirá de forma proporcional à economia efetivamente obtida na execução do contrato.
>
> § 1º Nas licitações que adotarem o critério de julgamento de que trata o caput deste artigo, os licitantes apresentarão:
>
> I – proposta de trabalho, que deverá contemplar:
>
> a) as obras, os serviços ou os bens, com os respectivos prazos de realização ou fornecimento;
>
> b) a economia que se estima gerar, expressa em unidade de medida associada à obra, ao bem ou ao serviço e em unidade monetária;
>
> II – proposta de preço, que corresponderá a percentual sobre a economia que se estima gerar durante determinado período, expressa em unidade monetária.
>
> § 2º O edital de licitação deverá prever parâmetros objetivos de mensuração da economia gerada com a execução do contrato, que servirá de base de cálculo para a remuneração devida ao contratado.
>
> § 3º Para efeito de julgamento da proposta, o retorno econômico será o resultado da economia que se estima gerar com a execução da proposta de trabalho, deduzida a proposta de preço.

§ 4º Nos casos em que não for gerada a economia prevista no contrato de eficiência:

I – a diferença entre a economia contratada e a efetivamente obtida será descontada da remuneração do contratado;

II – se a diferença entre a economia contratada e a efetivamente obtida for superior ao limite máximo estabelecido no contrato, o contratado sujeitar-se-á, ainda, a outras sanções cabíveis. (Brasil, 2021a)

De acordo com referido dispositivo, o julgamento por maior retorno econômico pode ser utilizado exclusivamente para a celebração de contrato de eficiência, que tem por finalidade gerar redução nas despesas correntes da Administração. Nesse caso, o edital deve apresentar os parâmetros objetivos de mensuração da economia a ser gerada com a execução do contrato. Após a publicação do edital, os interessados devem apresentar proposta de trabalho que cumpra os requisitos previstos no dispositivo anteriormente citado.

Assim, será considerado vencedor do certame o licitante que apresentar proposta de trabalho com o melhor resultado em termos de economia de recursos públicos, deduzida a proposta de preço.

Procedimento para o julgamento das propostas previsto na Lei n. 8.666/1993

Como analisamos anteriormente, de acordo com a Lei n. 8.666/1993, a fase de habilitação dos licitantes precede o julgamento das propostas. Portanto, após a habilitação, abrem-se as propostas de preços, que devem ser analisadas e classificadas de acordo com as regras constantes no instrumento convocatório.

No caso de empate, devem ser aplicados os critérios de desempate previstos no art. 3º, parágrafo 2º, da referida lei:

> Art. 3º A licitação destina-se a garantir a observância do princípio constitucional da isonomia, a seleção da proposta mais vantajosa para a administração e a promoção do desenvolvimento nacional sustentável e será processada e julgada em estrita conformidade com os princípios básicos da legalidade, da impessoalidade, da moralidade, da igualdade, da publicidade, da probidade administrativa, da vinculação ao instrumento convocatório, do julgamento objetivo e dos que lhes são correlatos.
>
> [...]
>
> § 2º Em igualdade de condições, como critério de desempate, será assegurada preferência, sucessivamente, aos bens e serviços:
>
> [...]
>
> II - produzidos no País;
>
> III - produzidos ou prestados por empresas brasileiras.
>
> IV – produzidos ou prestados por empresas que invistam em pesquisa e no desenvolvimento de tecnologia no País.
>
> V – produzidos ou prestados por empresas que comprovem cumprimento de reserva de cargos prevista em lei para pessoa com deficiência ou para reabilitado da Previdência Social e que atendam às regras de acessibilidade previstas na legislação. [...] (Brasil, 1993)

Cabe ao administrador selecionar a proposta que atenda sucessivamente aos critérios estabelecidos no dispositivo legal citado[14].

Se ainda assim permanecer situação de empate, a classificação deve ser feita obrigatoriamente por sorteio, de modo a garantir a plena observância aos princípios da impessoalidade e da isonomia entre os licitantes, conforme o art. 45, parágrafo 2º, da Lei n. 8.666/1993:

> § 5º No caso de empate entre duas ou mais propostas, e após obedecido o disposto no § 2º do art. 3º desta Lei, a classificação se fará, obrigatoriamente, por sorteio, em ato público, para o qual todos os licitantes serão convocados, vedado qualquer outro processo. (Brasil, 1993)

Como é possível verificar, a Lei n. 8.666/1993 é bastante sucinta quando trata dos aspectos procedimentais atinentes ao julgamento das propostas, estabelecendo, basicamente, os critérios de julgamento e as formas de desempate.

Por fim, vale destacar a previsão constante no art. 48 dessa lei, que especifica a hipóteses de desclassificação das propostas de preços. Conforme determinação legal, devem ser desclassificadas tanto as propostas com valor global superior ao limite estabelecido no instrumento convocatório quanto aquelas que apresentem preços muito baixos (manifestamente inexequíveis):

---

4   Cf. Di Pietro, 2019; Oliveira, 2020.

Art. 48. Serão desclassificadas:

I – as propostas que não atendam às exigências do ato convocatório da licitação;

II – propostas com valor global superior ao limite estabelecido ou com preços manifestamente inexequíveis, assim considerados aqueles que não venham a ter demonstrada sua viabilidade através de documentação que comprove que os custos dos insumos são coerentes com os de mercado e que os coeficientes de produtividade são compatíveis com a execução do objeto do contrato, condições estas necessariamente especificadas no ato convocatório da licitação.

§ 1º Para os efeitos do disposto no inciso II deste artigo consideram-se manifestamente inexequíveis, no caso de licitações de menor preço para obras e serviços de engenharia, as propostas cujos valores sejam inferiores a 70% (setenta por cento) do menor dos seguintes valores:

a) média aritmética dos valores das propostas superiores a 50% (cinquenta por cento) do valor orçado pela administração, ou

b) valor orçado pela administração.

§ 2º Dos licitantes classificados na forma do parágrafo anterior cujo valor global da proposta for inferior a 80% (oitenta por cento) do menor valor a que se referem as alíneas "a" e "b", será exigida, para a assinatura do contrato, prestação de garantia adicional, dentre as modalidades previstas no § 1º do art. 56, igual a diferença entre o valor resultante do parágrafo anterior e o valor da correspondente proposta.

§ 3º Quando todos os licitantes forem inabilitados ou todas as propostas forem desclassificadas, a administração poderá fixar aos licitantes o prazo de oito dias úteis para a apresentação de nova documentação ou de outras propostas escoimadas das causas referidas neste artigo, facultada, no caso de convite, a redução deste prazo para três dias úteis. (Brasil, 1993)

O legislador estabeleceu regras para identificar as propostas manifestamente inexequíveis, que devem ser desclassificadas justamente por não apresentarem viabilidade de execução. A desclassificação é necessária para evitar que a Administração Pública celebre contratos que não poderão ser plenamente cumpridos pelo interessado, evitando propostas claramente aventureiras e prejudiciais ao interesse público.

Com base nas regras do art. 48, presumem-se manifestamente inexequíveis aquelas propostas que, no caso de licitações de menor preço para obras e serviços de engenharia, sejam inferiores a 70% do menor dos seguintes valores: média aritmética dos valores das propostas superiores a 50% do valor orçado pela Administração ou valor orçado pela Administração.

É possível compreender que o legislador estabeleceu parâmetros diversos para a aferição da inexequibilidade das propostas, com referenciais que podem ser tanto as propostas de preços apresentadas pelos demais licitantes quanto o orçamento elaborado e disponibilizado pela própria Administração.

Logo, a presunção estabelecida pela lei é relativa, admitindo prova em contrário. De fato, o TCU tem o seguinte entendimento sumulado:

> [Súmula TCU n. 262] O critério definido no art. 48, inciso II, § 1º, alíneas "a" e "b", da Lei nº 8.666/93 conduz a uma presunção relativa de inexequibilidade de preços, devendo a Administração dar à licitante a oportunidade de demonstrar a exequibilidade da sua proposta. (Brasil, 2010j)

Ademais, o próprio TCU exige que o edital defina de forma objetiva os critérios de aferimento de exequibilidade das propostas:

> nas licitações para a contratação de serviços, estabeleça critérios objetivos para a aferição de preços inexequíveis no instrumento convocatório [...] (Brasil, 2007d)
>
> 1. A desclassificação de proposta por inexequibilidade deve ser objetivamente demonstrada, a partir de critérios previamente publicados e deve ser franqueada a oportunidade de cada licitante defender a respectiva proposta e demonstrar a sua capacidade de bem executar os serviços, nos termos e condições exigidos pelo instrumento convocatório, antes que ele tenha a sua proposta desclassificada. (Brasil 2017a)

Caso todos os licitantes tenham sido inabilitados ou tenham suas propostas desclassificadas, a Administração pode fixar o prazo de oito dias úteis para que seja apresentada nova documentação ou outras propostas escoimadas dos vícios (no convite, o prazo é reduzido para três dias úteis), conforme art. 48, parágrafo 3º, da Lei n. 8.666/1993.

Trata-se de uma faculdade prevista pelo legislador à Administração Pública, que deve decidir – segundo a conveniência e a oportunidade – pela realização de outro certame ou pela convocação dos licitantes para que apresentem proposta escoimada dos vícios existentes (Willeman, 2007)[15].

A esse respeito, cumpre destacar importante entendimento do TCU de que, na nova proposta, o licitante, além de reparar os vícios que levaram à desclassificação ou inabilitação, pode alterar o proposto, desde que não ultrapasse o valor global apresentado:

> A reabertura de prazo para apresentação de novas propostas, nos termos previstos no art. 48, § 3º, da Lei 8.666/93, permite a ampla reformulação das propostas anteriores, observados os ajustes necessários a afastar as causas ensejadoras da desclassificação, cujo resultado não poderá ultrapassar o valor global máximo da proposta anterior de cada licitante, com exceção dos casos em que a desclassificação tenha ocorrido por inexequibilidade. (Brasil, 2019f)

---

5 "Na forma como a Lei 8.666/1993 atualmente regula a dispensa de licitação por preços excessivos apresentados na licitação realizada, a abertura de prazo para a apresentação de novas propostas é uma faculdade da administração, e não uma obrigação." (Brasil, 2011f)

Ademais, segundo o TCU, a possibilidade de escoima

> não pode ser aplicada a licitantes já excluídos em outras etapas no curso da licitação, de modo que ou se aplica aos licitantes desclassificados, ou se aplica aos licitantes inabilitados. O entendimento que se coaduna com o dispositivo é aquele segundo o qual ocorre ou a repetição da etapa de classificação, com reapresentação de propostas por todos licitantes que tiveram suas propostas de preços desclassificadas, ou a repetição da etapa de habilitação, com todos os inabilitados, e não o beneficiamento simultâneo de todos os participantes, de quaisquer das etapas. (Brasil, 2013b)

Procedimento para o julgamento das propostas previsto na Lei n. 14.133/2021

A Lei n. 14.133/2021 inovou de forma significativa o procedimento para o julgamento das propostas apresentadas pelos licitantes. Vale destacar, como vimos anteriormente, que, nesse caso, a etapa do julgamento das propostas passou a anteceder a fase de habilitação.

Também há novas regras relativas ao procedimento do julgamento, no qual passou a se admitir a utilização isolada ou conjunta de modos de disputa aberto e fechado.

De acordo com o art. 56 da nova lei, o **modo de disputa aberto** é aquele em que os licitantes apresentam suas propostas por meio de lances públicos e sucessivos, crescentes ou decrescentes, a depender do critério de julgamento eleito pela Administração. O referido modo de disputa não pode ser utilizado para o julgamento de licitações realizadas sob o critério de técnica e preço. No **modo de disputa fechado**, as propostas permanecem em sigilo até a data e hora designadas para sua divulgação (como ocorre atualmente nas licitações realizadas sob a modalidade da concorrência). A lei veda a utilização isolada desse modo de disputa quando adotados os critérios de julgamento de menor preço e maior desconto.

É relevante destacarmos, ainda, a previsão constante no art. 56, parágrafo 4º, da referida lei, que impõe o reinício da disputa aberta após a definição da melhor proposta quando a diferença relativamente à proposta classificada em segundo lugar for de pelo menos 5%.

A lei também previu novas regras para a aferição da exequibilidade das propostas de preços. O art. 59, parágrafo 4º, dispõe que, no caso de obras e serviços, são consideradas inexequíveis as propostas cujos valores forem inferiores a 75% do valor orçado pela Administração. Logo, o novo marco legal estabelece o orçamento da Administração como o único parâmetro para a aferição da exequibilidade, deixando de fazer referência às demais propostas apresentadas.

Benefícios para microempresas e empresas de pequeno porte no julgamento das propostas

A Lei Complementar n. 123, de 14 de dezembro de 2006 (Brasil, 2006a), instituiu o Estatuto Nacional de Microempresa e Empresa de Pequeno Porte, dando concretude a diversos dispositivos constitucionais que impõem a concessão de tratamento diferenciado e favorecido a essas empresas (art. 146, III, "d" art. 170, IX; art. 179, todos da Constituição).

Inicialmente, destacamos que o legislador estabeleceu a receita bruta em cada ano-calendário como critério definidor para a caracterização da microempresa e da empresa de pequeno porte. Em tal contexto, considera-se **microempresa** a sociedade empresária, a sociedade simples, a empresa individual de responsabilidade limitada e o empresário que aufira, em cada ano-calendário, receita bruta inferior a R$ 360.000,00. Já a **empresa de pequeno porte** deve necessariamente auferir, em cada ano-calendário, receita bruta superior a R$ 360.000,00 e inferior a R$ 4.800.000,00.

É impositivo considerar que, para além dos limites de receita bruta, há uma série de outras exigências que devem ser atendidas para que seja possível a concessão de tratamento diferenciado e favorecido. Essas exigências estão previstas no art. 3º, parágrafo 4º, da Lei Complementar n. 123/2006:

> Art. 3º Para os efeitos desta Lei Complementar, consideram-se microempresas ou empresas de pequeno porte, a sociedade empresária, a sociedade simples, a empresa individual de responsabilidade limitada e o empresário a que se refere o art. 966 da Lei no 10.406, de 10 de janeiro de 2002 (Código Civil), devidamente registrados no Registro de Empresas Mercantis ou no Registro Civil de Pessoas Jurídicas, conforme o caso, desde que:

[...]

§ 4º Não poderá se beneficiar do tratamento jurídico diferenciado previsto nesta Lei Complementar, incluído o regime de que trata o art. 12 desta Lei Complementar, para nenhum efeito legal, a pessoa jurídica:

I – de cujo capital participe outra pessoa jurídica;

II – que seja filial, sucursal, agência ou representação, no País, de pessoa jurídica com sede no exterior;

III – de cujo capital participe pessoa física que seja inscrita como empresário ou seja sócia de outra empresa que receba tratamento jurídico diferenciado nos termos desta Lei Complementar, desde que a receita bruta global ultrapasse o limite de que trata o inciso II do caput deste artigo;

IV – cujo titular ou sócio participe com mais de 10% (dez por cento) do capital de outra empresa não beneficiada por esta Lei Complementar, desde que a receita bruta global ultrapasse o limite de que trata o inciso II do caput deste artigo;

V – cujo sócio ou titular seja administrador ou equiparado de outra pessoa jurídica com fins lucrativos, desde que a receita bruta global ultrapasse o limite de que trata o inciso II do caput deste artigo;

VI – constituída sob a forma de cooperativas, salvo as de consumo;

VII – que participe do capital de outra pessoa jurídica;

VIII – que exerça atividade de banco comercial, de investimentos e de desenvolvimento, de caixa econômica, de sociedade de crédito, financiamento e investimento ou de crédito imobiliário, de corretora ou de distribuidora de títulos, valores mobiliários e câmbio, de empresa de arrendamento mercantil, de seguros privados e de capitalização ou de previdência complementar;

IX – resultante ou remanescente de cisão ou qualquer outra forma de desmembramento de pessoa jurídica que tenha ocorrido em um dos 5 (cinco) anos-calendário anteriores;

X – constituída sob a forma de sociedade por ações.

XI – cujos titulares ou sócios guardem, cumulativamente, com o contratante do serviço, relação de pessoalidade, subordinação e habitualidade. (Brasil, 2006a)

As condições mais favoráveis a microempresas e empresas de pequeno porte no que se refere às aquisições públicas estão previstas no art. 42 e seguintes da mesma lei complementar. Vejamos, a seguir, como essas empresas podem ser legitimamente favorecidas na contratação pública:

- **Comprovação de regularidades fiscal e trabalhista**: benefício aplicável na fase habilitação do procedimento licitatório (e não no julgamento das propostas). Como regra geral, logo na etapa de habilitação, os licitantes devem comprovar documentalmente suas regularidades fiscal e trabalhista, por meio da apresentação dos documentos constantes no art. 29 da Lei n. 8.666/1993. Os licitantes que não comprovarem regularidade tributária com as fazendas federal, estadual e municipal não são considerados habilitados para firmar contrato com a Administração, não podendo sequer prosseguir no certame licitatório. De igual modo, exige-se prova de regularidade relativa à Seguridade Social e ao FGTS, além da comprovação da inexistência de débitos inadimplidos na Justiça do Trabalho. O art. 42 da Lei Complementar n. 123/2006 prevê que a comprovação das regularidades fiscal e trabalhista das microempresas e empresas de pequeno porte somente pode ser exigida para efeito de assinatura do contrato. Em outras palavras, as referidas empresas não podem ser desde logo consideradas inabilitadas caso não apresentem alguma certidão exigida pela lei. O art. 43 da lei complementar citada estabelece, de forma clara, que tais empresas devem apresentar a documentação exigida ainda que haja algum tipo de restrição. Nesse caso, é assegurado o prazo de cinco dias úteis para regularização, a contar do momento em que a empresa proponente for declarada vencedora do certame. Como podemos verificar, trata-se de regra importante que flexibiliza o aspecto da comprovação das regularidades fiscal e trabalhista das microempresas e empresas de pequeno porte.

- **Preferência na contratação e empate ficto**: benefício aplicável na fase de julgamento das propostas. O art. 44 da Lei Complementar n. 123/2006 criou situações de empate ficto para beneficiar empresas com tratamento favorecido. A esse respeito, podemos notar que o legislador previu que se caracterizam como empate aquelas situações em que as propostas apresentadas por microempresas e empresas de pequeno porte são iguais ou até 10% superiores à proposta mais bem classificada apresentada por empresa não beneficiada. No pregão, o referido intervalo percentual cai para 5%. Ocorrendo o empate *ficto*, a microempresa ou a empresa de pequeno porte mais bem classificada pode cobrir a proposta mais bem classificada, sendo-lhe adjudicado o objeto do certame.

- **Licitações diferenciadas**: Os arts. 47, 48 e 49 da Lei Complementar n. 123/2006 preveem hipóteses em que se admite a realização de licitações direcionadas direta ou indiretamente a microempresas e empresas de pequeno porte[16]. De forma resumida, é relevante destacar o disposto no art. 48, inciso I, da referida lei, que estabelece o dever da realização de processo licitatório destinado exclusivamente à participação de microempresas e empresas de pequeno porte nos itens de contratação cujo valor seja de até R$ 80.000,00. Trata-se, portanto, de direcionamento direto da licitação às empresas com tratamento favorecido. O legislador também estabelece a possibilidade, restrita a processos licitatórios para aquisição de obras e serviços, de a Administração exigir a subcontratação de microempresas e empresas de pequeno porte. Por fim, para certames que tenham por objeto a aquisição de produtos de natureza divisível, é possível o estabelecimento de cotas de até 25% para a contratação de empresas que façam jus ao tratamento favorecido.

---

6   Cf. Oliveira, 2019.

A Lei n. 14.133/2021 prevê expressamente que as disposições constantes nos arts. 42 a 49 da Lei Complementar n. 123/2006 continuam aplicáveis no novo marco legal das licitações. Devemos salientar, porém, que a lei de 2021 previu algumas regras muito relevantes relacionadas ao tema, que, a nosso ver, devem ser aplicadas de forma imediata.

Nos termos do art. 4º da referida lei, não podem ser aplicadas as disposições constantes na Lei Complementar n. 123/2006 no caso de processos licitatórios cujo valor estimado seja superior à receita máxima admitida para enquadramento como empresa de pequeno porte (R$ 4.800.000,00).

Como é possível verificar, referido dispositivo traz uma limitação importante que não existe no atual regime da Lei n. 8.666/1993: as regras que preveem tratamento favorecido a microempresas e empresas de pequeno porte não mais podem ser aplicadas para certames licitatórios cujo valor ultrapasse o limite de receita estabelecido pela Lei Complementar n. 123/2006.

O art. 4º, parágrafo 2º, também estabelece a impossibilidade da obtenção de tratamento favorecido às empresas que, no ano-calendário da realização da licitação, tenham celebrado com a Administração Pública contratos cujos valores somados extrapolem a receita bruta máxima de R$ 4.800.000,00. Logo, o impedimento para a obtenção do tratamento favorecido independe do efetivo ingresso de valores na empresa; o que importa é a aferição do valor somado das contratações celebradas com a administração.

Por último, em razão dos benefícios concedidos pela lei às microempresas e empresas de pequeno porte na participação de certames licitatórios, o TCU construiu rigoroso entendimento a respeito das consequências para a licitante que tente obter benefício ilícito do tratamento estabelecido pela Lei Complementar n. 123/2006:

- Conforme entendimento manifestado no Acórdão n. 1.607, de 26 de junho de 2013 (Brasil, 2013c), a apresentação de declaração falsa de enquadramento na condição de empresa de pequeno porte pode dar ensejo à aplicação da sanção de inidoneidade da empresa licitante.
- O Acórdão n. 107, de 25 de janeiro de 2012 (Brasil, 2012e), demonstra entendimento bastante consolidado do tribunal de que a participação em certame licitatório na condição de empresa de pequeno porte ou microempresa sem o preenchimento das exigências legais caracteriza fraude ao processo.
- Segundo o Acórdão n. 2.993, de 16 de novembro de 2011, "O uso de documentação inidônea com o objetivo de caracterizar a condição de empresa de pequeno porte e obter tratamento favorecido em licitações justifica a inabilitação de empresa para participar de licitação na Administração Pública Federal" (Brasil, 2011l).
- Em vários precedentes, o tribunal reconheceu que empresas com faturamento superior ao limite legal não podem beneficiar-se do tratamento privilegiado conferido a microempresas e empresas de pequeno porte. Uma eventual participação

em detrimento da legislação pode caracterizar fraude, com a aplicação de sanções, como podemos verificar no Acórdão n. 2.259, de 24 de agosto de 2011 (Brasil, 2011h).

Com efeito, a despeito do posicionamento do e. TCU, entendemos que deve ser aplicada com parcimônia a sanção de declaração de inidoneidade da empresa licitante em razão da apresentação de documentação equivocada sobre o enquadramento como microempresa ou empresa de pequeno porte. Isso porque há hipóteses em que o licitante **supostamente** fraudador agiu de boa-fé e, efetivamente, não houve a intenção de fraude à licitação ou tentativa de obtenção de vantagens ilícitas, porém mero vício formal na apresentação da documentação. Nesse sentido, pensamos que a boa-fé do licitante pode ser comprovada em processo administrativo apto a apurar a conduta da empresa, de modo a garantir o direito à defesa e ao contraditório.

— 6.3 —
Homologação e adjudicação

Classificadas as propostas, cabe à comissão de licitação proclamar o resultado final do certame, devendo fazê-lo por meio de um ato de natureza declaratória. Tal ato, juntamente ao procedimento licitatório, deve ser remetido à autoridade superior para deliberação quanto à homologação e adjudicação do objeto da licitação, na forma prevista pelo art. 43, inciso VI, da Lei n. 8.666/1993.

Assim, não cabe à comissão de licitação homologar os atos por si praticados e adjudicar o objeto do certame licitatório. Os atos de homologação e adjudicação cabem à autoridade superior (responsável pela futura contratação).

Caso não constate nenhuma irregularidade no procedimento, e mantido o interesse público na contratação, a autoridade superior pode homologar o resultado do certame, aprovando o procedimento licitatório realizado. A homologação, portanto, tem natureza confirmatória, prestando-se ao reconhecimento da higidez dos atos praticados pela comissão de licitação, como bem indica Di Pietro (2019, p. 844):

> A homologação equivale à aprovação do procedimento; ela é precedida do exame dos atos que o integraram pela autoridade competente (indicada nas leis de cada unidade da federação), a qual, se verificar algum vício de ilegalidade, anulará o procedimento ou determinará seu saneamento, se cabível. Se o procedimento estiver em ordem, ela o homologará. A mesma autoridade pode, por razões de interesse público devidamente demonstradas, revogar a licitação.

Uma vez homologado o certame, a autoridade superior pode atribuir ao vencedor o objeto da licitação por meio do ato declaratório denominado de *adjudicação*.

Uma questão bastante controversa na doutrina se relaciona ao exame dos efeitos patrimoniais dos atos de homologação e adjudicação. Para Carvalho Filho (2016), a homologação do resultado da licitação é o marco procedimental que converte a mera expectativa do vencedor em verdadeiro direito efetivo à contratação. De acordo com o autor, ao homologar o certame, a autoridade competente confirma o interesse da Administração na contratação. Nesse caso, a não celebração posterior do contrato gera ao participante vencedor o direito de integral reparação por todos os prejuízos que a não contratação lhe ocasionar.

A doutrinária majoritária, porém, parece orientar-se no sentido de que a homologação e adjudicação do certame não geram ao particular o direito de exigir a celebração do contrato.

Na visão de Oliveira (2019), o licitante vencedor tem uma expectativa de direito, por isso a revogação ou anulação do processo (conforme as exigências do art. 49 da Lei n. 8.666/1993) não gera o direito de celebrar o contrato ou exigir reparação pela não realização deste.

O Superior Tribunal de Justiça (STJ) tem alguns precedentes relevantes que acolhem o entendimento da doutrina majoritária, compreendendo que o vencedor não é titular de qualquer direito até que assinado o contrato administrativo, detendo a já mencionada expectativa de direito:

> RECURSO ORDINÁRIO. MANDADO DE SEGURANÇA. LICITAÇÃO. REVOGAÇÃO APÓS HOMOLOGAÇÃO. PREÇO ACIMA DO MERCADO. DILAÇÃO PROBATÓRIA. OFENSA A DIREITO LÍQUIDO E CERTO NÃO CONFIGURADA.

1. O Poder Público pode revogar o processo licitatório quando comprovado que os preços oferecidos eram superiores ao do mercado, em nome do interesse público.

2. Para ultrapassar a motivação do ato impugnado seria necessária dilação probatória, incompatível com a estreita via do mandado de segurança.

3. O procedimento licitatório pode ser revogado após a homologação, antes da assinatura do contrato, em defesa do interesse público.

4. O vencedor do processo licitatório não é titular de nenhum direito antes da assinatura do contrato. Tem mera expectativa de direito, não se podendo falar em ofensa ao contraditório e à ampla defesa, previstos no § 3º do artigo 49 da Lei n. 8.666/93. Precedentes.

5. Recurso ordinário desprovido. (Brasil, 2009b)

Assim, o licitante não poderia propor ação de obrigação de fazer para exigir que a Administração realizasse a contratação, não possuindo, ainda, pretensão indenizatória ligada aos prejuízos causados pela não contratação.

A Lei do Pregão (Lei n. 10.520/2002) afirma que, em determinadas hipóteses, "o pregoeiro poderá negociar diretamente com o proponente para que seja obtido preço melhor" (Brasil, 2002). Nesse sentido, o TCU entende que a tentativa de negociação para obter preço melhor, ou seja, menor, é aplicável a todas as modalidades de licitação, e não apenas ao pregão – independentemente de previsão legal na Lei n. 8.666/1993[17].

— 6.4 —
Anulação e revogação

A licitação é um procedimento formado por sucessivas fases, que tem por objetivo final selecionar candidato apto a firmar contrato com a Administração Pública.

Todos os atos do procedimento, portanto, orientam-se para que o objetivo pretendido seja o fim alcançado, com a contratação mais vantajosa ao interesse público.

O desfazimento do procedimento licitatório pode decorrer da constatação de alguma ilegalidade, quando passa a ser dever da Administração (pelo exercício da autotutela), do Poder Judiciário ou do órgão de controle anular a licitação. O art. 53 da Lei n. 9.784, de 29 de janeiro de 1999, é claro ao determinar que a administração tem o dever de anular seus próprios atos quando "eivados de vício de legalidade" (Brasil, 1999a).

O mesmo dispositivo legal admite a revogação de atos pela Administração por motivo de conveniência e oportunidade, e tal prerrogativa – diferentemente da anulação – é reservada tão somente à Administração Pública interessada.

---

7 "É aplicável, na busca da proposta mais vantajosa para a Administração, a prerrogativa administrativa da negociação em todas as modalidades licitatórias." (Brasil, 2014g)

O art. 49 da Lei n. 8.666/1993 estabelece que cabe à autoridade responsável pela aprovação do procedimento licitatório revogar a licitação "por razões de interesse público decorrente de fato superveniente devidamente comprovado, pertinente e suficiente para justificar tal conduta [...]" (Brasil, 1993).

Em qualquer caso – de anulação ou revogação – faz-se necessária a devida motivação por parte da autoridade competente, assim como a comunicação aos licitantes quanto à intenção de desfazer o procedimento, oferecendo-lhes direito ao contraditório e à ampla defesa prévios.

Entendemos que também se exige da Administração a plena observância aos termos constantes na LINDB (Decreto-Lei n. 4.657/1942), especialmente depois das alterações promovidas pela Lei n. 13.655/2018. Os arts. 20 e 21 da LINDB exigem que a decisão deve demonstrar a necessidade e adequação da medida imposta, inclusive em face de possíveis alternativas, além de indicar de modo expresso suas consequências jurídicas e administrativas.

A Lei n. 14.133/2021, por sua vez, não traz inovações muito significativas no regramento referente à revogação e anulação do procedimento licitatório. De relevante, vale citar a necessidade – prevista no art. 71, parágrafo 1º – de a autoridade indicar "expressamente os atos com vícios insanáveis, tornando sem efeito todos os subsequentes que deles dependam", apurando a responsabilidade do que motivou tal decisão (Brasil, 2021a).

Por último, destacamos o entendimento do STJ segundo o qual, a despeito da previsão do art. 49, parágrafo 3º, da Lei n. 8.666/1993, "a revogação da licitação, quando antecedente da homologação e adjudicação, é perfeitamente pertinente e não enseja contraditório" (Brasil, 2008c).

— 6.5 —
Recursos administrativos

O art. 109 da Lei n. 8.666/1993 prevê três tipos de recursos cabíveis contra atos praticados pela Administração no procedimento licitatório: recurso hierárquico; representação; pedido de reconsideração.

Na licitação, o recurso administrativo pode ser interposto no prazo de cinco dias úteis, a contar da intimação do ato ou da lavratura da ata. É cabível contra:

- decisões de habilitação ou inabilitação do licitante;
- decisões em que haja julgamento das propostas;
- anulação ou revogação da licitação;
- indeferimento do pedido de inscrição em registro cadastral, sua alteração ou seu cancelamento.

Nos termos do art. 109, parágrafo 2º, da Lei n. 8.666/1993, apenas os recursos interpostos contra decisões de habilitação ou inabilitação e julgamento das propostas têm efeito suspensivo automático, admitida a atribuição da eficácia suspensiva pela autoridade competente nos demais casos, sempre por decisão motivada e desde que observado o interesse público.

Assim que interposto o recurso administrativo, os demais licitantes devem ser intimados para impugná-lo mediante a apresentação de contrarrazões, no prazo de cinco dias úteis. O recurso deve ser dirigido à autoridade superior por intermédio daquela que praticou o ato recorrido, a qual pode reconsiderar sua decisão no prazo de cinco dias úteis. Não o fazendo, deve, nesse mesmo prazo, remeter à autoridade superior, que deve apreciar e julgar o recurso no prazo de cinco dias úteis.

É relevante destacar que, na modalidade do convite, tais prazos são mais curtos, de dois dias úteis, nos termos do art. 109, parágrafo 6º, da Lei n. 8.666/1993.

A representação pode ser interposta no prazo de cinco dias úteis contra decisão relacionada ao objeto da licitação de que não caiba recurso hierárquico.

Por fim, nos termos do art. 109, inciso III, da Lei n. 8.666/1993, cabe pedido de reconsideração de decisão de ministro de Estado ou secretário estadual ou municipal que aplicar sanção consubstanciada na declaração de inidoneidade. O pedido de reconsideração pode ser apresentado no prazo de dez dias da intimação do ato.

A Lei n. 14.133/2021 traz inovações significativas relativamente às regras aplicáveis ao processamento e julgamento de recursos administrativos interpostos contra atos da Administração praticados em procedimentos licitatórios. Vejamos as principais novidades:

- A lei não prevê a figura recursal da representação (cabível, nos termos da Lei n. 8.666/1993, contra decisões relacionadas ao objeto da licitação que não podem ser atacadas por recurso hierárquico).
- O art. 165, inciso I, prevê as hipóteses de cabimento do recurso hierárquico, que pode ser interposto no prazo de três dias úteis, contados da data de intimação ou de lavratura da ata. Vejamos as seguintes hipóteses de cabimento:
  - contra ato que defira ou indefira pedido de pré-qualificação de interessado ou de inscrição em registro cadastral, sua alteração ou seu cancelamento;
  - contra decisão prolatada para o julgamento das propostas;
  - contra ato de habilitação ou inabilitação de licitante;
  - contra decisão de anulação ou revogação da licitação;
  - contra decisão que determine a extinção do contrato, quando determinada por ato unilateral e escrito da Administração.

A lei contém – a nosso ver – redação confusa principalmente quanto à forma de processamento dos recursos interpostos contra as decisões de julgamento das propostas e dos atos de habilitação ou inabilitação de licitante. Explicamos: relativamente a esses recursos, prevê o art. 165, parágrafo 1º, inciso II, que sua apreciação deve ocorrer em fase única. De outro lado, o art. 165, parágrafo 2º, estabelece, de forma geral para todos os recursos, procedimento mais típico dos recursos hierárquicos, com a possibilidade de se reconsiderar a decisão pela autoridade recorrida e a remessa para apreciação da autoridade superior, caso necessário.

- O art. 165, inciso II, traz a possibilidade de apresentação de pedido de reconsideração no prazo de três dias úteis, relativamente a ato do qual não caiba recurso hierárquico (substituindo, como vimos, a figura da representação.
- O art. 166 prevê o cabimento de recurso no prazo de 15 dias úteis contra a aplicação das sanções de advertência, multa e impedimento de licitar e contratar (previstas no art. 156, incisos I, II e III). O referido recurso deve ser dirigido à autoridade que tiver proferido a decisão recorrida, que, se não a reconsiderar, deve encaminhar o recurso com a respectiva motivação à autoridade superior para decisão no prazo de 20 dias úteis.
- O art. 167 prevê o cabimento de pedido de reconsideração no prazo de 15 dias úteis contra a decisão que aplicar a sanção de declaração de inidoneidade para licitar ou contratar.
- O art. 168 prevê, de forma genérica, que recursos e pedidos de reconsideração têm efeito suspensivo, até que sobrevenha decisão final da autoridade competente.

O novo marco legal manteve a necessidade de que os demais licitantes sejam intimados para a apresentação de contrarrazões aos recursos eventualmente interpostos, devendo fazê-lo no mesmo prazo do recurso.

Por fim, vale ressaltar que a lei de 2021 prevê de forma expressa que a autoridade competente para proferir decisões referentes ao procedimento licitatório deve ser auxiliada por órgão de assessoramento jurídico, responsável por dirimir eventuais dúvidas e subsidiá-la com as informações necessárias.

Parte II

Contratos administrativos

Capítulo 7

Aspectos introdutórios essenciais sobre os contratos administrativos

A Administração Pública deve atender ao interesse coletivo, realizando suas atividades sempre de acordo com a lei. Para desempenhar suas funções, manifesta a vontade administrativa de diversos modos, de forma unilateral (atos administrativos), bilateral (contratos da administração) ou plurilateral (consórcios e convênios), como explica de forma precisa Oliveira (2019).

Os contratos são pactos bilaterais por meio dos quais as partes manifestam livremente sua vontade, assumindo o dever de honrar com as obrigações assumidas. A Administração Pública celebra diversos tipos de contrato, adquirindo direitos e obrigações, buscando a realização dos interesses coletivos (Carvalho Filho, 2016).

A doutrina costuma denominar de *contratos da administração* – em sentido amplo, como gênero – todos aqueles pactos bilaterais que são celebrados pela Administração Pública[1]. Nesse gênero, encontram-se duas espécies de contratos: contratos privados e contratos administrativos.

Os **contratos privados** são aqueles em que a Administração participa da relação jurídica em condição de igualdade e equilíbrio com a contraparte contratante; são regidos prioritariamente por normas de direito privado[2]. Mesmo nesse tipo de contrato, a igualdade e o equilíbrio entre as partes podem ser relativizados, especialmente diante da possibilidade de que

---

1 Para uma visão ampla a respeito das divergências doutrinárias e detalhamento do conceito: Cf. Carvalho Filho, 2016, p. 239-241; Di Pietro, 2019, p. 556-568.
2 Cf. Oliveira, 2020, p. 741-742.

sejam previstas expressamente no contrato as denominadas *cláusulas exorbitantes*, conforme autoriza o art. 62, parágrafo 3º, da Lei n. 8.666, de 21 de junho de 1993 (Brasil, 1993)[3].

Como exemplo de contratos privados, a doutrina costuma citar: compra e venda, doação, contratos de seguro e de locação em que a Administração é locatária (Di Pietro, 2019).

A outra espécie do gênero compreende os denominados **contratos administrativos** – este, sim, o objeto de nossos estudos nesta parte do livro.

Os contratos administrativos são os pactos bilaterais típicos celebrados pela Administração, regidos predominantemente pelo direito público. Neles, é natural a previsão de cláusulas exorbitantes em favor da Administração, razão pela qual as normas de direito privado são aplicadas apenas supletivamente, como

---

3 "Art. 62. O instrumento de contrato é obrigatório nos casos de concorrência e de tomada de preços, bem como nas dispensas e inexigibilidades cujos preços estejam compreendidos nos limites destas duas modalidades de licitação, e facultativo nos demais em que a Administração puder substituí-lo por outros instrumentos hábeis, tais como carta-contrato, nota de empenho de despesa, autorização de compra ou ordem de execução de serviço.
[...] § 3º Aplica-se o disposto nos arts. 55 e 58 a 61 desta Lei e demais normas gerais, no que couber:
I – aos contratos de seguro, de financiamento, de locação em que o Poder Público seja locatário, e aos demais cujo conteúdo seja regido, predominantemente, por norma de direito privado;
II – aos contratos em que a Administração for parte como usuária de serviço público. [...]" (Brasil, 1993)

bem dispõe o art. 54 da Lei n. 8.666/1993[4]. Portanto, há um regime jurídico próprio – previsto em lei – para os contratos administrativos, com normas de direito público que asseguram uma série de garantias e privilégios à administração. Não há, aqui, o equilíbrio e a horizontalidade típicos das avenças privadas: a relação bilateral é desequilibrada com o objetivo de realizar o interesse coletivo da sociedade.

— 7.1 —
Competência legislativa e disciplina normativa

Já tratamos – na parte destinada às licitações – das questões mais fundamentais atinentes à competência legislativa para a edição de normas gerais reservada à União Federal, nos termos do art. 22, inciso XXVII, da Constituição Federal (CF) de 1988.

---

4 "Art. 54. Os contratos administrativos de que trata esta Lei regulam-se pelas suas cláusulas e pelos preceitos de direito público, aplicando-se-lhes, supletivamente, os princípios da teoria geral dos contratos e as disposições de direito privado.
§ 1º Os contratos devem estabelecer com clareza e precisão as condições para sua execução, expressas em cláusulas que definam os direitos, obrigações e responsabilidades das partes, em conformidade com os termos da licitação e da proposta a que se vinculam.
§ 2º Os contratos decorrentes de dispensa ou de inexigibilidade de licitação devem atender aos termos do ato que os autorizou e da respectiva proposta." (Brasil, 1993)

As mesmas considerações são aplicáveis no que concerne aos contratos administrativos: cabe à União Federal prever as normas gerais a respeito de contratos administrativos, ficando aberto um espaço legislativo para que os demais entes federativos disponham a respeito de normas específicas.

A Lei n. 8.666/1993 contém as regras gerais aplicáveis aos contratos administrativos, consolidando normas e princípios fundamentais. Há, ainda, modalidades específicas de contratação regidas por leis próprias, tais como:

- Lei n. 8.987, de 13 de fevereiro de 1995: disciplina as concessões e permissões de serviços públicos (Brasil, 1995a);
- Lei n. 11.079, de 30 de dezembro de 2004: institui as normas gerais para a contratação de parcerias público-privadas (PPP) aplicáveis à União, aos estados, ao Distrito Federal e aos municípios (Brasil, 2004a);
- Lei n. 12.232, de 29 de abril de 2010: disciplina as normas gerais para licitação e contratação de serviços de publicidade (Brasil, 2010a);
- Lei n. 12.462, de 4 de agosto de 2011: institui o Regime Diferenciado de Contratações Públicas (RDC) para contratações relacionadas a eventos esportivos internacionais (sua abrangência foi posteriormente ampliada).

A título de curiosidade, o STF já declarou inconstitucional lei ordinária do Distrito Federal (lei distrital) que criava restrições para a contratação, pelo Poder Público, de empresas que discriminavam a contratação de mão de obra para compor seu quadro de empregados, uma vez que o tema seria objeto de norma geral e, portanto, de competência da União[15].

Como já destacamos anteriormente, a Lei n. 14.133, de 1º de abril de 2021 (Brasil, 2021a), é o novo marco legal também no que se refere às contratações públicas.

— 7.2 —
Sujeitos do contrato administrativo

Como regra geral, nos termos constantes no art. 2º, parágrafo único e incisos XIV e XV, e no art. 6º da Lei n. 8.666/1993, as partes no contrato administrativo são a Administração Pública (na condição de contratante) e o particular (na condição de contratado)[16].

Uma questão bastante debatida na doutrina se relaciona à possibilidade de que duas pessoas administrativas celebrem contrato administrativo. Em nossa opinião, está com a razão

---

5 "Ação direta de inconstitucionalidade: L. Distrital 3.705, de 21.11.2005, que cria restrições a empresas que discriminarem na contratação de mão de obra: inconstitucionalidade declarada.
1. Ofensa à competência privativa da União para legislar sobre normas gerais de licitação e contratação administrativa, em todas as modalidades, para as administrações públicas diretas, autárquicas e fundacionais de todos os entes da Federação (CF, art. 22, XXVII) e para dispor sobre Direito do Trabalho e inspeção do trabalho (CF, arts. 21, XXIV e 22, I).
2. Afronta ao art. 37, XXI, da Constituição da República–norma de observância compulsória pelas ordens locais–segundo o qual a disciplina legal das licitações há de assegurar a "igualdade de condições de todos os concorrentes", o que é incompatível com a proibição de licitar em função de um critério–o da discriminação de empregados inscritos em cadastros restritivos de crédito –, que não tem pertinência com a exigência de garantia do cumprimento do contrato objeto do concurso." (Brasil, 2007a)

6 Cf. Oliveira, 2020, p. 741-742.

Carvalho Filho (2016) ao afirmar que tal tipo de contratação mais se assemelha à relação jurídica existente nos **convênios**, em que inexiste supremacia de uma das partes frente à outra, além de haver lógica comunhão de interesses comuns e paralelos, e não contrapostos (como é tipicamente o caso das relações contratuais). Essa também parece ser a posição de Oliveira (2020).

A doutrina também sempre discutiu a possibilidade de que entidades de direito privado que integram a Administração Pública pudessem celebrar contratos administrativos quando prestarem serviços públicos, valendo-se do regime de direito público (com cláusulas exorbitantes etc.). Seria o caso, por exemplo, de contrato celebrado entre a Empresa de Correio e Telégrafos (ECT) com empresa privada para a execução de determinada obra. De acordo com Oliveira (2019), seria possível que referido contrato tivesse natureza administrativa, atraindo o regime jurídico de direito público.

Essa questão, aliás, a despeito da divergência doutrinária, já foi especificamente examinada pelo Superior Tribunal de Justiça (STJ), conforme trecho do julgado a seguir:

> ADMINISTRATIVO. EMPRESA BRASILEIRA DE CORREIOS E TELÉGRAFOS-ECT. CONTRATO DE PRESTAÇÃO DE SERVIÇOS. NATUREZA ADMINISTRATIVA.
>
> [...] 6. À luz do art. 37, XXI, da Constituição Federal, a natureza do vínculo jurídico entre a ECT e as empresas recorrentes, é de Direito Administrativo, sendo certo que a questão sub judice não envolve Direito Privado, tampouco de relação

de consumo. Aliás, apenas os consumidores, usuários do serviço dos correios é que têm relação jurídica de consumo com a ECT. (Brasil, 2004b)

Entendemos que a Lei das Estatais (Lei n. 13.303/2016) sanou toda e qualquer dúvida a esse respeito: as cláusulas exorbitantes previstas na Lei n. 8.666/1993 não são aplicáveis a contratações realizadas por empresas públicas e sociedades de economia mista (independentemente se forem empresas que prestem serviços públicos ou realizem atividades econômicas em regime de livre concorrência).

Como é possível verificar, essa lei mitiga bastante as prerrogativas de alteração unilateral dos contratos pela Administração quando comparada às regras da Lei n. 8.666/1993. O art. 72 da Lei das Estatais é claro ao dispor que "os contratos regidos por esta Lei somente poderão ser alterados por acordo entre as partes, vedando-se ajuste que resulte em violação da obrigação de licitar" (Brasil, 2016a).

Este é o posicionamento Carvalho Filho (2018, p. 246):

> Em relação às empresas públicas e sociedades de economia mista, havia até entendimento no sentido de serem aplicadas as normas de direito público em contrato de obras. Todavia, diante da Lei n. 13.303/2016, que rege tais entidades e que nada dispõe sobre prerrogativas, não há mais espaço – como já parecia correto – para incidência de qualquer preponderância. Ademais, a própria lei regente menciona o direito privado

como o aplicável às entidades, numa indicação de que prevalece a igualdade das partes.

Inobstante haver mais horizontalidade em tais contratações, é necessário dizer que a lei prevê algumas cláusulas exorbitantes em favor das empresas estatais em contratações com sujeitos privados, tais como: o poder-dever de fiscalização por parte de órgãos de controle interno e externo; a possibilidade da aplicação de sanções em caso de descumprimento contratual; a possibilidade da execução de garantia para o ressarcimento de prejuízos causados e/ou o pagamento de multas aplicadas ao contratado, independentemente de ação judicial.

A Lei n. 14.133/2021 também confirma, de modo expresso, que as normas gerais do novo marco legal de licitações e contratos administrativos não serão aplicáveis às empresas públicas e sociedades de economia mista e suas subsidiárias, conforme dispõe o art. 1º, parágrafo 1º.

— 7.3 —
Principais características do contrato administrativo

Conforme já destacamos, os contratos administrativos são regidos por normas de direito público e apresentam características próprias que os diferenciam dos contratos particulares – eminentemente horizontais e regidos pelas normas de direito privado constantes nas leis civis.

— 7.3.1 —
Necessidade de prévia licitação

Já vimos que o art. 37, inciso XXI, da Constituição Federal estabelece que, salvo exceções especificadas expressamente na legislação, obras, serviços, compras e alienações apenas podem ser contratados por meio de processo de licitação pública.

Trata-se de característica essencial dos contratos administrativos: a Administração Pública não está livre para contratar quem desejar, mas deve seguir rito formal de seleção previsto na legislação de regência. Apenas nos casos de dispensa e inexigibilidade, é regular a contratação que não tenha sido precedida de licitação.

— 7.3.2 —
Formalismo

De modo a assegurar a concretização de princípios do direito administrativo como a legalidade e a impessoalidade, deve a Administração Pública seguir formalidades especiais para a celebração de contratos administrativos (Horbach, 2016).

A legislação civil admite – salvo exceções – que a celebração de negócios jurídicos ocorra de modo verbal, deixando de exigir formalidades rigorosas para que tenham eficácia os pactos realizados entre as partes.

Já os contratos administrativos devem ser escritos e lavrados nas repartições interessadas. É nulo e de nenhum efeito o contrato verbal pactuado pela Administração, salvo os de pequenas compras de pronto pagamento, como dispõe o art. 60, parágrafo único, da Lei n. 8.666/1993:

> Art. 60. Os contratos e seus aditamentos serão lavrados nas repartições interessadas, as quais manterão arquivo cronológico dos seus autógrafos e registro sistemático do seu extrato, salvo os relativos a direitos reais sobre imóveis, que se formalizam por instrumento lavrado em cartório de notas, de tudo juntando-se cópia no processo que lhe deu origem.
>
> Parágrafo único. É nulo e de nenhum efeito o contrato verbal com a Administração, salvo o de pequenas compras de pronto pagamento, assim entendidas aquelas de valor não superior a 5% (cinco por cento) do limite estabelecido no art. 23, inciso II, alínea "a" desta Lei, feitas em regime de adiantamento. (Brasil, 1993)

O art. 91 da Lei n. 14.133/2021 também determina de forma expressa que os contratos e seus aditamentos devem ter forma escrita e que – em regra – devem ser divulgados e mantidos à disposição do público em sítio eletrônico oficial. O contrato verbal continua a ser modalidade excepcional de contratação, conforme parágrafo 2º do art. 95 da nova lei.

Além disso, é forçoso considerar que a lei prevê de forma expressa as cláusulas necessárias que devem constar em todo contrato administrativo, deixando claro o maior rigor formal desse tipo de contratação se comparado às avenças privadas. Mais adiante, abordaremos as cláusulas necessárias do contrato previstas no art. 55 da Lei n. 8.666/1993.

— 7.3.3 —
Bilateralidade

Os contratos administrativos necessariamente preveem obrigações recíprocas entre as partes e são resultado de livre manifestação de vontade dos contratantes. Como bem afirma Justen Filho (2015a, p. 466), a vontade conjunta e harmônica das partes é necessária para que se produza uma relação jurídica contratual também no âmbito administrativo:

> Rejeitam-se, por isso, as concepções que defendem a existência de dois atos unilaterais encobertos pelo contrato administrativo. Essa orientação defende que a Administração Pública emitiria um ato unilateral de natureza regulamentar, disciplinando a conduta do particular. Por seu turno, esse particular emitiria uma declaração unilateral de vontade, aceitando a determinação proveniente da Administração Pública. Isso justificaria a existência de competências extraordinárias em favor da Administração Pública, que poderia unilateralmente alterar o conteúdo de seus atos unilaterais anteriores. Uma variante dessa teoria reputa que a expressão *contrato administrativo* indica dois atos, sendo um de natureza contratual e outro de natureza unilateral. Haveria um consenso entre as partes relativamente a certos aspectos da obrigação, mas também

existiria um ato unilateral por meio do qual o Estado disporia sobre o objeto da avença. Essas concepções são rejeitadas por se reputar que a vontade conjunta e harmônica de ambas as partes é necessária para produzir e aperfeiçoar a relação jurídica. Ainda que seja reconhecida à Administração Pública a competência para unilateralmente introduzir modificações ou extinguir a contratação, a constituição do vínculo depende desse acordo de vontades.

Portanto, ainda que a Administração Pública tenha determinadas prerrogativas que permitem a alteração unilateral dos contratos, não se pode olvidar que a contratação administrativa é formada pela manifestação conjunta de vontade das partes[17].

A bilateralidade dos contratos administrativos também é elemento que os distingue dos atos administrativos, estes, sim, decorrentes de manifestação unilateral da Administração Pública.

— 7.3.4 —
Avenças de natureza personalíssima

O processo licitatório se presta a selecionar o interessado que apresentar a proposta mais vantajosa à Administração, observando os critérios constantes no instrumento convocatório.

A escolha do licitante interessado é realizada por meio da verificação de exigências objetivas e subjetivas, razão pela qual

---

7   Cf. Oliveira, 2020, p. 746.

a contratação necessariamente deve ser realizada de forma personalíssima (*intuitu personae*).

É relevante destacar, porém, que a natureza personalíssima do contrato administrativo não é absoluta: a própria Lei n. 8.666/1993, em seu art. 72) permite a subcontratação de determinadas partes da obra, serviço ou fornecimento, desde que obedecidos os limites constantes no instrumento convocatório. De igual modo, o art. 122 da Lei n. 14.133/2021 também admite a subcontratação de partes da obra, serviço ou fornecimento, relativizando a natureza personalíssima da contratação administrativa.

— 7.3.5 —
Desequilíbrio

Como já mencionamos, os contratos administrativos são regidos por normas de direito público que buscam conformar o interesse coletivo e preveem posição claramente preponderante da Administração frente ao contratado (Oliveira, 2020).

No próximo capítulo, veremos que as normas de direito público preveem uma série de prerrogativas apenas à Administração, que desequilibram os contratos administrativos para a melhor realização do interesse coletivo.

O art. 58 da Lei n. 8.666/1993 prevê as prerrogativas da Administração, evidenciando a ausência de equilíbrio e horizontalidade dos contratos regidos por normas de direito público.

— 7.3.6 —
Outras características: mutabilidade, pessoalidade, comutatividade e natureza de contrato de adesão

Ainda, cumpre mencionarmos que a doutrina clássica elenca outras características relacionadas aos contratos administrativos: mutabilidade, pessoalidade, comutatividade e natureza de contrato de adesão[18].

Quanto à **mutabilidade**, entende-se que o contrato administrativo não é rígido e indiferente ao contexto fático em que está inserido, por isso é permitida sua alteração, inclusive de forma unilateral pela Administração Pública, nos termos do art. 65 da Lei n. 8.666/1993. A esse respeito, Di Pietro (2019, p. 594-595) afirma:

> Um dos traços característicos do contrato administrativo é a sua mutabilidade, que, segundo muitos doutrinadores, decorre de determinadas cláusulas exorbitantes, ou seja, das que conferem à Administração o poder de, unilateralmente, alterar as cláusulas regulamentares ou rescindir o contrato antes do prazo estabelecido, por motivo de interesse público. Segundo entendemos, a mutabilidade pode decorrer também de outras circunstâncias, que dão margem à aplicação das teorias do fato do príncipe e da imprevisão. O assunto tem que ser analisado sob dois aspectos: o das circunstâncias que fazem mutável o contrato administrativo e o da consequência dessa

---

8   Cf. Carvalho Filho, 2018, p. 245.; Di Pietro, 2019, p. 572-608; Oliveira, 2020, p. 745-748.

mutabilidade, que é o direito do contratado à manutenção de equilíbrio econômico-financeiro.

A **pessoalidade**, embora em alguns casos possa ser considerada ultrapassada, consiste no vínculo personalíssimo do contrato com o contratante (*intuitu personae*). Di Pietro (2019, p. 581-582), apesar de não afirmar expressamente, adota posição clássica de que o contrato é firmado com o licitante em razão de suas características pessoais. Essa também parece ser a linha adotada pelo TCU:

> É inadmissível subcontratação total, por ofensa às normas regentes dos contratos administrativos. (Brasil, 2011k)
>
> O contrato administrativo de concessão remunerada de uso de bens públicos possui caráter intuitu personae, o que impede os concessionários de cederem ou transferirem suas posições contratuais a terceiros. É irregular previsão nesse sentido em editais de licitação e contratos da espécie. Acaso o particular desista da execução do contrato de concessão, a Administração deve providenciar a rescisão do ajuste e a realização de novo certame licitatório, arcando o particular com os custos da sua desistência. (Brasil, 2014f)

Por outro lado, Oliveira (2020, p. 747) entende que "não se pode emprestar caráter absoluto a essa exigência, admitindo-se, nas hipóteses legais, a alteração subjetiva do contrato".

Além disso, a doutrina especializada já mostrou certa resistência ao caráter personalíssimo dos contratos administrativos (especialmente àqueles relacionados a concessões de serviços públicos), conforme ensina Moreira (2009, p. 31-32):

> Porém, tais preocupações podem esbarrar num mito celebrado pela doutrina de Direito Administrativo brasileiro: o de que os contratos administrativos (dentre os quais os de concessão) são celebrados *intiutu personae*. [...] é nítido que tal concepção tem incidência restritíssima nos contratos administrativos brasileiros – que, de regra, devem se submeter a prévio e isonômico processo de concorrência pública (licitação).
>
> Afinal, se há mais de uma pessoa apta a contratar, executar as obras e prestar os serviços com a mesma qualidade e eficiência, como se falar em contratação personalíssima?

A **comutatividade**, como ensina Oliveira (2020, p. 747), significa que "obrigações das partes contratantes são equivalentes e previamente estabelecidas", tendo relação direta com a equação econômico-financeira do contrato.

Por último, embora sejam contratos bilaterais, a doutrina entende que, em razão da forte regulação prevista na Lei n. 8.666/1993, os contratos administrativos têm **natureza de contrato de adesão**, uma vez que as cláusulas contratuais são estabelecidas unilateralmente sem possibilidade de contrapropostas pela parte contratante. A esse respeito, Di Pietro (2019, p. 581) comenta:

Todas as cláusulas dos contratos administrativos são fixadas unilateralmente pela Administração. Costuma-se dizer que, pelo instrumento convocatório da licitação, o poder público faz uma oferta a todos os interessados, fixando as condições em que pretende contratar; a apresentação de propostas pelos licitantes equivale à aceitação da oferta feita pela Administração. Essa ideia se confirma com a norma do artigo 40, § 2º, da Lei n. 8.666, segundo a qual, dentre os anexos do edital da licitação, deve constar necessariamente "a minuta do contrato a ser firmado entre a Administração e o licitante vencedor"; com isto, fica a minuta do contrato sujeita ao princípio da vinculação ao edital. Mesmo quando o contrato não é precedido de licitação, é a Administração que estabelece, previamente, as cláusulas contratuais, vinculada que está às leis, regulamentos e ao princípio da indisponibilidade do interesse público.

Capítulo 8

Prerrogativas da Administração Pública

Vimos anteriormente que os contratos administrativos são regulados por normas de direito público, que preveem prerrogativas específicas à Administração que não são extensivas ao particular contratado, estruturadas para conformar e realizar o interesse coletivo.

Como bem aponta Moreira Neto (2008, grifo do original), as prerrogativas reservadas à Administração no âmbito contratual decorrem da noção de imperatividade, posta como fundamento da atuação dos Estados absolutistas:

> Em suma: a *imperatividade* enquanto princípio excepcionador da *igualdade perante a lei*, induzia a *assimetria*, que, por sua vez, justificava a multiplicação de *prerrogativas* de toda sorte, sempre estimulada pela inexorável *cupido dominans* do detentores do poder.

A imperatividade deu lugar ao interesse público como fundamento substantivo das prerrogativas reservadas à Administração Pública: desse modo, substituiu-se a ideia de supremacia e de poder absoluto do Estado, legitimando-se as cláusulas exorbitantes apenas quando indispensáveis à realização do interesse público.

Câmara e Souza (2020) realizaram interessante estudo em que analisaram a real extensão das assimetrias existentes nos contratos administrativos: Há, em nosso ordenamento jurídico, um estado de sujeição tão significativo do contratado privado frente à Administração?

De acordo com os autores, as prerrogativas da Administração encontram limitações impostas pelo próprio direito positivo e pela jurisprudência, não apresentando grau de eficácia e força tão significativo quando comparadas a determinadas prerrogativas e possibilidades previstas nos contratos privados regidos pelas normas civis.

Ademais, é imperioso destacar que as prerrogativas da Administração Pública decorrem de lei, por isso é irrelevante sua menção no contrato administrativo ou no edital de licitação (Oliveira, 2020). Todavia, o Superior Tribunal de Justiça (STJ), no julgamento do Recurso Especial n. 709.378 (Pernambuco), afirma ser

> 4. Inviável a aplicação de penalidade ao adjudicatário que se recusa a assinar o contrato (Lei 8.666/93, art. 81) sem que ela tenha sido prevista no edital (art. 40, III, do referido diploma legal). (Brasil, 2008a)

Conforme veremos, a aplicação de sanções é uma das prerrogativas da Administração. Seja como for, o que nos importa nos tópicos subsequentes é descrever e analisar sucintamente quais são as prerrogativas reservadas à Administração Pública que estão expressamente previstas na legislação de regência.

— 8.1 —
Alteração unilateral

A Administração tem a prerrogativa de modificar unilateralmente o contrato administrativo, desde que observe limites e regras indicados expressamente na lei. É relevante destacar que as alterações promovidas de forma unilateral devem ser efetuadas sempre com o objetivo de adequar o contrato às finalidades de interesse público, conforme dispõe o art. 58, inciso I, da Lei n. 8.666, de 21 de junho de 1993 (Brasil, 1993).

O parágrafo 2º do referido artigo é claro ao afirmar que, havendo alteração unilateral por parte da Administração Pública, devem ser revistas as cláusulas econômico-financeiras e monetárias do contrato administrativo, para que se mantenha o equilíbrio contratual.

Além disso, o parágrafo 1º do referido dispositivo legal alega que a Administração não pode alterar unilateralmente as cláusulas econômico-financeiras e monetárias ajustadas originalmente. Essa observação é relevante: não haveria qualquer segurança jurídica ao contratado se a Administração pudesse – na execução da avença – modificar unilateralmente o preço previamente pactuado entre as partes.

Já o art. 65 da Lei n. 8.666/1993 estabelece limites e regras que devem ser considerados pela Administração para a alteração unilateral do contrato:

Art. 65. Os contratos regidos por esta Lei poderão ser alterados, com as devidas justificativas, nos seguintes casos:

I – unilateralmente pela Administração:

a) quando houver modificação do projeto ou das especificações, para melhor adequação técnica aos seus objetivos;

b) quando necessária a modificação do valor contratual em decorrência de acréscimo ou diminuição quantitativa de seu objeto, nos limites permitidos por esta Lei;

II – por acordo das partes:

a) quando conveniente a substituição da garantia de execução;

b) quando necessária a modificação do regime de execução da obra ou serviço, bem como do modo de fornecimento, em face de verificação técnica da inaplicabilidade dos termos contratuais originários;

c) quando necessária a modificação da forma de pagamento, por imposição de circunstâncias supervenientes, mantido o valor inicial atualizado, vedada a antecipação do pagamento, com relação ao cronograma financeiro fixado, sem a correspondente contraprestação de fornecimento de bens ou execução de obra ou serviço;

d) para restabelecer a relação que as partes pactuaram inicialmente entre os encargos do contratado e a retribuição da administração para a justa remuneração da obra, serviço ou fornecimento, objetivando a manutenção do equilíbrio econômico-financeiro inicial do contrato, na hipótese de sobrevirem fatos imprevisíveis, ou previsíveis porém de consequências incalculáveis, retardadores ou impeditivos da execução do ajustado, ou, ainda, em caso de força maior, caso fortuito ou fato do príncipe, configurando álea econômica extraordinária e extracontratual.

§ 1º O contratado fica obrigado a aceitar, nas mesmas condições contratuais, os acréscimos ou supressões que se fizerem nas obras, serviços ou compras, até 25% (vinte e cinco por cento) do valor inicial atualizado do contrato, e, no caso particular de reforma de edifício ou de equipamento, até o limite de 50% (cinqüenta por cento) para os seus acréscimos.

§ 2º Nenhum acréscimo ou supressão poderá exceder os limites estabelecidos no parágrafo anterior, salvo:

I – (VETADO) (Incluído pela Lei nº 9.648, de 1998)

II – as supressões resultantes de acordo celebrado entre os contratantes.

§ 3º Se no contrato não houverem sido contemplados preços unitários para obras ou serviços, esses serão fixados mediante acordo entre as partes, respeitados os limites estabelecidos no § 1º deste artigo.

§ 4º No caso de supressão de obras, bens ou serviços, se o contratado já houver adquirido os materiais e posto no local dos trabalhos, estes deverão ser pagos pela Administração pelos custos de aquisição regularmente comprovados e monetariamente corrigidos, podendo caber indenização por outros danos eventualmente decorrentes da supressão, desde que regularmente comprovados.

§ 5º Quaisquer tributos ou encargos legais criados, alterados ou extintos, bem como a superveniência de disposições legais, quando ocorridas após a data da apresentação da proposta, de comprovada repercussão nos preços contratados, implicarão a revisão destes para mais ou para menos, conforme o caso.

§ 6º Em havendo alteração unilateral do contrato que aumente os encargos do contratado, a Administração deverá restabelecer, por aditamento, o equilíbrio econômico-financeiro inicial.

§ 7º (VETADO)

§ 8º A variação do valor contratual para fazer face ao reajuste de preços previsto no próprio contrato, as atualizações, compensações ou penalizações financeiras decorrentes das condições de pagamento nele previstas, bem como o empenho de dotações orçamentárias suplementares até o limite do seu valor corrigido, não caracterizam alteração do mesmo, podendo ser registrados por simples apostila, dispensando a celebração de aditamento. (Brasil, 1993)

Em primeiro lugar, devemos observar a necessidade de motivação explícita e clara para a alteração da avença; é ônus da Administração demonstrar que a modificação adequa o contrato às finalidades de interesse público.

Além disso, a alteração unilateral pode ocorrer em duas situações específicas, previstas no mesmo dispositivo legal:

- **alteração qualitativa**: "quando houver modificação do projeto ou das especificações, para melhor adequação técnica aos seus objetivos" (Brasil, 1993);

- **alteração quantitativa**: "quando necessária a modificação do valor contratual em decorrência de acréscimo ou diminuição quantitativa de seu objeto, nos limites permitidos por esta Lei" (Brasil, 1993).

Há interessante discussão doutrinária a respeito da aplicação dos limites previstos no art. 65, parágrafo 1º, da Lei n. 8.666/1993:

> § 1º O contratado fica obrigado a aceitar, nas mesmas condições contratuais, os acréscimos ou supressões que se fizerem nas obras, serviços ou compras, até 25% (vinte e cinco por cento) do valor inicial atualizado do contrato, e, no caso particular de reforma de edifício ou de equipamento, até o limite de 50% (cinquenta por cento) para os seus acréscimos. (Brasil, 1993)

Com efeito, parte da doutrina entende que os referidos limites devem ser aplicados apenas às alterações unilaterais quantitativas, mas não às qualitativas. Desse modo, quando necessária a modificação do projeto ou das especificações da contratação para melhor adequação técnica aos objetivos da Administração, ficaria o contratado obrigado a aceitar acréscimos ou supressões superiores aos limites constantes no referido dispositivo legal[1].

---

1   Nesse sentido, vejamos o que Di Pietro (2019, p. 599) afirma a respeito dos limites aplicáveis à alteração unilateral do contrato administrativo: "Além disso, a lei ainda estabelece limite quantitativo às alterações quantitativas (art. 65 §§ 1º e 4º), na medida em que, ao permitir acréscimos e supressões de obras, serviços ou compras, impõe ao contratado a obrigação de acatá-los até o montante de 25% ou 50% (conforme o caso) do valor do contrato, não podendo os acréscimos implicar alterações do seu objeto".

Tal entendimento parece decorrer de uma interpretação meramente literal das alíneas "a" e "b" do art. 65, inciso I, da Lei n. 8.666/1993. O legislador prevê de forma expressa a necessidade de obediência aos "limites permitidos por esta Lei" apenas quando se refere à modificação do valor contratual em decorrência de acréscimo ou diminuição quantitativa do objeto da contratação (alterações quantitativas – alínea "b"), não fazendo a mesma ressalva quanto às alterações qualitativas indicadas na alínea "a" (Brasil, 1993).

Para a doutrina majoritária, porém, os limites constantes no art. 65, parágrafo 1º, devem ser obedecidos em todas as alterações unilaterais promovidas pela Administração Pública, quantitativas ou qualitativas (Oliveira, 2019).

Esse também é o posicionamento adotado de forma majoritária pelo Tribunal de Contas da União (TCU) e pelo STJ:

> tanto as alterações contratuais quantitativas–que modificam a dimensão do objeto–quanto as unilaterais qualitativas–que mantêm intangível o objeto, em natureza e em dimensão, estão sujeitas aos limites preestabelecidos nos §§ 1º e 2º do art. 65 da Lei 8.666/93, em face do respeito aos direitos do contratado, prescrito no art. 58, I, da mesma lei, do princípio da proporcionalidade e da necessidade de esses limites serem obrigatoriamente fixados em lei; (Brasil, 2016c)
>
> É relevante destacar que o entendimento predominante neste Tribunal é de que o limite de 25% (ou de 50%, no caso de reforma de edifício ou de equipamento) [para alteração contratual] refere-se individualmente às supressões e aos acréscimos

e, portanto, não é legítima a compensação entre um e outro percentual para cômputo da máxima alteração permitida por lei. [...]

A extrapolação do limite percentual apenas é aceitável em situações excepcionalíssimas, permeadas de imprevisibilidade na ocorrência das alterações ou em suas consequências, e, ainda, quando atendidos os requisitos definidos na decisão 215/1999-Plenário, que é um marco importante nessa seara. Em essência, quando o interesse público sobressai da realização de aditivos em percentuais superiores aos definidos em norma, a medida pode ser considerada justificável. (Brasil, 2013d)

13. Os limites de que tratam os §§ 1º e 2º do art. 65 da Lei 8.666/93 aplicam-se tanto para as hipóteses da alínea "a", quanto da alínea "b" do inciso I do mesmo dispositivo legal. Ademais, se os aditivos são inválidos porque não houve alteração nas condições econômicas envolvidas na execução dos serviços e a inclusão de serviços extras foi ilegal, desimportante que tenha sido obedecido ou não o limite de 25%. (Brasil, 2008b)

É relevante destacar que a Lei n. 14.133, de 1º de abril de 2021 (Brasil, 2021a), prevê de forma expressa que os limites de acréscimos ou supressões de até 25% para contratos de obras, serviços e compras e de 50% para reformas de edifício ou de equipamento valem tanto para as alterações quantitativas quanto para as qualitativas. Com efeito, esse artigo da nova lei cita que os limites abrangem todas as alterações unilaterais previstas no inciso I do *caput* do art. 124, o que esclarece a controvérsia doutrinária e promove o entendimento majoritário e consolidado do TCU e do STJ.

— 8.2 —
Rescisão unilateral

A Administração tem o poder de rescindir unilateralmente o contrato, sem a necessidade da proposição de ação judicial. O art. 58, inciso II, da Lei n. 8.666/1993 prevê de forma expressa como prerrogativa da Administração, no regime jurídico dos contratos administrativos, a possibilidade de rescisão unilateral da avença, nos casos especificados no inciso I do art. 79 da referida lei:

> I – o não cumprimento de cláusulas contratuais, especificações, projetos ou prazos;
>
> II – o cumprimento irregular de cláusulas contratuais, especificações, projetos e prazos;
>
> III – a lentidão do seu cumprimento, levando a Administração a comprovar a impossibilidade da conclusão da obra, do serviço ou do fornecimento, nos prazos estipulados;
>
> IV – o atraso injustificado no início da obra, serviço ou fornecimento;
>
> V – a paralisação da obra, do serviço ou do fornecimento, sem justa causa e prévia comunicação à Administração;

VI - a subcontratação total ou parcial do seu objeto, a associação do contratado com outrem, a cessão ou transferência, total ou parcial, bem como a fusão, cisão ou incorporação, não admitidas no edital e no contrato;

VII - o desatendimento das determinações regulares da autoridade designada para acompanhar e fiscalizar a sua execução, assim como as de seus superiores;

VIII - o cometimento reiterado de faltas na sua execução, anotadas na forma do § 1º do art. 67 desta Lei;

IX - a decretação de falência ou a instauração de insolvência civil;

X - a dissolução da sociedade ou o falecimento do contratado;

XI - a alteração social ou a modificação da finalidade ou da estrutura da empresa, que prejudique a execução do contrato;

XII - razões de interesse público, de alta relevância e amplo conhecimento, justificadas e determinadas pela máxima autoridade da esfera administrativa a que está subordinado o contratante e exaradas no processo administrativo a que se refere o contrato;

[...]

XVII - a ocorrência de caso fortuito ou de força maior, regularmente comprovada, impeditiva da execução do contrato.
(Brasil, 1993)

Em todos os casos, a legislação determina que a rescisão seja devidamente motivada nos autos do processo administrativo, assegurando o contraditório e a ampla defesa ao particular (art. 78, parágrafo único, da Lei n. 8.666/1993).

É imperioso notarmos que apenas a Administração pode rescindir de forma unilateral o contrato administrativo. Tal prerrogativa não está disponível ao particular, que deve valer-se de medida judicial caso queira rescindir o contrato por inexecução da Administração ou, ainda, buscar acordo amigável, conforme determina o art. 79, incisos II e III, da Lei n. 8.666/1993.

A Lei Geral de Licitações prevê, nos incisos XIII a XVI do art. 78, as hipóteses de descumprimento contratual da Administração que podem dar ensejo à rescisão do contrato pelo particular (que, como vimos, deve ocorrer sempre pela via judicial ou mediante acordo, segundo a conveniência da Administração):

> XIII - a supressão, por parte da Administração, de obras, serviços ou compras, acarretando modificação do valor inicial do contrato além do limite permitido no § 1º do art. 65 desta Lei;
>
> XIV - a suspensão de sua execução, por ordem escrita da Administração, por prazo superior a 120 (cento e vinte) dias, salvo em caso de calamidade pública, grave perturbação da ordem interna ou guerra, ou ainda por repetidas suspensões que totalizem o mesmo prazo, independentemente do

pagamento obrigatório de indenizações pelas sucessivas e contratualmente imprevistas desmobilizações e mobilizações e outras previstas, assegurado ao contratado, nesses casos, o direito de optar pela suspensão do cumprimento das obrigações assumidas até que seja normalizada a situação;

Nesse caso, novamente devemos destacar: caso configurada qualquer uma dessas hipóteses, deve o particular propor ação judicial que tenha por objeto a rescisão do contrato ou procurar a Administração para a realização de acordo. Não pode o particular rescindir de forma unilateral o contrato.

A Lei n. 14.133/2021 mantém a possibilidade de rescisão unilateral do contrato administrativo, assegurando a necessidade de se fundamentar a decisão e respeitar o direito ao contraditório e à ampla defesa. Já quanto à rescisão do contrato pelo particular, essa lei prevê algumas regras diferenciadas:

> Art. 137. Constituirão motivos para extinção do contrato, a qual deverá ser formalmente motivada nos autos do processo, assegurados o contraditório e a ampla defesa, as seguintes situações:
>
> [...]
>
> § 2º O contratado terá direito à extinção do contrato nas seguintes hipóteses:
>
> I – supressão, por parte da Administração, de obras, serviços ou compras que acarrete modificação do valor inicial do contrato além do limite permitido no art. 125 desta Lei;

II – suspensão de execução do contrato, por ordem escrita da Administração, por prazo superior a 3 (três) meses;

III – repetidas suspensões que totalizem 90 (noventa) dias úteis, independentemente do pagamento obrigatório de indenização pelas sucessivas e contratualmente imprevistas desmobilizações e mobilizações e outras previstas;

IV – atraso superior a 2 (dois) meses, contado da emissão da nota fiscal, dos pagamentos ou de parcelas de pagamentos devidos pela Administração por despesas de obras, serviços ou fornecimentos;

V – não liberação pela Administração, nos prazos contratuais, de área, local ou objeto, para execução de obra, serviço ou fornecimento, e de fontes de materiais naturais especificadas no projeto, inclusive devido a atraso ou descumprimento das obrigações atribuídas pelo contrato à Administração relacionadas a desapropriação, a desocupação de áreas públicas ou a licenciamento ambiental. (Brasil, 2021a)

Nesse sentido, de acordo com o novo marco legal, o contratado pode pleitear a rescisão do contrato caso a Administração suspenda a execução do contrato, por ordem escrita, por prazo superior a três meses. Também é admitida a rescisão caso sejam determinadas, pela Administração, diversas e repetidas suspensões no transcurso do contrato que totalizem 90 dias úteis.

Como é possível verificar, a Lei n. 14.133/2021 tem regras mais benéficas ao contratado comparativamente à Lei n. 8.666/1993, reduzindo o prazo de suspensão de 120 para

90 dias e possibilitando a contagem de forma corrida ou somada entre todos os períodos de suspensão determinados pela Administração.

A nova lei ainda admite a rescisão do contrato quando configurado atraso superior a dois meses dos pagamentos devidos pela Administração, reduzindo o prazo de 90 dias previsto pela Lei n. 8.666/1993.

— 8.3 —
Fiscalização

De acordo com o art. 58, inciso III, da Lei n. 8.666/1993, a Administração tem o poder-dever de fiscalizar a execução do contrato administrativo.

O art. 67 da referida lei prevê que a fiscalização deve ser realizada por "um representante da Administração especialmente designado, permitida a contratação de terceiros para assisti-lo e subsidiá-lo de informações pertinentes a essa atribuição". Portanto, a depender da complexidade e do vulto do objeto do contrato, a Administração pode contratar terceiro especializado para auxiliar na fiscalização contratual.

É importante destacar que não incumbirá à pessoa designada para fiscalizar a execução do contrato a função de determinar a aplicação de eventuais sanções por descumprimento contratual, cabendo-lhe exclusivamente anotar em registro próprio todas as ocorrências relacionadas à execução do contrato e determinar o que for necessário para regularizar eventuais falhas ou defeitos observados (Furtado, 2010). Essa, inclusive, é decorrência lógica do princípio da segregação de funções.

A Lei n. 14.133/2021 não trouxe inovações significativas a respeito da fiscalização do contrato pela Administração.

— 8.4 —
Aplicação de sanções

A Administração Pública tem a prerrogativa de aplicar sanções ao contratado em caso de descumprimento contratual, podendo inclusive executá-las diretamente sem ter de recorrer ao Poder Judiciário.

O art. 87 da Lei n. 8.666/1993 elenca as sanções que podem ser aplicadas ao particular, desde que respeitado o direito ao contraditório e à ampla defesa:

> I – advertência;
>
> II – multa, na forma prevista no instrumento convocatório ou no contrato;
>
> III – suspensão temporária de participação em licitação e impedimento de contratar com a Administração, por prazo não superior a 2 (dois) anos;

IV – declaração de inidoneidade para licitar ou contratar com a Administração Pública enquanto perdurarem os motivos determinantes da punição ou até que seja promovida a reabilitação perante a própria autoridade que aplicou a penalidade, que será concedida sempre que o contratado ressarcir a Administração pelos prejuízos resultantes e após decorrido o prazo da sanção aplicada com base no inciso anterior. (Brasil, 1993)

Nesse caso, o desequilíbrio contratual e a ausência de horizontalidade entre as partes ficam ainda mais evidenciados: a Administração pode instaurar processo administrativo e decidir motivadamente pela aplicação de sanção ao particular, e a execução da sanção não tem a necessidade de intervenção judicial. Por exemplo, a Administração pode descontar da garantia prestada pelo particular os valores aplicados a título de multa, nos termos do art. 86 da Lei n. 8.666/1993.

De todo modo, é certo que o contratante a ser penalizado tem direito ao contraditório e à ampla defesa, nos termos do inciso LV do art. 5º da Constituição Federal e do art. 87, *caput*, da Lei n. 8.666/1993.

Mais adiante, trataremos de forma mais detalhada das sanções que podem ser aplicadas ao particular por descumprimento contratual, realizando detalhado comparativo entre as previsões constantes na Lei n. 8.666/1993 e na Lei n. 14.133/2021.

— 8.5 —
Ocupação provisória

O art. 58, inciso V, da Lei n. 8.666/1993 prevê que,

> V – nos casos de serviços essenciais, ocupar provisoriamente bens móveis, imóveis, pessoal e serviços vinculados ao objeto do contrato, na hipótese da necessidade de acautelar apuração administrativa de faltas contratuais pelo contratado, bem como na hipótese de rescisão do contrato administrativo. (Brasil, 1993)

Como podemos verificar, a redação do dispositivo é intrincada. Com efeito, percebemos que a ocupação temporária pode ter duas finalidades distintas: ser acautelatória, para evitar maiores danos enquanto se apuram eventuais irregularidades; dar cabo à rescisão contratual, com o principal objetivo de evitar a descontinuidade na prestação de serviços públicos.

Entendemos que a Lei n. 14.133/2021 foi muito mais clara ao prever, no art. 104, inciso V, as hipóteses que admitem "ocupar provisoriamente bens móveis e imóveis":

> a) risco à prestação de serviços essenciais;
>
> b) necessidade de acautelar apuração administrativa de faltas contratuais pelo contratado, inclusive após extinção do contrato. a ocupação provisória por parte da Administração,

especificando que tal prerrogativa pode ser exercida quando houver risco à prestação de serviços essenciais e, ainda, quando for necessário acautelar a apuração de faltas contratuais cometidas pelo contratado. (Brasil, 2021a)

— 8.6 —
Anulação do contrato

O art. 59 da Lei n. 8.666/1993 autoriza a Administração a anular o contrato administrativo caso identificada ilegalidade no procedimento licitatório (em linha com o art. 49, parágrafo 2º) ou vício constante no próprio contrato:

> Art. 59. A declaração de nulidade do contrato administrativo opera retroativamente impedindo os efeitos jurídicos que ele, ordinariamente, deveria produzir, além de desconstituir os já produzidos.
>
> Parágrafo único. A nulidade não exonera a Administração do dever de indenizar o contratado pelo que este houver executado até a data em que ela for declarada e por outros prejuízos regularmente comprovados, contanto que não lhe seja imputável, promovendo-se a responsabilidade de quem lhe deu causa. (Brasil, 1993)

É relevante destacar que, em caso de anulação do contrato, deve a Administração indenizar o contratado por tudo o que houver sido até então executado, bem como por outros prejuízos regularmente comprovados, contanto que a ilegalidade não seja imputável ao contratado (art. 59, § único, da Lei n. 8.666/1993). Desse modo, o dispositivo busca evitar que a Administração enriqueça ilicitamente, obrigando-a a indenizar o particular não responsável pela ilegalidade.

Além disso, essa prerrogativa também está albergada pela Súmula n. 473 do STF:

> A administração pode anular seus próprios atos, quando eivados de vícios que os tornam ilegais, porque deles não se originam direitos; ou revogá-los, por motivo de conveniência ou oportunidade, respeitados os direitos adquiridos, e ressalvada, em todos os casos, a apreciação judicial. (Brasil, 2021d)

A Lei n. 14.133/2021 trouxe novo regramento relevante a respeito da prerrogativa de anulação do contrato administrativo, com base nas inovações trazidas pela Lei n. 13.655/2018 à LINDB (Decreto-Lei n. 4.657/1942).

De acordo com o art. 147 da lei de 2021, a nulidade apenas pode ser declarada caso não seja possível o saneamento da irregularidade constatada no procedimento licitatório ou no contrato. Além disso, a anulação deve conformar-se à realização do interesse público, logo é necessário que a Administração considere ao menos os seguintes aspectos para adotar a referida decisão:

I – impactos econômicos e financeiros decorrentes do atraso na fruição dos benefícios do objeto do contrato;

II – riscos sociais, ambientais e à segurança da população local decorrentes do atraso na fruição dos benefícios do objeto do contrato;

III – motivação social e ambiental do contrato;

IV – custo da deterioração ou da perda das parcelas executadas;

V – despesa necessária à preservação das instalações e dos serviços já executados;

VI – despesa inerente à desmobilização e ao posterior retorno às atividades;

VII – medidas efetivamente adotadas pelo titular do órgão ou entidade para o saneamento dos indícios de irregularidades apontados;

VIII – custo total e estágio de execução física e financeira dos contratos, dos convênios, das obras ou das parcelas envolvidas;

IX – fechamento de postos de trabalho diretos e indiretos em razão da paralisação;

X – custo para realização de nova licitação ou celebração de novo contrato;

XI – custo de oportunidade do capital durante o período de paralisação. (Brasil, 2021a)

O art. 21 da LINDB afirma que a decisão que "decretar a invalidação de ato, contrato, ajuste, processo ou norma administrativa deverá indicar de modo expresso suas consequências jurídicas e administrativas" (Brasil, 1942). Segundo Mendonça

(2018), referido dispositivo incorpora o consequencialismo jurídico no direito brasileiro, indicando sua relevância e também seus desafios.

De todo modo, para o que pretendemos nesta obra, é importante destacar que as consequências jurídicas e administrativas devem ser observadas quando da anulação dos contratos administrativos. As consequências não são meros palpites do administrador, mas têm certo grau de concretude, como bem aponta Mendonça (2018, p. 50, grifo do original):

> Sintetizando as reflexões até aqui apresentadas, pode-se dizer que *consequências jurídicas são estados imediatos e imediatamente futuros associados à intepretação ou à aplicação do Direito e que, certos e prováveis, sejam exequíveis e admissíveis pela Constituição de 1988. Consequências administrativas são estados imediatos e imediatamente futuros, associados à atuação pública e que, certos ou prováveis, sejam igualmente exequíveis e admissíveis por nossa Constituição.*

Por fim, entendemos que a nova lei andou bem ao prever os aspectos que necessariamente devem ser ponderados pela Administração ao decidir pela anulação ou não do contrato administrativo.

O parágrafo único do art. 147 prevê ainda:

> Parágrafo único. Caso a paralisação ou anulação não se revele medida de interesse público, o poder público deverá optar pela continuidade do contrato e pela solução da irregularidade

por meio de indenização por perdas e danos, sem prejuízo da apuração de responsabilidade e da aplicação de penalidades cabíveis. (Brasil, 2021a)

A esse respeito, é interessante observar que a previsão legislativa está em consonância com o parágrafo único do art. 21 da LINDB.

Capítulo 9

Tutela do equilíbrio econômico-financeiro do contrato

O art. 37, inciso XXI, da Constituição Federal (CF) de 1988 estabelece de forma expressa a necessidade de que sejam "mantidas as condições efetivas da proposta" nos processos seletivos de contratação pública. Basicamente, o constituinte previu o que se denomina de *equilíbrio econômico-financeiro do contrato administrativo*, o que corresponde à definição prévia (no momento da proposta) dos encargos do contratado e do valor a ser pago pela Administração, que deve ser mantida durante a execução contratual (Oliveira, 2019).

Para Bandeira de Mello (2007),

> equilíbrio econômico-financeiro (ou equação econômico-financeira) é a relação de igualdade formada, de um lado, pelas obrigações assumidas pelo contratante no momento do ajuste e, de outro, pela compensação econômica que lhe corresponderá.

Portanto, o equilíbrio (ou equação) de encargos e remuneração previamente determinado deve ser mantido ao longo de toda a execução contratual. Como bem aponta Oliveira (2019), o direito da manutenção do equilíbrio econômico-financeiro do contrato pode ser invocado tanto pelo particular (contratado) quanto pela Administração (contratante).

É importante salientar, ainda, que a equação econômico-financeira é estabelecida na apresentação da proposta do procedimento licitatório, e não da assinatura do contrato, conforme dispõe o art. 40, inciso XI, da Lei n. 8.666, de 21 de junho de

1993 (Brasil, 1993). Tal observação é relevante: a Administração deve considerar o prazo de 12 meses contado da apresentação da proposta, e não da assinatura do contrato, para promover o reajuste de preços, retratando a variação efetiva dos custos de produção conforme o índice específico ou setorial previsto.

Com base no entendimento do TCU, há duas maneiras de recompor o equilíbrio econômico-financeiro previamente ajustado entre as partes: reajustamento dos preços ou recomposição da equação inicialmente estabelecida[1].

O **reajustamento de preços** tem por objetivo remediar os efeitos da inflação. De outro lado, a **recomposição** (ou reequilíbrio) busca manter equilibrada a relação jurídica entre o particular e a Administração quando o desequilíbrio decorrer de fato inesperado ou esperado com consequências imprevisíveis (teoria da imprevisão).

A seguir, veremos com mais detalhes como os referidos institutos são aplicados pelo Tribunal de Contas da União (TCU) e pela jurisprudência e estudados pela doutrina.

---

[1] "Ainda que a Administração tenha aplicado o reajuste previsto no contrato, justifica-se a aplicação da recomposição sempre que se verificar a presença de seus pressupostos, uma vez que o reajuste e a recomposição possuem fundamentos distintos. O reajuste, previsto nos arts. 40, inciso XI, e 55, inciso III, da Lei 8.666/1993, visa remediar os efeitos da inflação. A recomposição, prevista no art. 65, inciso II, alínea d, da Lei 8.666/1993, tem como fim manter equilibrada a relação jurídica entre o particular e a Administração Pública quando houver desequilíbrio advindo de fato imprevisível ou previsível com consequências incalculáveis." (Brasil, 2017g)

— 9.1 —
Reajustamento de preços

De acordo com o TCU, o reajustamento é utilizado para remediar os efeitos da desvalorização da moeda (inflação) e pode expressar-se por meio de dois mecanismos diferentes: aplicação de índice de reajuste previamente estabelecido (chamado de *reajuste por índices* ou simplesmente *reajuste*) e análise da variação dos custos (também denominada de *repactuação*)[2].

Inicialmente, trataremos do primeiro mecanismo descrito, que é normalmente designado pela doutrina como **reajuste**.

Conforme esclarece Carvalho Filho (2016), o reajuste pela aplicação de índices é uma "fórmula preventiva" estabelecida pelas partes já no momento da contratação, que tem por objetivo preservar os contratos dos efeitos da inflação.

A Lei n. 8.666/1993, em seu art. 40, inciso XI, prevê expressamente que o edital e os contratos devem prever cláusula de reajuste dos preços, a qual precisa "retratar a variação efetiva do custo de produção" (Brasil, 1993). Desse modo, dada a previsibilidade do aumento de preços de mercado, as partes já se

---

2 Carvalho Filho (2016, p. 206) compreende que, no gênero reajustamento, estão incluídas as espécies *reajuste* e *repactuação*: "Alguns contratos administrativos têm previsto outra forma de reequilíbrio, indo além do reajuste: a repactuação. Ambos são espécies do gênero reajustamento. O reajuste ocorre quando há a fixação de índice geral ou específico que incide sobre o preço após determinado período (ex.: IPCA/IBGE). Na repactuação, a recomposição é efetivada com base na variação de custos de insumos previstos em planilha da qual se originou o preço (ex.: elevação salarial de categoria profissional por convenção coletiva de trabalho). Em virtude dessa distinção, alguns contratos preveem as duas formas de reajustamento, indicando as parcelas sobre as quais incidirá".

antecipam e estabelecem a data-base, os critérios e a periodicidade do reajuste.

Nos termos do art. 2º, parágrafo 1º, da Lei n. Lei n. 10.192, de 14 de fevereiro de 2001, tem-se como "nula de pleno direito qualquer estipulação de reajuste ou correção monetária com periodicidade inferior a um ano" (Brasil, 2001), razão pela qual – também nos contratos administrativos – o reajuste deve considerar a periodicidade anual.

Uma questão de extrema relevância diz respeito à data-base para a aplicação do reajuste: conforme prevê de forma expressa o art. 40, inciso XI, da Lei n. 8.666/1993, o critério de reajuste "deverá retratar a variação efetiva do custo de produção [...] desde a data prevista para a apresentação da proposta ou do orçamento a que essa proposta se referir" (Brasil, 1993). De igual modo, o art. 3º, parágrafo 1º, da Lei n. 10.192/2001[13] estabelece de forma clara que a periodicidade anual para reajuste dos contratos administrativos deve ser contada "a partir da data limite para a apresentação da proposta ou do orçamento a que essa se referir" (Brasil, 2001).

Vejamos, a seguir, as palavras de Oliveira (2019, p. 375), que deixam claro que o reajuste de preços deve incidir sobre o valor da proposta:

---

3 "Art. 3º Os contratos em que seja parte órgão ou entidade da Administração Pública direta ou indireta da União, dos Estados, do Distrito Federal e dos Municípios, serão reajustados ou corrigidos monetariamente de acordo com as disposições desta Lei, e, no que com ela não conflitarem, da Lei no 8.666, de 21 de junho de 1993." (Brasil, 2001)

Destarte, o prazo de 12 meses para o reajustamento não é contado da assinatura do contrato, o que permite concluir que o reajuste será possível nos contratos com prazo inferior a um ano. Ex.: licitante apresenta a proposta vencedora em maio de 2008, mas o contrato, com prazo de 10 meses, é assinado em agosto de 2008. Em maio de 2009, o licitante poderá pleitear o reajuste. É possível, inclusive, que o reajuste ocorra antes da assinatura do contrato, desde que ultrapassado o prazo de 12 meses da apresentação da proposta.

Não pode haver dúvidas, portanto, de que o reajuste busca preservar a equação econômico-financeira inicial do contrato diante dos efeitos da inflação, decorrendo de cláusula prevista expressamente no edital e/ou no contrato celebrado entre as partes.

Como bem ressalta Justen Filho (2009), o reajuste deve ser concedido automaticamente assim que transcorrido o prazo de 12 meses da data da apresentação da proposta. Para que seja admitido o reajuste, não se faz necessária qualquer averiguação a respeito de eventual desequilíbrio da avença: o reajuste é automático e decorre de uma presunção de que os efeitos inflacionários alteram o equilíbrio econômico-financeiro do contrato.

Além disso, o critério de reajuste de preços é cláusula obrigatória do contrato que não pode ser excluída pelo gestor público, conforme se extrai de entendimento do TCU:

> O estabelecimento do critério de reajuste de preços, tanto no edital quanto no contrato, não constitui discricionariedade

conferida ao gestor, mas sim verdadeira imposição, ante o disposto nos arts. 40, inciso XI, e 55, inciso III, da Lei 8.666/1993, ainda que a vigência contratual prevista não supere doze meses. Entretanto, eventual ausência de cláusula de reajuste de preços não constitui impedimento ao reequilíbrio econômico-financeiro do contrato, sob pena de ofensa à garantia inserta no art. 37, inciso XXI, da Constituição Federal, bem como de enriquecimento ilícito do erário e consequente violação ao princípio da boa-fé objetiva. (Brasil, 2018g)

Entendemos que o reajuste é devido ainda que sem previsão no contrato ou no edital, uma vez que decorre da própria lei e que se trata de mera recomposição do valor da moeda – por isso é um direito subjetivo do contratado[14] –, embora parte da doutrina discorde desse posicionamento (Oliveira, 2020, p. 758).

Já a **repactuação** estava prevista originalmente nos arts. 4º e 5º do Decreto n. 2.271/1997, que foi revogado pelo Decreto n. 9.507, de 21 de setembro de 2018 (Brasil, 2018b).

O decreto de 2018 tratou de forma expressa da repactuação em seu art. 12, deixando claro que sua aplicação depende da satisfação dos seguintes requisitos:

- serviços continuados com dedicação exclusiva de mão de obra;
- após um ano a contar da data da proposta ou do orçamento;

---

4   Em sentido semelhante ao que se defende: Cf. Dallari, 1997, p. 96; Justen Filho, 2009, p. 407.

- demonstração efetiva, de forma analítica, da variação dos componentes de custos nas planilhas de preços.

A Lei n. 14.133, de 1º de abril de 2021 (Brasil, 2021a) também faz previsões específicas a respeito do reajustamento.

Parece-nos que a nova lei adotou a linha proposta pelo TCU ao compreender o reajustamento como gênero, no qual estariam as espécies do reajuste (reajustamento em sentido estrito) e da repactuação. O art. 6º da Lei n. 14.133/2021 assim enuncia:

> Art. 6º Para os fins desta Lei, consideram-se:
>
> [...]
>
> LVIII – reajustamento em sentido estrito: forma de manutenção do equilíbrio econômico-financeiro de contrato consistente na aplicação do índice de correção monetária previsto no contrato, que deve retratar a variação efetiva do custo de produção, admitida a adoção de índices específicos ou setoriais;
>
> LIX – repactuação: forma de manutenção do equilíbrio econômico-financeiro de contrato utilizada para serviços contínuos com regime de dedicação exclusiva de mão de obra ou predominância de mão de obra, por meio da análise da variação dos custos contratuais, devendo estar prevista no edital com data vinculada à apresentação das propostas, para os custos decorrentes do mercado, e com data vinculada ao acordo, à convenção coletiva ou ao dissídio coletivo ao qual o orçamento esteja vinculado, para os custos decorrentes da mão de obra; [...] (Brasil, 2021a)

O dispositivo legal nos auxilia a compreender os contornos claros de cada um dos institutos citados.

Como é possível verificar, o reajustamento em sentido estrito (ou reajuste) tem as seguintes características:

- estar previsto no contrato;
- retratar a variação efetiva do custo de produção;
- ser efetuado com base em índices específicos ou setoriais previamente acordados entre as partes.

A repactuação, por sua vez, apresenta as seguintes características fundamentais:

- estar prevista no edital e/ou no contrato;
- ser baseada na data da apresentação da proposta para os custos decorrentes do mercado ou na data vinculada ao acordo, à convenção coletiva ou ao dissídio coletivo para os custos decorrentes da mão de obra;
- ser empregada em serviços contínuos com regime de dedicação exclusiva ou com predominância de mão de obra.

Há, ainda, outros dispositivos na nova lei que fazem referência expressa ao reajustamento em sentido estrito e à repactuação:

- art. 25, parágrafos 7º e 8º;
- art. 92, inciso V e parágrafos 3º e 4º;
- art. 135;
- art. 136.

— 9.2 —
Recomposição

A recomposição (também conhecida por *revisão*) está prevista no art. 65, inciso II, alínea "d", da Lei n. 8.666/1993:

> Art. 65. Os contratos regidos por esta Lei poderão ser alterados, com as devidas justificativas, nos seguintes casos:
>
> [...]
>
> II – por acordo das partes:
>
> [...]
>
> d) para restabelecer a relação que as partes pactuaram inicialmente entre os encargos do contratado e a retribuição da administração para a justa remuneração da obra, serviço ou fornecimento, objetivando a manutenção do equilíbrio econômico-financeiro inicial do contrato, na hipótese de sobrevirem fatos imprevisíveis, ou previsíveis porém de consequências incalculáveis, retardadores ou impeditivos da execução do ajustado, ou, ainda, em caso de força maior, caso fortuito ou fato do príncipe, configurando álea econômica extraordinária e extracontratual. (Brasil, 1993)

O dispositivo tem por base a **teoria da imprevisão**, fundamentada no princípio da cláusula *rebus sic stantibus*. Vejamos, a seguir, como Marinela (2010, p. 429) define referido princípio:

> consiste no reconhecimento de que eventos novos, imprevistos e imprevisíveis pelas partes e a elas não imputados, alteram

o equilíbrio econômico-financeiro refletindo na economia ou na execução do contrato, autorizam sua revisão para ajustá-lo à situação superveniente, equilibrando novamente a relação contratual. Portanto a ocorrência deve ser superveniente, imprevista (porque as partes não imaginaram), imprevisível (porque ninguém no lugar delas conseguiria imaginar – algo impensável) e que onera demais o contrato para uma das partes, exigindo-se a recomposição.

Como bem explica Nester (2008), a recomposição se faz necessária quando, após a formação da equação econômico-financeira do contrato, ocorrem fatos anormais e imprevisíveis (ou previsíveis, mas de consequências incalculáveis), os quais agravam a situação do particular e, por essa razão, tornam obrigatória a ampliação das retribuições ou da remuneração devida pela Administração.

Oliveira (2019) elenca algumas características da recomposição que nos auxiliam a compreender referido instituto:

- decorre diretamente da lei, razão pela qual é aplicável ainda que não tenha sido expressamente prevista no contrato (diferentemente das hipóteses de reajustamento, como vimos anteriormente);
- incide sobre toda e qualquer cláusula contratual, e não apenas sobre as cláusulas econômicas;
- refere-se a fatos imprevisíveis ou, ainda, a fatos previsíveis, mas de consequências incalculáveis;

- presta-se a reequilibrar a avença inicialmente pactuada entre as partes;
- diferentemente das hipóteses de reequilíbrio por reajustamento, independe de periodicidade mínima.

Para a exata compreensão das hipóteses que admitem a recomposição da equação econômico-financeira do contrato, faz-se necessária a análise do estudo das áleas (riscos) que o particular pode enfrentar ao firmar contrato com a Administração Pública.

De acordo com Di Pietro (2019), além do caso fortuito e da força maior, a execução do contrato administrativo envolve riscos ordinários e riscos extraordinários, e apenas os últimos representam hipóteses nas quais é necessária a recomposição da equação econômico-financeira inicial do contrato.

A **álea (risco) ordinária** ou empresarial representa o risco normal de todo e qualquer negócio, decorrente das variações/flutuações naturais inerentes ao mercado. Como sabemos, subjacente a todo e qualquer empreendimento privado, há riscos normais de variação de preço, demanda, cotação de moedas etc. Portanto, esse tipo de risco é aquele previsível e suportável, relacionado à ocorrência de um evento futuro potencialmente desfavorável (Diniz, 1998).

Como explica Aragão (2013a), nesse caso encontram-se as circunstâncias que podem ser previstas e também aquelas que, ainda que imprevisíveis, têm resultados contornáveis ou de pequenos reflexos ao contratado.

Portanto, quanto ao risco ordinário, não se admite a recomposição da equação econômico-financeira mediante a ocorrência de circunstâncias inseridas nesse conceito.

Os **riscos extraordinários** – que, sim, dão ensejo à recomposição – correspondem a eventos completamente imprevisíveis no momento da contratação, bem como aqueles que – ainda que previsíveis – têm consequências incalculáveis no momento da apresentação da proposta (Nester, 2008). Esses riscos, que acabam por desequilibrar o contrato administrativo, podem ter duas origens: álea administrativa e álea econômica.

A **álea administrativa**, por sua vez, abrange três modalidades de riscos, representados por:

1. Modificações decorrentes do **poder de alteração unilateral do contrato** por parte da Administração para atender ao interesse público, tornando obrigatório o restabelecimento do equilíbrio rompido sem qualquer ingerência do particular contratado.

2. **Fato do príncipe**, compreendido como um ato imprevisível, extracontratual e extraordinário praticado pelo Estado (não necessariamente a pessoa jurídica pública contratante) que desequilibra a equação econômico-financeira inicial do contrato[15]. O fato do príncipe é tido como um ato de autoridade que repercute indiretamente sobre o contato, ocasionando excessiva onerosidade ao particular a ponto de tornar necessária a recomposição do equilíbrio inicialmente estabelecido.

---

5   Cf. Carvalho Filho, 2016.

3. **Fato da Administração**, correspondente a condutas da Administração que incidam diretamente sobre o contrato, desequilibrando a equação econômico-financeira inicialmente estabelecida. Como bem alude Bandeira de Mello (2007), o traço característico das condutas enquadradas como fato da Administração é a irregularidade do comportamento do Poder Público[6]. São exemplos as hipóteses em que o Poder Público não realiza as desapropriações necessárias previstas em contrato, o inadimplemento contínuo e por prazo prolongado e a não liberação de área, local ou objeto para a execução de obra ou serviço.

Em todos esses casos, quando demonstrado o rompimento da equação econômico-financeira inicialmente acordada entre as partes, faz-se devida a recomposição do contrato, assegurando que as condições constantes na proposta sejam mantidas durante toda a execução contratual.

A **álea econômica**, de acordo com Di Pietro (2019, p. 604), corresponde a

> todo acontecimento externo ao contrato, estranho à vontade das partes, imprevisível e inevitável, que causa um desequilíbrio muito grande, tornando a execução do contrato excessivamente onerosa para o contratado.

---

6 Cf. Bandeira de Mello, 2007.

Como é possível compreendermos, estamos diante de situações que não têm qualquer relação direta com a vontade das partes contratantes e que, por sua imprevisibilidade e anormalidade, tornam excessivamente custosa ao contratado a manutenção do vínculo contratual nos moldes inicialmente acordados.

De acordo com Tácito (1961), o fato gerador do evento perturbador caracterizado como álea econômica deve ser independente da vontade do contratado, e seus efeitos e suas consequências devem ser de tal forma exacerbados que distorçam a equação econômico-financeira inicialmente acordada. Para o autor:

> A álea econômica é, por natureza, extraordinária, excedente aos riscos normais admitidos pela natureza do negócio. Os fenômenos de instabilidade econômica ou social (guerras, crises econômicas, desvalorização da moeda) são as causas principais do estado de imprevisão, tanto pela importância do impacto de seus efeitos, como pela imprevisibilidade de suas consequências. A sua gênese poderá, no entanto, vincular-se a acontecimentos naturais (terremotos, inundações, incêndios, desmoronamentos), ou a intervenções administrativas ou legais (controle econômico, bloqueio de preços) que induzem a grave e inesperada rotura do equilíbrio financeiro do contrato. (Tácito, 1961, p. 11)

Como podemos depreender dos precedentes do TCU, é possível verificar que a recomposição do equilíbrio econômico-financeiro do contrato depende da existência de fatos imprevisíveis quanto à sua ocorrência ou quanto às suas consequências; estranhos à vontade das partes; inevitáveis; que causem desequilíbrio significativo na avença originalmente estabelecida[17].

A Lei n. 14.133/2021 prevê, no art. 124, inciso II, alínea "d", a necessidade do restabelecimento do equilíbrio econômico-financeiro inicial por decorrência de eventos de "força maior, caso fortuito ou fato do príncipe ou em decorrência de fatos imprevisíveis ou previsíveis de consequências incalculáveis" (Brasil, 2021a).

É importante destacar, ainda, que o novo marco legal prevê de forma expressa a possibilidade de que o instrumento convocatório contemple desde logo a matriz de alocação de riscos entre as partes, inserindo no regime geral de licitações e contratações públicas algumas das previsões já constantes no regime das parcerias público-privadas.

---

7   "Ainda que a Administração tenha aplicado o reajuste previsto no contrato, justifica-se a aplicação da recomposição sempre que se verificar a presença de seus pressupostos, uma vez que o reajuste e a recomposição possuem fundamentos distintos. O reajuste, previsto nos arts. 40, inciso XI, e 55, inciso III, da Lei 8.666/1993, visa remediar os efeitos da inflação. A recomposição, prevista no art. 65, inciso II, alínea d, da Lei 8.666/1993, tem como fim manter equilibrada a relação jurídica entre o particular e a Administração Pública quando houver desequilíbrio advindo de fato imprevisível ou previsível com consequências incalculáveis." (Brasil, 2017g)

Nos termos do art. 22 da Lei n. 14.133/2021, cabe à Administração decidir pela previsão ou não de matriz de alocação de riscos, que apenas é obrigatória quando a contratação se referir a obras e serviços de grande vulto, cuja estimativa de valor seja superior a R$ 200.000.000,00, ou em que forem adotados os regimes de contratação integrada e semi-integrada.

Capítulo 10

Formalização e garantias do contrato

Já vimos que as contratações administrativas devem ser realizadas com o seguimento de formalidades específicas, necessariamente precedidas por procedimento licitatório (salvo exceções expressamente previstas na legislação de regência).

A Lei n. 8.666, de 21 de junho de 1993 (Brasil, 1993), prevê uma série de solenidades que devem ser obedecidas para que os contratos celebrados pela Administração Pública sejam considerados válidos e eficazes, assegurando a realização dos princípios que moldam a atuação administrativa. As principais formalidades e solenidades serão analisadas nos tópicos subsequentes.

— 10.1 —
Necessidade de instrumento escrito

A contratação administrativa deve ser formalizada por meio de instrumento escrito; é nulo e de nenhum efeito o contrato verbal celebrado pela Administração.

A regra é clara e não deixa espaço para dúvidas: como regra geral, as avenças da Administração Pública devem ser realizadas por escrito, de modo solene e formal.

O art. 60, parágrafo único, da Lei n. 8.666/1993 apenas admite a celebração de contrato verbal para

> pequenas compras de pronto pagamento, assim entendidas aquelas de valor não superior a 5% (cinco por cento) do limite estabelecido no art. 23, inciso II, alínea "a" desta Lei, feitas em regime de adiantamento. (Brasil, 1993)

Atualmente, o referido limite corresponde a R$ 176.000,00, ou seja, a contratação verbal é autorizada apenas para compras que não ultrapassem o montante de R$ 8.800,00.

É evidente que a formalização por escrito do contrato administrativo se faz essencial para assegurar transparência à contratação, permitindo melhor controle interno sobre os termos avençados com o particular. Não apenas os contratos devem ser celebrados por escrito, mas também seus termos aditivos. A esse respeito, insta salientar que o Superior Tribunal de Justiça (STJ) tem entendimento recente de que termos aditivos pactuados de forma verbal são nulos de pleno direito, pois violam uma série de princípios administrativos e constitucionais que regem a atuação da Administração Pública:

> PROCESSUAL CIVIL E ADMINISTRATIVO. AÇÃO MONITÓRIA. OBRA PÚBLICA. REFORMA DE PONTE. SUBCONTRATAÇÃO. VEDAÇÃO CONTRATUAL. ALEGAÇÃO DE PACTO VERBAL COM PREFEITO. INADMISSIBILIDADE. RESSARCIMENTO INDEVIDO. RECURSO NÃO CONHECIDO.
>
> 1. Cuidaram os autos, na origem, de ação monitória visando ao recebimento de R$ 538.466,18 decorrentes de aditamentos contratuais. A sentença julgou improcedente a ação, ao argumento de que não houve alteração do contrato ou do projeto executivo, onde tais despesas já estavam englobadas no projeto maior, constantes da licitação e do contrato. O acórdão negou provimento à Apelação.
>
> 2. A regra geral (Lei 8.666/93, art. 60, parágrafo único) é de que o contrato será formalizado por escrito, qualificando

como nulo e ineficaz o contrato verbal celebrado com o Poder Público, ressalvadas as pequenas compras de pronto pagamento, exceção que não alcança o caso concreto.

3. O contrato administrativo verbal vai de encontro às regras e princípios constitucionais, notadamente a legalidade, a moralidade, a impessoalidade, a publicidade, além de macular a finalidade da licitação, deixando de concretizar, em última análise, o interesse público.

4. É inviável analisar a tese defendida no Recurso Especial de que "eram imprevisíveis os fatos que deram origem às adequações do projeto", pois inarredável a revisão do conjunto probatório dos autos para afastar as premissas fáticas estabelecidas pelo acórdão recorrido de que "sem a formalização do procedimento, por certo, inviável a avaliação da Administração Pública quanto a efetiva necessidade dos serviços contratados, em especial quanto aos valores cobrados, prejudicando o interesse público". Aplica-se, portanto, o óbice da Súmula 7/STJ.

5. Recurso Especial não conhecido. (Brasil, 2019a)

A Lei n. 14.133, de 1º de abril de 2021 (Brasil, 2021a), também prevê de forma expressa que são nulos e sem nenhum efeito os pactos verbais celebrados com a Administração, exceto pequenas compras ou prestação de serviços de pronto pagamento de valor não superior a R$ 10.000,00. Nesse caso, há ao menos duas novidades: a nova lei prevê que também os serviços de pequeno vulto podem ser contratados verbalmente, além de estabelecer um limite financeiro pouco superior àquele constante na Lei n. 8.666/1993.

— 10.2 —
Aspectos formais sobre a elaboração do instrumento escrito

A Lei n. 8.666/1993 prevê, no art. 62, que o instrumento escrito deve obrigatoriamente ser elaborado sob a forma de **termo de contrato** sempre que o procedimento licitatório tenha sido realizado sob as modalidades de concorrência ou tomada de preços ou, ainda, quando a contratação envolver valores correspondentes às referidas modalidades em caso de dispensa ou inexigibilidade de licitação.

Nos demais casos – em que a contratação envolver valores menores –, é facultativa a adoção de termo de contrato, que pode ser substituído por instrumentos que envolvam menos formalismo, tais como carta-contrato, nota de empenho de despesa, autorização de compra ou ordem de execução de serviço.

O art. 62, parágrafo 4º, da Lei n. 8.666/1993 também dispensa a formalização por termo de contrato "nos casos de compra com entrega imediata e integral dos bens adquiridos, dos quais não resultem obrigações futuras, inclusive assistência técnica" (Brasil, 1993). Essa é a previsão legal aplicada regularmente pelo Tribunal de Contas da União (TCU):

> o conceito de "entrega imediata" – um dos requisitos para que se possa dispensar a formalização de instrumento contratual – não deve ser, de fato, o de compras com prazo de entrega até trinta dias da data prevista para apresentação da

proposta, o que impossibilitaria a aplicação do referido art. 62, § 4º, tornando-o praticamente letra morta, além de operar claramente contra os princípios da eficiência e da racionalidade administrativa.

[...]

é possível a formalização da contratação por nota de empenho nos casos em que o projeto básico ou termo de referência estabeleça o exaurimento do objeto uma vez efetuada a tradição do bem, entrega e instalação. (Brasil, 2018e)

De acordo com a Lei n. 14.133/2021, art. 95, o termo de contrato pode ser substituído por outra modalidade menos formal nos casos de "dispensa de licitação em razão de valor" e em "compras com entrega imediata e integral dos bens adquiridos e dos quais não resultem obrigações futuras, inclusive quanto a assistência técnica, independentemente de seu valor" (Brasil, 2021a).

— 10.3 —
Solenidades do contrato administrativo

A minuta do contrato administrativo deve integrar o instrumento convocatório da licitação, nos termos do art. 62, parágrafo 1º, da Lei n. 8.666/1993. Trata-se de solenidade que assegura a todos os interessados em participar do certame licitatório pleno conhecimento das principais regras da futura contratação.

Depois de finalizado o procedimento licitatório e celebrado o contrato entre as partes, faz-se necessária a publicação resumida do instrumento de contrato e de seus aditamentos na imprensa oficial, condição indispensável de eficácia do contrato, conforme dispõe o art. 60, parágrafo único, da Lei n. 8.666/1993.

A Lei n. 14.133/2021 prevê regras mais claras e detalhadas a respeito da necessidade de publicação do contrato administrativo.

Nos termos do art. 91 do novo marco legal, os contratos e seus aditamentos devem ser juntados ao processo administrativo que tiver dado origem à contratação e divulgados em sítio eletrônico oficial. A divulgação apenas não é obrigatória quando o sigilo for imprescindível à segurança da sociedade e do Estado. Além disso, o art. 94 determina ser condição indispensável à eficácia do contrato a sua divulgação no Portal Nacional de Contratações Públicas (PNCP).

— 10.4 —
Cláusulas e elementos essenciais do contrato administrativo

Conforme dispõe o art. 61 da Lei n. 8.666/1993, o contrato administrativo

> deve mencionar os nomes das partes e os de seus representantes, a finalidade, o ato que autorizou a sua lavratura, o número do processo da licitação, da dispensa ou da inexigibilidade,

a sujeição dos contratantes às normas desta Lei e às cláusulas contratuais. (Brasil, 1993)

Trata-se dos elementos formais primordiais e obrigatórios que necessariamente devem constar em todo contrato administrativo.

O art. 55 da Lei n. 8.666/1993 estabelece as cláusulas necessárias:

> Art. 55. São cláusulas necessárias em todo contrato as que estabeleçam:
>
> I - o objeto e seus elementos característicos;
>
> II - o regime de execução ou a forma de fornecimento;
>
> III - o preço e as condições de pagamento, os critérios, data-base e periodicidade do reajustamento de preços, os critérios de atualização monetária entre a data do adimplemento das obrigações e a do efetivo pagamento;
>
> IV - os prazos de início de etapas de execução, de conclusão, de entrega, de observação e de recebimento definitivo, conforme o caso;
>
> V - o crédito pelo qual correrá a despesa, com a indicação da classificação funcional programática e da categoria econômica;
>
> VI - as garantias oferecidas para assegurar sua plena execução, quando exigidas;
>
> VII - os direitos e as responsabilidades das partes, as penalidades cabíveis e os valores das multas;

VIII - os casos de rescisão;

IX - o reconhecimento dos direitos da Administração, em caso de rescisão administrativa prevista no art. 77 desta Lei;

X - as condições de importação, a data e a taxa de câmbio para conversão, quando for o caso;

XI - a vinculação ao edital de licitação ou ao termo que a dispensou ou a inexigiu, ao convite e à proposta do licitante vencedor;

XII - a legislação aplicável à execução do contrato e especialmente aos casos omissos;

XIII - a obrigação do contratado de manter, durante toda a execução do contrato, em compatibilidade com as obrigações por ele assumidas, todas as condições de habilitação e qualificação exigidas na licitação. (Brasil, 1993)

É relevante destacar, ainda, a necessidade da eleição de foro para que sejam dirimidas as eventuais questões controvertidas entre a Administração e o contratado (nos termos do art. 55, parágrafo 2º, da Lei n. 8.666/1993).

A Lei n. 14.133/2021 também prevê, em seu art. 92, as cláusulas necessárias que obrigatoriamente devem constar em todo contrato administrativo.

Importa destacar uma inovação significativa: a necessidade de que o contrato administrativo contenha cláusula de reajustamento de preço independentemente do prazo de duração da avença. A questão é relevante e se alinha com entendimento consolidado e reiterado do TCU, de exigir que exista cláusula de reajustamento de preço em contratos com prazo de duração inferior a 12 meses[1].

— 10.5 —
Garantias

A Administração pode exigir a prestação de garantia para assegurar o devido cumprimento do contrato, devendo fazê-lo de forma expressa no instrumento convocatório, segundo o previsto no art. 56 da Lei n. 8.666/1993.

Como regra geral, a garantia exigida não pode exceder a 5% do valor do contrato, salvo nos casos em que o objeto contratual envolva valores significativos, alta complexidade técnica e riscos financeiros consideráveis, quando o limite de garantia pode ser elevado para 10% do valor do contrato.

A Lei n. 8.666/1993 prevê três modalidades de garantia, quais sejam: caução em dinheiro ou em títulos da dívida pública; seguro-garantia; fiança bancária. É relevante destacar que a garantia prestada pelo contratado deve ser liberada ou restituída após a

---

1   "O estabelecimento do critério de reajuste de preços, tanto no edital quanto no contrato, não constitui discricionariedade conferida ao gestor, mas sim verdadeira imposição, ante o disposto nos arts. 40, inciso XI, e 55, inciso III, da Lei 8.666/1993, ainda que a vigência contratual prevista não supere doze meses. Entretanto, eventual ausência de cláusula de reajuste de preços não constitui impedimento ao reequilíbrio econômico-financeiro do contrato, sob pena de ofensa à garantia inserta no art. 37, inciso XXI, da Constituição Federal, bem como de enriquecimento ilícito do erário e consequente violação ao princípio da boa-fé objetiva." (Brasil, 2018g)

execução do contrato, conforme dispõe o art. 56, parágrafo 4º, da Lei n. 8.666/1993.

De acordo com o art. 80, inciso III, da Lei n. 8.666/1993, a Administração pode executar unilateralmente a garantia contratual em caso de rescisão do contrato por inadimplemento do particular. Assim, o valor dado em garantia se prestará a ressarcir os valores das multas e indenizações devidos à Administração.

A Lei n. 14.133/2021 não determina novas modalidades de garantia, mas prevê regras especiais para obras e serviços de engenharia de grande vulto (valor estimado superior a R$ 200.000.000,00). Nesse caso, a Administração pode exigir seguro-garantia, com cláusula de retomada, em percentual equivalente a até 30% do valor estimado para o contrato.

Basicamente, nos termos do art. 102 da nova lei, o edital pode prever a obrigação de que, em caso de inadimplemento do contratado, a seguradora assuma a execução e a conclusão do objeto (diretamente ou por subcontratação), sob pena de ter de pagar a integralidade da importância segurada indicada na apólice.

Capítulo 11

Duração do contrato e prorrogação do prazo contratual

O contrato administrativo necessariamente deve ser celebrado por prazo certo e determinado, conforme determina a legislação de regência.

Veremos, no presente capítulo, as principais regras relativas à duração do contrato administrativo, bem como as hipóteses em que são legalmente admitidas prorrogações nos prazos previamente acordados entre as partes.

— 11.1 —
Duração do contrato

Nos termos do art. 57 da Lei n. 8.666, de 21 de junho de 1993 (Brasil, 1993), o contrato administrativo deve ser celebrado por prazo determinado, ficando adstrito à vigência dos respectivos créditos orçamentários.

Em consonância com o que prevê a Lei n. 4.320, de 17 de março de 1964 (Brasil, 1964), o exercício financeiro coincidirá com o ano civil, razão pela qual os créditos vigoram entre 1º de janeiro e 31 de dezembro.

Como aponta Carvalho Filho (2016), a Lei n. 8.666/1993 deixa claro que:

- obras e serviços apenas podem ser contratados se houver previsão de recursos orçamentários que assegurem o pagamento das obrigações a serem executadas no exercício financeiro em curso, de acordo com o respectivo cronograma (art. 7º, § 2º, III);

- nenhuma compra pode ser efetuada sem a indicação dos recursos orçamentários necessários ao seu devido pagamento (art. 14);
- constitui cláusula necessária do contrato administrativo a indicação do crédito pelo qual correrá a despesa, com a classificação funcional programática e da categoria econômica.

A esse respeito, cumpre destacar que, embora o art. 57 da Lei 8.666/1993 preveja que a vigência dos contratos está relacionada aos respectivos créditos orçamentários, a Advocacia-Geral da União (AGU) editou as Orientações Normativas n. 35/2011 e 39/2011, que permitem que a duração do contrato ultrapasse o exercício financeiro, desde que as despesas estejam empenhadas até 31 de dezembro:

> [Orientação Normativa AGU n. 35, de 13 de dezembro de 2011:]
> Nos contratos cuja duração ultrapasse o exercício financeiro, a indicação do crédito orçamentário e do respectivo empenho para atender a despesa relativa ao exercício futuro poderá ser formalizada por apostilamento. (Brasil, 2011a)

> [Orientação Normativa AGU n. 39, de 13 de dezembro de 2011:]
> A vigência dos contratos regidos pelo art. 57, *caput*, da Lei n. 8.666, de 1993, pode ultrapassar o exercício financeiro em que celebrados, desde que as despesas a eles referentes sejam integralmente empenhadas até 31 de dezembro, permitindo-se, assim, sua inscrição em restos a pagar. (Brasil, 2011b)

A Lei n. 8.666/1993, em seu art. 37, prevê de forma expressa as situações excepcionais em que se admite que o contrato administrativo perdure por prazo superior a um ano:

- Contratos cujo objeto esteja contemplado nas metas estabelecidas no plano plurianual, ou seja, que demandem recursos que ultrapassem o limite da lei orçamentária anual (obras e serviços de engenharia de grande porte, por exemplo). A lei não prevê limite de prazo para a duração desses contratos; é possível que perdurem por prazo superior a quatro anos, desde que sejam prorrogados por interesse da Administração.
- Serviços de prestação contínua, que se caracterizam essencialmente por corresponder a necessidades permanentes (limpeza, segurança etc.)[1]. Os respectivos contratos podem ter duração de até 60 meses.
- Aluguel de equipamentos e utilização de programas de informática, cuja duração pode estender-se por até 48 meses.
- Determinados contratos relacionados à segurança nacional, que podem ter vigência de até 125 meses, a depender do interesse da Administração Pública.

Há grande controvérsia doutrinária a respeito da extensão do prazo dos contratos que têm por objeto serviços de prestação contínua. Com efeito, discute-se se os referidos contratos podem ser desde logo estabelecidos no prazo limite de 60 meses – de acordo com o interesse da Administração – ou

---

1   Cf. Aragão, 2013b.

se seria necessária a observância inicial ao prazo dos recursos orçamentários (12 meses), com posterior prorrogação até atingir o limite de 60 meses.

Niebuhr (2015) entende que o prazo inicial dos contratos deve obedecer ao *caput* do art. 57 da Lei n. 8.666/1993, restringindo-se à vigência do crédito orçamentário. Se houver posterior interesse da Administração, poderá ser prorrogado sucessivamente até atingir o limite de 60 meses. Vejamos as palavras do referido autor:

> Pois bem, o prazo inicial do contrato de prestação de serviços contínuos deve ser determinado de acordo com a regra do *caput* do art. 57 da Lei n. 8.666/93, isto é, deve ser adstrito à vigência do crédito orçamentário. Desse modo, não é permitido aos agentes administrativos estabelecer prazo inicial para os contratos de prestação de serviços contínuos que ultrapasse o dia 31 de dezembro. No entanto, até o dia 31 de dezembro, se for o caso, o contrato deve ser prorrogado, exercício por exercício, até alcançar o seu limite máximo. Essa interpretação decorre da leitura do enunciado do inciso II do art. 57 da Lei n. 8.666/93 a partir do *caput* do mesmo artigo. Ora, o *caput* prescreve que a duração dos contratos administrativos é adstrita à vigência do respectivo crédito orçamentário, salvo – a partir desse ponto vem a lume o inciso II – os contratos de prestação de serviços executados de forma contínua, que podem ser prorrogados. Ou seja, o marco inicial do contrato deve observar a prescrição do *caput* do art. 57. O inciso II do mesmo artigo, ao tratar da exceção, permite a prorrogação do prazo do contrato, isto é, prevê que o contrato

firmado de acordo com o *caput* seja prorrogado. O inciso II do art. 57 não permite que o prazo inicial do contrato seja entabulado sem qualquer parâmetro, de modo dissonante ao prescrito no *caput*. (Niebuhr, 2015, p. 854)

O Tribunal de Contas da União (TCU), porém, admite que a contratação inicial de serviços contínuos tenha desde logo vigência superior a 12 meses e limitada a 60 meses, desde que se conforme ao interesse da Administração Pública e seja devidamente justificada – é o que prevê o art. 32 da Portaria TCU n. 444, de 28 de dezembro de 2018 (Brasil, 2018h).

A Lei n. 14.133/2021 trouxe diversas inovações a respeito da duração do contrato administrativo. Trataremos resumidamente das principais regras constantes no novo marco legal das licitações e contratos administrativos:

- O art. 105 da nova lei prevê que o prazo do contrato deve observar a disponibilidade dos créditos orçamentários a cada exercício financeiro, assim como a previsão no plano plurianual quando sua extensão ultrapassar um exercício financeiro.
- Com relação aos serviços de prestação contínua, de aluguel de equipamentos e de utilização de programas de informática, o art. 106 prevê a possibilidade da celebração de contrato por prazo de até cinco anos, desde que comprovada pela Administração a existência de créditos orçamentários vinculados à contratação. É possível perceber que o legislador adotou o entendimento do TCU de que o prazo de cinco

anos pode ser previsto desde o início da contratação. Exclusivamente os serviços de prestação contínua podem ser prorrogados sucessivamente até que se atingido o prazo máximo de dez anos.

- Em casos específicos relacionados à segurança nacional e à saúde pública, o art. 108 prevê a possibilidade de que a Administração celebre contrato com prazo de até dez anos.
- Quando a Administração for usuária de serviço público oferecido em regime de monopólio, é admitida a contratação por prazo indeterminado, desde que comprovada, a cada exercício financeiro, a existência de crédito orçamentário suficiente (art. 109).
- Nos contratos que gerem receita e de eficiência que promova economia à Administração, os prazos podem estender-se por até dez anos se o contratado não realizar investimentos e por até 35 anos se o contratado realizar investimentos que resultem em benfeitorias permanentes a serem revertidas ao patrimônio da administração (art. 110).
- Na contratação por escopo predefinido, o prazo pode ser automaticamente prorrogado quando seu objeto não for concluído no período firmado no contrato (art. 111).
- Os contratos firmados sob o regime de fornecimento e prestação de serviço associado têm vigência definida pela soma do prazo relativo ao fornecimento e à entrega da obra com o prazo relativo ao serviço de operação e manutenção, este último limitado a cinco anos da data do recebimento do objeto inicial, admitida sua prorrogação.

- Os contratos que preveem a operação continuada de sistemas estruturantes de tecnologia da informação podem ter prazo de vigência máximo de 15 anos.

No próximo tópico, veremos as regras atinentes à prorrogação do prazo contratual.

— 11.2 —
Prorrogação do prazo contratual

Como regra, a duração do contrato deve obedecer ao prazo previamente estipulado entre as partes.

A Lei n. 8.666/1993, porém, prevê hipóteses excepcionais em que se admite a prorrogação do prazo contratual, desde que sejam mantidas as demais cláusulas do contrato e assegurada a manutenção do equilíbrio econômico-financeiro da avença.

Antes de analisarmos as referidas hipóteses, destacamos que a prorrogação deve ser justificada por escrito e autorizada pela autoridade competente para celebrar o contrato (art. 57, parágrafo 2º, da Lei n. 8.666/1993).

A prorrogação do prazo contratual é permitida em situações extraordinárias não imputáveis às partes ou em casos que envolvem algum tipo de culpa da Administração pelo não cumprimento pontual do prazo originalmente estabelecido.

São hipóteses em que se admite a prorrogação do prazo contratual:

Art. 57. [...]

[...]

§ 1º Os prazos de início de etapas de execução, de conclusão e de entrega admitem prorrogação, mantidas as demais cláusulas do contrato e assegurada a manutenção de seu equilíbrio econômico-financeiro, desde que ocorra algum dos seguintes motivos, devidamente autuados em processo:

I – alteração do projeto ou especificações, pela Administração;

II – superveniência de fato excepcional ou imprevisível, estranho à vontade das partes, que altere fundamentalmente as condições de execução do contrato;

III – interrupção da execução do contrato ou diminuição do ritmo de trabalho por ordem e no interesse da Administração;

IV – aumento das quantidades inicialmente previstas no contrato, nos limites permitidos por esta Lei;

V – impedimento de execução do contrato por fato ou ato de terceiro reconhecido pela Administração em documento contemporâneo à sua ocorrência;

VI – omissão ou atraso de providências a cargo da Administração, inclusive quanto aos pagamentos previstos de que resulte, diretamente, impedimento ou retardamento na execução do contrato, sem prejuízo das sanções legais aplicáveis aos responsáveis. (Brasil, 1993)

Ademais, é imperioso destacar que o TCU entende que as prorrogações contratuais devem respeitar, também, os seguintes critérios:

- existência de previsão para prorrogação no edital e no contrato;

- objeto e escopo do contrato inalterados pela prorrogação;

interesse da Administração e do contratado declarados expressamente;

- vantajosidade da prorrogação devidamente justificada nos autos do processo administrativo;

- manutenção das condições de habilitação pelo contratado;

- preço contratado compatível com o mercado fornecedor do objeto contratado. (Brasil, 2010g, p. 765-766)

Capítulo 12

Execução e inexecução
do contrato

No presente capítulo, analisaremos brevemente os principais aspectos da execução e da inexecução do contrato administrativo.

Em primeiro lugar, buscaremos compreender que aquele que firma contrato com a Administração Pública necessariamente se vincula ao fiel e exato cumprimento da legislação de regência e das obrigações contratuais.

Em seguida, analisaremos as hipóteses de inexecução contratual, que podem derivar tanto de condutas culposas das partes quanto de fatos supervenientes à contratação de caráter extraordinário, que não estão ligados a condutas irregulares das partes contratantes.

— 12.1 —
Execução do contrato

Em conformidade com o que dispõe a Lei n. 8.666, de 21 de junho de 1993 (Brasil, 1993), o contrato deve ser rigidamente observado pelas partes (*pacta sunt servanda*), e é necessário o cumprimento fiel das determinações legais.

É dever da Administração fiscalizar o rígido cumprimento das avenças acordadas entre as partes. Cabe ao contratado, ainda, manter preposto no local da obra ou do serviço para representá-lo na execução do contrato.

A Lei n. 8.666/1993 prevê algumas regras importantes relacionadas ao dever das partes de cumprir com rigor as avenças por si acordadas. Como exemplo, citamos:

- O contratado deve ser obrigado a reparar, corrigir, remover, reconstruir ou substituir o objeto do contrato no caso da ocorrência de vícios, defeitos ou incorreções da execução ou dos materiais por si empregados (art. 69).
- O contratado é responsável por eventuais danos causados à Administração ou a terceiros decorrentes da execução do objeto contratual (art. 70).
- O contratado é responsável por encargos trabalhistas, previdenciários, fiscais e comerciais resultantes da execução do contrato (art. 71).
- Admite-se a subcontratação de partes da obra, do serviço ou do fornecimento, com a observância dos limites estabelecidos caso a caso pela Administração (art. 72).
- A Administração pode rejeitar no todo ou em parte o serviço ou o fornecimento executado em desacordo com o contrato.

Muito se discute a respeito da existência de responsabilidade subsidiária da Administração Pública na seara trabalhista, em especial quanto aos encargos devidos a empregados de empresas prestadoras de serviços (terceirização lícita).

O art. 71, parágrafo 1º, da Lei n. 8.666/1993 é expresso ao determinar que eventual inadimplência de empresa contratada quanto aos encargos de natureza trabalhista, fiscal e comercial "não transfere à Administração Pública a responsabilidade por seu pagamento" (Brasil, 1993). O Supremo Tribunal Federal (STF) reconheceu a constitucionalidade do referido dispositivo legal na Ação Declaratória de Constitucionalidade (ADC) n. 16, assim ementada:

RESPONSABILIDADE CONTRATUAL.

Subsidiária. Contrato com a administração pública. Inadimplência negocial do outro contraente. Transferência consequente e automática dos seus encargos trabalhistas, fiscais e comerciais, resultantes da execução do contrato, à administração. Impossibilidade jurídica. Consequência proibida pelo art. 71, § 1º, da Lei federal n. 8.666/93. Constitucionalidade reconhecida dessa norma. Ação direta de constitucionalidade julgada, nesse sentido, procedente. Voto vencido. É constitucional a norma inscrita no art. 71, § 1º, da Lei federal n. 8.666, de 26 de junho de 1993, com a redação dada pela Lei n. 9.032, de 1995. (Brasil, 2010c)

Diante da impossibilidade da transferência automática da responsabilidade à Administração Pública, o Tribunal Superior do Trabalho (TST) passou a exigir a demonstração de conduta culposa por parte da Administração quanto à fiscalização do cumprimento das obrigações da Lei n. 8.666/1993 e das obrigações contratuais e legais da prestadora de serviços:

CONTRATO DE PRESTAÇÃO DE SERVIÇOS. LEGALIDADE (nova redação do item IV e inseridos os itens V e VI à redação) – Res. 174/2011, DEJT divulgado em 27, 30 e 31.05.2011 [...]

V – Os entes integrantes da Administração Pública direta e indireta respondem subsidiariamente, nas mesmas condições do item IV, caso evidenciada a sua conduta culposa no cumprimento das obrigações da Lei n. 8.666, de 21.06.1993, especialmente na fiscalização do cumprimento das obrigações contratuais e legais da prestadora de serviço como empregadora. A aludida responsabilidade não decorre de mero inadimplemento das obrigações trabalhistas assumidas pela empresa regularmente contratada. (Brasil, 2011n)

— 12.2 —
Inexecução culposa

Decorre da prática de conduta culposa ou dolosa contrária à lei ou aos termos avençados contratualmente[1].

Constatada a inexecução por parte do contratado, deve a Administração instaurar processo administrativo por meio do qual oportunize os direitos à ampla defesa e ao contraditório, aplicando as sanções previstas na lei. A Administração pode, como vimos, rescindir o contrato de forma unilateral (essa é uma das prerrogativas essenciais do Poder Público frente ao contratado).

Na hipótese em que a Administração Pública desatenda aos termos do contrato, pode o particular pleitear a rescisão amigável do ajuste. Caso não haja acordo entre as partes pela rescisão, pode socorrer-se do Poder Judiciário, já que não tem a prerrogativa de rescindir unilateralmente a avença.

O art. 78 da Lei n. 8.666/1993 prevê diversas hipóteses de inexecução que configuram motivo para a rescisão do contrato. Entre elas, citamos as dos incisos XIV e XV, que autorizam ao

---

1   Cf. Carvalho Filho, 2018, p. 272-276; Oliveira, 2020, p. 766-768.

particular suspender desde logo o cumprimento do contrato até que seja normalizada a situação (exceção do contrato não cumprido):

> XIV – a suspensão de sua execução, por ordem escrita da Administração, por prazo superior a 120 (cento e vinte) dias, salvo em caso de calamidade pública, grave perturbação da ordem interna ou guerra, ou ainda por repetidas suspensões que totalizem o mesmo prazo, independentemente do pagamento obrigatório de indenizações pelas sucessivas e contratualmente imprevistas desmobilizações e mobilizações e outras previstas, assegurado ao contratado, nesses casos, **o direito de optar pela suspensão do cumprimento das obrigações assumidas até que seja normalizada a situação;**

> **XV – o atraso superior a 90 (noventa) dias dos pagamentos** devidos pela Administração decorrentes de obras, serviços ou fornecimento, ou parcelas destes, já recebidos ou executados, salvo em caso de calamidade pública, grave perturbação da ordem interna ou guerra, assegurado ao contratado o direito de optar pela suspensão do cumprimento de suas obrigações até que seja normalizada a situação; (Brasil, 1993)

Parte da doutrina entende que o particular não pode valer-se da exceção do contrato no cumprido em casos que envolvam serviços públicos ou atividades essenciais à coletividade (princípio da continuidade do serviço público) (Oliveira, 2019).

— 12.3 —
Inexecução sem culpa

É possível que circunstâncias não atribuíveis às partes possam resultar no desatendimento às obrigações contratuais. Nesse caso, pode ser necessário o reequilíbrio econômico-financeiro entre os encargos e a remuneração do contratado[12]. Se, porém, for impossível o prosseguimento do ajuste, o contrato poderá ser rescindido.

De acordo com o art. 65, inciso II, alínea "d", da Lei n. 8.666/1993, são hipóteses que impõem o reequilíbrio da avença por circunstâncias não imputáveis às partes:

- teoria da imprevisão, ou seja, fatos imprevisíveis ou previsíveis com consequências incalculáveis;
- força maior;
- caso fortuito;
- fato do príncipe.

De igual modo, o art. 78, inciso XVII, prevê que a ocorrência de caso fortuito ou de força maior regularmente comprovada pode caracterizar situação impeditiva da execução do contrato, tornando necessária sua rescisão.

---

2 Cf. Carvalho Filho, 2018, p. 276; Oliveira, 2020, p. 768-771. Ao tratar da mutabilidade dos contratos, Di Pietro (2019, p. 594-608) aborda essa questão sob outro ponto de vista.

Capítulo 13

Extinção do contrato

Como bem aponta Carvalho Filho (2016), o contrato administrativo pode ser extinto nos seguintes casos:

- cumprimento integral de seu objeto;
- término do prazo;
- impossibilidade material ou jurídica;
- invalidação;
- rescisão.

A seguir, veremos mais detalhadamente cada um desses casos.

— 13.1 —
Cumprimento integral do objeto

É a forma natural de extinção do contrato administrativo[1].

As partes celebram o contrato para que, ao final, sejam cumpridas as obrigações assumidas (prestado o serviço, fornecido o bem ou executada a obra), com o recebimento do preço ajustado.

O art. 73, inciso I, alínea "b", da Lei n. 8.666, de 21 de junho de 1993, dispõe de forma expressa que o recebimento definitivo de obras e serviços deve ocorrer após análise de

> servidor ou comissão designada pela autoridade competente, mediante termo circunstanciado, assinado pelas partes, após o transcurso do prazo de observação, ou vistoria que comprove a adequação do objeto entregue aos termos contratuais. (Brasil, 1993)

---

1 Cf. Oliveira, 2020, p. 771-775.

É relevante destacar, por fim, que

> Art. 73. [...]
>
> [...]
>
> § 2º O recebimento provisório ou definitivo não exclui a responsabilidade civil pela solidez e segurança da obra ou do serviço, nem ético-profissional pela perfeita execução do contrato, dentro dos limites estabelecidos pela lei ou pelo contrato. (Brasil, 1993)

— 13.2 —
Término do prazo

Alguns contratos – especialmente os de obrigações contínuas – estabelecem que, ao fim de um prazo certo e determinado, haverá a extinção do vínculo existente entre as partes.

— 13.3 —
Impossibilidade material ou jurídica

Como bem aponta Carvalho Filho (2016), é possível que, depois de celebrado o contrato administrativo, surjam fatos que o extingam por impossibilidade material ou jurídica.

A **impossibilidade material** – como o próprio nome sugere – decorre do surgimento de algum óbice fático intransponível que torne completamente inviável a execução do objeto contratual.

A **impossibilidade jurídica**, por sua vez, decorre de elementos jurídicos que inviabilizam o cumprimento do contrato na forma estabelecida entre as partes. A doutrina costuma citar como exemplo a falência e dissolução da sociedade contratada, tendo em consideração especialmente o caráter *intuitu personae* do contrato administrativo.

— 13.4 —
Invalidação

O contrato pode ser declarado nulo especialmente diante da existência de vício de legalidade no procedimento licitatório ou na própria formalização da avença.

Conforme estabelece o art. 59 da Lei n. 8.666/1993, a declaração de nulidade do contrato administrativo opera de modo retroativo (efeito *ex tunc*).

Uma importante regra está prevista no parágrafo único do referido dispositivo legal, que obriga a Administração a indenizar o contratado pelo que houver executado até a data em que for declarada a nulidade do contrato. Tal indenização também deve abranger outros prejuízos comprovados, contanto que o particular contratado não tenha dado causa à ilegalidade.

Já vimos que a Lei n. 14.133, de 1º de abril de 2021 (Brasil, 2021a) estabelece interessantes regras relacionadas à declaração de nulidade de contratos administrativos, prevendo que isso apenas pode ocorrer quando for impossível o saneamento da irregularidade e quando se conformar à realização do interesse público. Além disso, o novo marco legal prevê, de forma específica e detalhada, diversos aspectos que devem ser considerados pelo administrador antes do reconhecimento da nulidade do contrato administrativo (impactos econômicos e financeiros, riscos sociais, fechamento de postos de trabalho etc.).

— 13.5 —
Rescisão

Depende de uma manifestação volitiva de uma ou mais partes do contrato e tem por resultado a extinção do vínculo contratual[12].

É possível que a rescisão ocorra pela **via amigável,** por meio de manifestação bilateral das partes reduzida a termo no processo da licitação (art. 79, II, da Lei n. 8.666/1993). Além disso, como já vimos, a própria Administração pode rescindir unilateralmente o contrato, especialmente em caso de inadimplemento por parte do contratado. É necessário lembrar que a rescisão apenas pode efetivar-se com a necessária observância aos direitos do contraditório e da ampla defesa do contratado.

Por fim, importa salientar que a rescisão do contrato também pode ocorrer pela via judicial e por arbitragem.

---

2 Cf. Di Pietro, 2019, p. 594-608; Oliveira, 2020, p. 771-775.

A **arbitragem** é um meio de resolução de controvérsias privado e alternativo[13] ao judicial. No Brasil, é regida pela Lei n. 9.307, de 23 de setembro de 1996 (Brasil, 1996), com as alterações da Lei n. 13.129, de 26 de maio de 2015 (Brasil, 2015b). Por meio da arbitragem, as pessoas capazes de contratar podem resolver seus conflitos relativos a direitos patrimoniais disponíveis por um ou mais árbitros, escolhidos entre pessoas que sejam de sua confiança, excluída, em tal sentido, a competência do Poder Judiciário para dirimir tais conflitos.

Nos termos do art. 3º da Lei n. 9.307/1996, a arbitragem pode ser escolhida pelas partes mediante convenção de arbitragem, assim entendidos a cláusula compromissória e o compromisso arbitral. Ambos os institutos são definidos pela referida lei:

> Art. 4º A cláusula compromissória é a convenção através da qual as partes em um contrato comprometem-se a submeter

---

3   Apesar da definição comum, alguns autores repelem a qualificação da arbitragem como mera alternativa. Em tal sentido, Carmona (2009, p. 32-33, grifo nosso) afirma: "A terminologia tradicional, que se reporta a 'meio alternativos' parece estar sob ataque, na medida em que a visão mais moderna aponta meios **adequados** (ou mais adequados) de solução de litígios, não necessariamente **alternativos**. Em boa lógica (e tendo em conta o grau de civilidade que a maior parte das sociedades atingiu neste terceiro milênio), é razoável pensar que as controvérsias tendam a ser resolvidas, num primeiro momento, diretamente pelas partes interessadas (negociação, mediação, conciliação); em caso de fracasso deste diálogo primário (método autocompositivo), recorrerão os conflitantes às fórmulas heterocompositivas (processo estatal, processo arbitral). Sob este enfoque, os métodos verdadeiramente alternativos de solução de controvérsias seriam os heterocompositivos (o processo, seja estatal, seja arbitral), não os autocompositivos (negociação, mediação, conciliação). Para evitar essa contradição, soa correta a referência a métodos adequados de solução de litígios, não a métodos alternativos. Um sistema multiportas de resolução de disputas, em resumo, oferecerá aos litigantes diversos métodos, sendo necessário que o operador saiba escolher aquele mais adequado ao caso concreto".

à arbitragem os litígios que possam vir a surgir, relativamente a tal contrato.

[...]

Art. 9º O compromisso arbitral é a convenção através da qual as partes submetem um litígio à arbitragem de uma ou mais pessoas, podendo ser judicial ou extrajudicial. (Brasil, 1996)

Nos primeiros anos de sua vigência, a Lei n. 9.307/1996 teve a constitucionalidade de parte de seus dispositivos questionada com base no teor do art. 5º, XXXV, da Constituição Federal, que dispõe que "lei não excluirá da apreciação do Poder Judiciário lesão ou ameaça a direito" (Brasil, 1988). Questionava-se, principalmente, se era possível que as partes contratantes de cláusula compromissória ficassem obrigatoriamente vinculadas a se submeter exclusivamente à arbitragem quando surgido o conflito futuro.

Na Sentença Estrangeira (SE) n. 5.206-7 (Reino da Espanha), o Supremo Tribunal Federal (STF) reconheceu, por maioria de votos, que não ofendem a garantia constitucional de acesso ao Poder Judiciário os dispositivos da Lei n. 9.307/1996:

> 3. **Lei de Arbitragem (L. 9.307/96):** constitucionalidade, em tese, do juízo arbitral; discussão incidental da constitucionalidade de vários dos tópicos da nova lei, especialmente acerca da compatibilidade, ou não, entre a execução judicial específica para a solução de futuros conflitos da **cláusula compromissória** e a garantia constitucional da universalidade da jurisdição do Poder Judiciário (CF, art. 5º, XXXV).

> Constitucionalidade declarada pelo plenário, considerando o Tribunal, por maioria de votos, que a manifestação de vontade da parte na cláusula compromissória, quando da celebração do contrato, e a permissão legal dada ao juiz para que substitua a vontade da parte recalcitrante em firmar o compromisso não ofendem o artigo 5º, XXXV, da CF. (Brasil, 1997, grifo do original)

Sobre o tema, vale ainda menção às lições de Marinoni e Arenhart (2010, p. 153):

> O princípio da inafastabilidade, ao afirmar que "a lei não excluirá da apreciação do Poder Judiciário lesão ou ameaça de direito" (CF, art. 5º, XXXV), evidentemente não proíbe que pessoas capazes possam excluir a possibilidade de o Poder Judiciário rever conflitos que digam respeito a direitos patrimoniais disponíveis.

Em meados de 2000, chegaram ao Poder Judiciário discussões a respeito da possibilidade de que conflitos envolvendo o Poder Público fossem resolvidos por arbitragem, seja pela inserção de cláusula compromissória em edital de licitação e/ou contrato administrativo, seja pela celebração de compromisso arbitral posterior ao litígio.

Uma primeira questão dizia respeito à própria possibilidade de que entes do Poder Público participassem de arbitragem (questão de arbitrabilidade subjetiva). Em segundo lugar, passou-se a questionar se os conflitos relativos a atos e contratos do Poder Público poderiam dirimidos pelo juízo arbitral (questão de arbitrabilidade objetiva).

Em 2006, no Recurso Especial n. 612.439 (Rio Grande do Sul), o Superior Tribunal de Justiça (STJ) salientou a possibilidade de que entes do Poder Público pactuassem arbitragem, considerando que seriam objetivamente arbitráveis os conflitos relacionados a atividades econômicas em sentido estrito, mas não aqueles relativos a interesses públicos primários:

> pode-se afirmar que, quando os contratos celebrados pela empresa estatal versem sobre atividade econômica em sentido estrito – isto é, serviços públicos de natureza industrial ou atividade econômica de produção ou comercialização de bens, suscetíveis de produzir renda e lucro –, os direitos e as obrigações deles decorrentes serão transacionáveis, disponíveis e, portanto, sujeitos à arbitragem. Ressalte-se que a própria lei que dispõe acerca da arbitragem – art. 1º da Lei n. 9.307/96 – estatui que "as pessoas capazes de contratar poderão valer-se da arbitragem para dirimir litígios relativos a direitos patrimoniais disponíveis".
>
> Por outro lado, quando as atividades desenvolvidas pela empresa estatal decorram do poder de império da Administração Pública e, consequentemente, sua consecução esteja diretamente relacionada ao interesse público primário, estarão envolvidos direitos indisponíveis e, portanto, não sujeitos à arbitragem. (Brasil, 2006b)

Como paradigma do entendimento adotado pelos tribunais brasileiros, pode ser citado, ainda, o Recurso Especial n. 904.813 (Paraná), no qual o STJ decidiu que inexiste óbice legal à estipulação de arbitragem pelo Poder Público, ressalvada, novamente, a necessidade de que as questões a dirimir em arbitragem digam respeito efetivamente a direitos patrimoniais disponíveis:

> 5. Tanto a doutrina como a jurisprudência já sinalizaram no sentido de que não existe óbice legal na estipulação da arbitragem pelo poder público, notadamente pelas sociedades de economia mista, admitindo como válidas as cláusulas compromissórias previstas em editais convocatórios de licitação e contratos.
>
> [...]
>
> 9. A controvérsia estabelecida entre as partes–manutenção do equilíbrio econômico-financeiro do contrato–é de caráter eminentemente patrimonial e disponível, tanto assim que as partes poderiam tê-la solucionado diretamente, sem intervenção tanto da jurisdição estatal, como do juízo arbitral. (Brasil, 2012b)

Antes mesmo das referidas decisões, a Lei n. 11.079, de 30 de dezembro de 2004 (Brasil, 2004a), que instituiu normas gerais para a licitação e contratação de parcerias público-privadas pela Administração Pública, havia trazido previsão expressa a respeito da possibilidade de que o instrumento convocatório e a minuta de contrato previssem mecanismos privados de resolução de conflitos, inclusive a arbitragem, indicando apenas a necessidade de que a realização ocorresse no Brasil e em língua portuguesa.

Após, com o advento da Lei n. 13.129/2015, foram inseridos na Lei n. 9.307/1996 dispositivos específicos relacionados à possibilidade de utilização da arbitragem nas contratações em geral pelo Poder Público, desde que para dirimir conflitos relativos a direitos patrimoniais e disponíveis. Assim, os parágrafos 1º e 2º do art. 1º da Lei n. 9.307/1996 passaram a prever:

> § 1º A administração pública direta e indireta poderá utilizar-se da arbitragem para dirimir conflitos relativos a direitos patrimoniais disponíveis.
>
> § 2º A autoridade ou o órgão competente da administração pública direta para a celebração de convenção de arbitragem é a mesma para a realização de acordos ou transações.
> (Brasil, 1996; 2015a)

Por sua vez, o parágrafo 3º do art. 2º da referida lei passou a prever regras de cumprimento obrigatório em todas as arbitragens que envolvam o Poder Público, estabelecendo a necessidade de que:

- as regras a serem aplicadas à arbitragem sejam sempre regras de direito (refutada a possibilidade de solução por equidade, disponível, mediante escolha, nas arbitragens entre particulares);

- a arbitragem seja regida pelo princípio da publicidade pública (refutada a possibilidade de que a arbitragem ocorra em regime de confidencialidade, como normalmente acontece nas arbitragem entre particulares).

A Lei n. 8.666/1993 não prevê regras específicas a respeito da arbitragem como meio alternativo à resolução de conflitos entre as partes contratantes.

A Lei n. 14.133/2021, por sua vez, traz regras próprias e específicas a respeito da utilização de meios alternativos de resolução de controvérsias, notadamente a conciliação, a mediação, o comitê de resolução de disputas e a arbitragem. Em conformidade com o art. 151, parágrafo único, tais meios alternativos podem ser utilizados para dirimir controvérsias relacionadas a direitos patrimoniais disponíveis (por exemplo: questões relacionadas ao estabelecimento do equilíbrio econômico-financeiro do contrato, inadimplemento de qualquer das partes e cálculo de indenização).

Além disso, o art. 138, inciso III, da Lei n. 14.133/2021 prevê de forma expressa que a extinção do contrato pode decorrer de decisão tomada em procedimento de arbitragem quando existir cláusula compromissória no contrato.

Por último, apenas a título provocativo, ressaltamos que a opção do legislador pela nomenclatura *meios alternativos* transmite a ideia equivocada de que a arbitragem seria um instituto jurídico substituto extraordinário e incomum ou semelhante à via judicial. A denominação mais coerente seria *meios **adequados** de solução de litígios*.

Portanto, a arbitragem não é meio alternativo, substitutivo ou extraordinário. É preciso firmar a cultura de que a arbitragem é um meio adequado para a solução de conflitos como qualquer outro – e não uma novidade excêntrica.

Capítulo 14

Sanções administrativas

Dispõe o art. 58, inciso IV, da Lei n. 8.666, de 21 de junho de 1993 (Brasil, 1993), que a Administração pode aplicar sanções em caso de inexecução parcial ou total do ajuste pelo contratado. Com efeito, trata-se de uma prerrogativa do Poder Público em relação ao contratado.

Como a própria lei determina, apenas será admitida a aplicação de sanções se garantida a prévia defesa ao contratado.

Nos próximos tópicos, trataremos das principais regras que moldam o poder sancionatório da Administração no ambiente contratual, fazendo referência às normas constantes na Lei n. 8.666/1993 e na Lei n. 14.133, de 1º de abril de 2021 (Brasil, 2021a).

— 14.1 —
A Lei n. 8.666/1993 e o poder sancionatório da Administração Pública

A Lei n. 8.666/1993, em seu art. 87, prevê que a administração pode aplicar as seguintes sanções em caso de inexecução parcial ou total do contrato pelo particular:

I – advertência;

II – multa, na forma prevista no instrumento convocatório ou no contrato;

III – suspensão temporária de participação em licitação e impedimento de contratar com a Administração, por prazo não superior a 2 (dois) anos;

IV – declaração de inidoneidade para licitar ou contratar com a Administração Pública enquanto perdurarem os motivos determinantes da punição ou até que seja promovida a reabilitação perante a própria autoridade que aplicou a penalidade, que será concedida sempre que o contratado ressarcir a Administração pelos prejuízos resultantes e após decorrido o prazo da sanção aplicada com base no inciso anterior. (Brasil, 1993)

Algumas questões relevantes devem ser apontadas:

- A aplicação da sanção de declaração de inidoneidade é de competência exclusiva do ministro de Estado ou do secretário estadual ou municipal. É facultado o exercício do direito de defesa pelo prazo de dez dias pelo contratado, e a reabilitação pode ser requerida após dois anos da aplicação da penalidade.
- As sanções de suspensão temporária e de inidoneidade podem ser aplicadas tanto às empresas contratadas quanto aos profissionais que tenham praticado atos ilícitos, tenham sofrido condenação definitiva por praticarem, por meios dolosos, fraude fiscal e demonstrem não ter idoneidade para firmar contratos com a Administração.
- Em eventual aplicação da pena de multa, a Administração pode descontar os valores correspondentes à garantia

prestada pelo particular. Se a garantia for insuficiente, é possível o desconto, inclusive, dos pagamentos eventualmente devidos pela Administração, além de ser admissível a proposição de demanda judicial para a cobrança da multa.

A seguir, analisaremos algumas das regras relativas ao poder sancionatório da Administração Pública previstas na Lei n. 14.133/2021.

— 14.2 —
A Lei n. 14.133/2021 e o poder sancionatório da Administração Pública

A Lei n. 14.133/2021 trouxe inovações relevantes a respeito do exercício do poder sancionatório pela Administração nos procedimentos licitatórios e nas contratações administrativas. É importante destacar, nesse sentido, que o art. 155 do novo marco legal especificou as infrações que podem dar ensejo à aplicação de sanções ao licitante e ao contratado:

> I – dar causa à inexecução parcial do contrato;
>
> II – dar causa à inexecução parcial do contrato que cause grave dano à Administração, ao funcionamento dos serviços públicos ou ao interesse coletivo;
>
> III – dar causa à inexecução total do contrato;

IV – deixar de entregar a documentação exigida para o certame;

V – não manter a proposta, salvo em decorrência de fato superveniente devidamente justificado;

VI – não celebrar o contrato ou não entregar a documentação exigida para a contratação, quando convocado dentro do prazo de validade de sua proposta;

VII – ensejar o retardamento da execução ou da entrega do objeto da licitação sem motivo justificado;

VIII – apresentar declaração ou documentação falsa exigida para o certame ou prestar declaração falsa durante a licitação ou a execução do contrato;

IX – fraudar a licitação ou praticar ato fraudulento na execução do contrato;

X – comportar-se de modo inidôneo ou cometer fraude de qualquer natureza;

XI – praticar atos ilícitos com vistas a frustrar os objetivos da licitação;

XII – praticar ato lesivo previsto no art. 5º da Lei nº 12.846, de 1º de agosto de 2013. (Brasil, 2021a)

Além disso, faz-se relevante salientar que o art. 156, parágrafo 1º, da Lei n. 14.133/2021 determina – a nosso ver, de forma obrigatória – que os critérios ali indicados devem ser considerados pela Administração para a aplicação das sanções ao licitante/contratado.

De acordo com o referido dispositivo, na aplicação de sanções, a Administração deve considerar:

> I – a natureza e a gravidade da infração cometida;
>
> II – as peculiaridades do caso concreto;
>
> III – as circunstâncias agravantes ou atenuantes;
>
> IV – os danos que dela provierem para a Administração Pública;
>
> V – a implantação ou o aperfeiçoamento de programa de integridade, conforme normas e orientações dos órgãos de controle. (Brasil, 2021a)

Nessa lei, há, ainda, regras claras que determinam à Administração a sanção a ser aplicada. Com efeito, é fácil constatar que o novo marco legal retirou muito da discricionariedade existente na Lei n. 8.666/1993, prefixando as hipóteses de cabimento de cada uma das sanções indicadas no art. 156.

Por fim, importante novidade constante na Lei n. 14.133/2021 se refere à possibilidade de desconsideração da personalidade jurídica de sociedade quando constatado abuso de direito ou abuso patrimonial, hipótese em que todos os efeitos das sanções aplicadas à pessoa jurídica "serão estendidos aos seus administradores e a sócios com poderes de administração, a pessoa jurídica sucessora ou a empresa do mesmo ramo com relação de coligação ou controle" (Brasil, 2021a).

Considerações finais

Na apresentação deste livro, indicamos que nosso principal objetivo era possibilitar uma primeira – e importante – aproximação com o tema proposto: licitações e contratos administrativos.

Esperamos que nosso intuito tenha sido alcançado e que, assim, tenhamos tornado possível ao leitor identificar os principais aspectos da complexa legislação que trata do tema.

O momento exige que os operadores do direito se atualizem e conheçam as regras constantes no novo marco legal. Somente com o conhecimento profundo de suas regras, é possível aprimorar o complexo e burocrático processo atualmente existente.

Nesse contexto, é preciso destacar que a Lei n. 14.133/2021 traz uma nova racionalidade às contratações administrativas. Essa racionalidade – que se pretende moderna e eficiente – exige dos intérpretes estudo aprofundado e constante, principalmente quanto às inovações do novo marco legal.

A contratação pública deve ser cada vez mais transparente, e podemos afirmar que a nova legislação parece contribuir com esse intuito.

Por fim, buscamos fazer análises comparativas entre as regras constantes na Lei n. 8.666/1993 na Lei n. 14.133/2021, com a abordagem de entendimentos prolatados por órgãos de controle a respeito dos mais importantes temas relativos às licitações e aos contratos administrativos.

Referências

ARAGÃO, A. dos S. A evolução da proteção do equilíbrio econômico-financeiro nas concessões de serviços públicos e nas PPPs. **Revista de Direito Administrativo**, Rio de Janeiro, v. 263, p. 35-66, maio/ago. 2013a. Disponível em: <http://bibliotecadigital.fgv.br/ojs/index.php/rda/article/view/10644>. Acesso em: 6 set. 2021.

ARAGÃO, A. dos S. **Curso de direito administrativo**. Rio de Janeiro: Forense, 2013b.

AUDIN – Auditoria Interna do Ministério Público da União. **Boletim Informativo da Audin**, n. 8, set./nov. 2020. Disponível em: <https://auditoria.mpu.mp.br/boletim-informativo/boletins/boletim-informativo-n-8-dezembro-2020.pdf>. Acesso em: 6 set. 2021.

BANDEIRA DE MELLO, C. A. **Curso de direito administrativo**. São Paulo: Malheiros, 2007.

BRASIL. Advocacia-Geral da União. **Orientação Normativa n. 21**. 1º abr. 2009a. Disponível em: <https://www.lexml.gov.br/urn/urn:lex:br:advocacia.geral.uniao:orientacao.normativa:2009-04-01;21>. Acesso em: 6 set. 2021.

BRASIL. Advocacia-Geral da União. **Orientação Normativa n. 35**. 13 dez. 2011a. Disponível em: <https://www.lexml.gov.br/urn/urn:lex:br:advocacia.geral.uniao:orientacao.normativa:2011-12-13;35>. Acesso em: 6 set. 2021.

BRASIL. Advocacia-Geral da União. **Orientação Normativa n. 39**. 13 dez. 2011b. Disponível em: <https://www.lexml.gov.br/urn/urn:lex:br:advocacia.geral.uniao:orientacao.normativa:2011-12-13;39>. Acesso em: 6 set. 2021.

BRASIL. Advocacia-Geral da União. Portaria n. 124, de 25 de abril de 2014. Edita as Orientações Normativas n. 47, 48, 49, 50, 51, 52, 53 e 54 e altera as Orientações Normativas n. 9, 19 e 36. **Diário Oficial da União**, Brasília, DF, 2 maio 2014a. Disponível em: <https://www.in.gov.br/materia/-/asset_publisher/Kujrw0TZC2Mb/content/id/30054941/do1-2014-05-02-portaria-n-124-de-25-de-abril-de-2014-30054937>. Acesso em: 6 set. 2021.

BRASIL. Constituição (1988). **Diário Oficial da União**, Brasília, DF, 5 out. 1988. Disponível em: <http://www.planalto.gov.br/ccivil_03/constituicao/constituicao.htm>. Acesso em: 6 set. 2021.

BRASIL. Decreto n. 7.746, de 5 de junho de 2012. Regulamenta o art. 3º da Lei n. 8.666, de 21 de junho de 1993, para estabelecer critérios e práticas para a promoção do desenvolvimento nacional sustentável nas contratações realizadas pela administração pública federal direta, autárquica e fundacional e pelas empresas estatais dependentes, e institui a Comissão Interministerial de Sustentabilidade na Administração Pública-CISAP. **Diário Oficial da União**, Brasília, DF, 6 dez. 2012a. Disponível em: <http://www.planalto.gov.br/ccivil_03/_ato2011-2014/2012/decreto/d7746.htm>. Acesso em: 6 set. 2021.

BRASIL. Decreto n. 7.892, de 23 de janeiro de 2013. Regulamenta o Sistema de Registro de Preços previsto no art. 15 da Lei n. 8.666, de 21 de junho de 1993. **Diário Oficial da União**, Brasília, DF, 23 jan. 2013a. Disponível em: <http://www.planalto.gov.br/ccivil_03/_ato2011-2014/2013/decreto/d7892.htm>. Acesso em: 6 set. 2021.

BRASIL. Decreto n. 8.428, de 2 de abril de 2015. Dispõe sobre o Procedimento de Manifestação de Interesse a ser observado na apresentação de projetos, levantamentos, investigações ou estudos, por pessoa física ou jurídica de direito privado, a serem utilizados pela administração pública. **Diário Oficial da União**, Brasília, DF, 6 abr. 2015a. Disponível em: <http://www.planalto.gov.br/ccivil_03/_ato2015-2018/2015/decreto/d8428.htm>. Acesso em: 6 set. 2021.

BRASIL. Decreto n. 9.412, de 18 de junho de 2018. Atualiza os valores das modalidades de licitação de que trata o art. 23 da Lei nº 8.666, de 21 de junho de 1993. **Diário Oficial da União**, Brasília, DF, 19 jun. 2018a. Disponível em: <http://www.planalto.gov.br/ccivil_03/_ato2015-2018/2018/decreto/D9412.htm>. Acesso em: 6 set. 2021.

BRASIL. Decreto n. 9.507, de 21 de setembro de 2018. Dispõe sobre a execução indireta, mediante contratação, de serviços da administração pública federal direta, autárquica e fundacional e das empresas públicas e das sociedades de economia mista controladas pela União. **Diário Oficial da União**, Brasília, DF, 24 set. 2018b. Disponível em: <http://www.planalto.gov.br/ccivil_03/_Ato2015-2018/2018/Decreto/D9507.htm>. Acesso em: 6 set. 2021.

BRASIL. Decreto-Lei n. 4.657, de 4 de setembro de 1942. Lei de Introdução às normas do Direito Brasileiro. **Diário Oficial da União**, Brasília, DF, 9 set. 1942. Disponível em: <http://www.planalto.gov.br/ccivil_03/Decreto-Lei/Del4657.htm>. Acesso em: 6 set. 2021.

BRASIL. Emenda Constitucional n. 19, de 4 de junho de 1998. Modifica o regime e dispõe sobre princípios e normas da Administração Pública, servidores e agentes políticos, controle de despesas e finanças públicas e custeio de atividades a cargo do Distrito Federal, e dá outras providências. **Diário Oficial da União**, Brasília, DF, 5 jun. 1998a. Disponível em: <http://www.planalto.gov.br/ccivil_03/constituicao/emendas/emc/emc19.htm>. Acesso em: 6 set. 2021.

BRASIL. Lei Complementar n. 101, de 4 de maio de 2000. Estabelece normas de finanças públicas voltadas para a responsabilidade na gestão fiscal e dá outras providências. **Diário Oficial da União**, Brasília, DF, 5 maio 2000. Disponível em: <http://www.planalto.gov.br/ccivil_03/leis/lcp/lcp101.htm>. Acesso em: 6 set. 2021.

BRASIL. Lei Complementar n. 123, de 14 de dezembro de 2006. Institui o Estatuto Nacional da Microempresa e da Empresa de Pequeno Porte; altera dispositivos das Leis n. 8.212 e 8.213, ambas de 24 de julho de 1991, da Consolidação das Leis do Trabalho-CLT, aprovada pelo Decreto-Lei n. 5.452, de 1º de maio de 1943, da Lei n. 10.189, de 14 de fevereiro de 2001, da Lei Complementar n. 63, de 11 de janeiro de 1990; e revoga as Leis n. 9.317, de 5 de dezembro de 1996, e 9.841, de 5 de outubro de 1999. **Diário Oficial da União**, Brasília, DF, 15 dez. 2006a. Disponível em: <http://www.planalto.gov.br/ccivil_03/leis/lcp/lcp123.htm>. Acesso em: 6 set. 2006.

BRASIL. Lei n. 4.320, de 17 de março de 1964. Estatui Normas Gerais de Direito Financeiro para elaboração e controle dos orçamentos e balanços da União, dos Estados, dos Municípios e do Distrito Federal. **Diário Oficial da União**, Brasília, DF, 23 mar. 1964. Disponível em: <http://www.planalto.gov.br/ccivil_03/leis/l4320.htm>. Acesso em: 6 set. 2021.

BRASIL. Lei n. 4.717, de 29 de junho de 1965. Regula a ação popular. **Diário Oficial da União**, Brasília, DF, 5 jul. 1965. Disponível em: <http://www.planalto.gov.br/ccivil_03/leis/l4717.htm>. Acesso em: 6 set. 2021.

BRASIL. Lei n. 7.437, de 20 de dezembro de 1985. Inclui, entre as contravenções penais a prática de atos resultantes de preconceito de raça, de cor, de sexo ou de estado civil, dando nova redação à Lei nº 1.390, de 3 de julho de 1951 – Lei Afonso Arinos. **Diário Oficial da União**, Brasília, DF, 23 dez. 1985. Disponível em: <http://www.planalto.gov.br/ccivil_03/leis/l7437.htm>. Acesso em: 6 set. 2021.

BRASIL. Lei n. 8.429, de 2 de junho de 1992. Dispõe sobre as sanções aplicáveis aos agentes públicos nos casos de enriquecimento ilícito no exercício de mandato, cargo, emprego ou função na administração pública direta, indireta ou fundacional e dá outras providências. **Diário Oficial da União**, Brasília, DF, 3 jun. 1992. Disponível em: <http://www.planalto.gov.br/ccivil_03/leis/l8429.htm>. Acesso em: 6 set. 2021.

BRASIL. Lei n. 8.666, de 21 de junho de 1993. Regulamenta o art. 37, inciso XXI, da Constituição Federal, institui normas para licitações e contratos da Administração Pública e dá outras providências. **Diário Oficial da União**, Brasília, DF, 22 jun. 1993. Disponível em: <http://www.planalto.gov.br/ccivil_03/leis/l8666compilado.htm>. Acesso em: 6 set. 2021.

BRASIL. Lei n. 8.987, de 13 de fevereiro de 1995. Dispõe sobre o regime de concessão e permissão da prestação de serviços públicos previsto no art. 175 da Constituição Federal, e dá outras providências. **Diário Oficial da União**, Brasília, DF, 14 fev. 1995a. Disponível em: <http://www.planalto.gov.br/ccivil_03/leis/l8987compilada.htm>. Acesso em: 6 set. 2021.

BRASIL. Lei n. 9.074, de 7 de julho de 1995. Estabelece normas para outorga e prorrogações das concessões e permissões de serviços públicos e dá outras providências. **Diário Oficial da União**, Brasília, DF, 8 jul. 1995b. Disponível em: <http://www.planalto.gov.br/ccivil_03/leis/l9074cons.htm>. Acesso em: 6 set. 2021.

BRASIL. Lei n. 9.307, de 23 de setembro de 1996. Dispõe sobre a arbitragem. **Diário Oficial da União**, Brasília, DF, 24 set. 1996. Disponível em: <http://www.planalto.gov.br/ccivil_03/leis/l9307.htm>. Acesso em: 6 set. 2021.

BRASIL. Lei n. 9.637, de 15 de maio de 1998. Dispõe sobre a qualificação de entidades como organizações sociais, a criação do Programa Nacional de Publicização, a extinção dos órgãos e entidades que menciona e a absorção de suas atividades por organizações sociais, e dá outras providências. **Diário Oficial da União**, Brasília, DF, 25 maio 1998b. Disponível em: <http://www.planalto.gov.br/ccivil_03/leis/l9637.htm>. Acesso em: 6 set. 2021.

BRASIL. Lei n. 9.784, de 29 de janeiro de 1999. Regula o processo administrativo no âmbito da Administração Pública Federal. **Diário Oficial da União**, Brasília, DF, 1º fev. 1999a. Disponível em: <http://www.planalto.gov.br/ccivil_03/leis/l9784.htm>. Acesso em: 6 set. 2021.

BRASIL. Lei n. 9.790, de 23 de março de 1999. Dispõe sobre a qualificação de pessoas jurídicas de direito privado, sem fins lucrativos, como Organizações da Sociedade Civil de Interesse Público, institui e disciplina o Termo de Parceria, e dá outras providências. **Diário Oficial da União**, Brasília, DF, 24 mar. 1999b. Disponível em: <http://www.planalto.gov.br/ccivil_03/leis/l9790.htm>. Acesso em: 6 set. 2021.

BRASIL. Lei n. 10.192, de 14 de fevereiro de 2001. Dispõe sobre medidas complementares ao Plano Real e dá outras providências. **Diário Oficial da União**, Brasília, DF, 16 fev. 2001. Disponível em: <http://www.planalto.gov.br/ccivil_03/leis/leis_2001/l10192.htm>. Acesso em: 6 set. 2021.

BRASIL. Lei n. 10.520, de 17 de julho de 2002. Institui, no âmbito da União, Estados, Distrito Federal e Municípios, nos termos do art. 37, inciso XXI, da Constituição Federal, modalidade de licitação denominada pregão, para aquisição de bens e serviços comuns, e dá outras providências. **Diário Oficial da União**, Brasília, DF, 18 jul. 2002. Disponível em: <http://www.planalto.gov.br/ccivil_03/leis/2002/l10520.htm>. Acesso em: 6 set. 2021.

BRASIL. Lei n. 11.079, de 30 de dezembro de 2004. Institui normas gerais para licitação e contratação de parceria público-privada no âmbito da administração pública. **Diário Oficial da União**, Brasília, DF, 31 dez. 2004a. Disponível em: <http://www.planalto.gov.br/ccivil_03/_ato2004-2006/2004/lei/l11079.htm>. Acesso em: 6 set. 2021.

BRASIL. Lei n. 12.232, de 29 de abril de 2010. Dispõe sobre as normas gerais para licitação e contratação pela administração pública de serviços de publicidade prestados por intermédio de agências de propaganda e dá outras providências. **Diário Oficial da União**, Brasília, DF, 30 abr. 2010a. Disponível em: <http://www.planalto.gov.br/ccivil_03/_ato2007-2010/2010/lei/l12232.htm>. Acesso em: 6 set. 2021.

BRASIL. Lei n. 12.349, de 15 de dezembro de 2010. Altera as Leis n. 8.666, de 21 de junho de 1993, 8.958, de 20 de dezembro de 1994, e 10.973, de 2 de dezembro de 2004; e revoga o § 1º do art. 2º da Lei n. 11.273, de 6 de fevereiro de 2006. **Diário Oficial da União**, Brasília, DF, 16 dez. 2010b. Disponível em: <http://www.planalto.gov.br/ccivil_03/_ato2007-2010/2010/lei/l12349.htm>. Acesso em: 6 set. 2021.

BRASIL. Lei n. 12.462, de 4 de agosto de 2011. Institui o Regime Diferenciado de Contratações Públicas–RDC; altera a Lei n. 10.683, de 28 de maio de 2003, que dispõe sobre a organização da Presidência da República e dos Ministérios, a legislação da Agência Nacional de Aviação Civil (Anac) e a legislação da Empresa Brasileira de Infraestrutura Aeroportuária (Infraero); cria a Secretaria de Aviação Civil, cargos de Ministro de Estado, cargos em comissão e cargos de Controlador de Tráfego Aéreo; autoriza a contratação de controladores de tráfego aéreo temporários; altera as Leis ns. 11.182, de 27 de setembro de 2005, 5.862, de 12 de dezembro de 1972, 8.399, de 7 de janeiro de 1992, 11.526, de 4 de outubro de 2007, 11.458, de 19 de março de 2007, e 12.350, de 20 de dezembro de 2010, e a Medida Provisória n. 2.185-35, de 24 de agosto de 2001; e revoga dispositivos da Lei n. 9.649, de 27 de maio de 1998. **Diário Oficial da União**, Brasília, DF, 5 ago. 2011c. Disponível em: <http://www.planalto.gov.br/ccivil_03/_ato2011-2014/2011/lei/l12462.htm>. Acesso em: 6 set. 2021.

BRASIL. Lei n. 12.527, de 18 de novembro de 2011. Regula o acesso a informações previsto no inciso XXXIII do art. 5º, no inciso II do § 3º do art. 37 e no § 2º do art. 216 da Constituição Federal; altera a Lei n. 8.112, de 11 de dezembro de 1990; revoga a Lei n. 11.111, de 5 de maio de 2005, e dispositivos da Lei n. 8.159, de 8 de janeiro de 1991; e dá outras providências. **Diário Oficial da União**, Brasília, DF, 18 nov. 2011d. Disponível em: <http://www.planalto.gov.br/ccivil_03/_ato2011-2014/2011/lei/l12527.htm>. Acesso em: 6 set. 2021.

BRASIL. Lei n. 13.019, de 31 de julho de 2014. Estabelece o regime jurídico das parcerias entre a administração pública e as organizações da sociedade civil, em regime de mútua cooperação, para a consecução de finalidades de interesse público e recíproco, mediante a execução de atividades ou de projetos previamente estabelecidos em planos de trabalho inseridos em termos de colaboração, em termos de fomento ou em acordos de cooperação; define diretrizes para a política de fomento, de colaboração e de cooperação com organizações da sociedade civil; e altera as Leis n. 8.429, de 2 de junho de 1992, e 9.790, de 23 de março de 1999. **Diário Oficial da União**, Brasília, DF, 1º ago. 2014b. Disponível em: <http://www.planalto.gov.br/ccivil_03/_ato2011-2014/2014/lei/l13019.htm>. Acesso em: 6 set. 2021.

BRASIL. Lei n. 13.129, de 26 de maio de 2015. Altera a Lei n. 9.307, de 23 de setembro de 1996, e a Lei n. 6.404, de 15 de dezembro de 1976, para ampliar o âmbito de aplicação da arbitragem e dispor sobre a escolha dos árbitros quando as partes recorrem a órgão arbitral, a interrupção da prescrição pela instituição da arbitragem, a concessão de tutelas cautelares e de urgência nos casos de arbitragem, a carta arbitral e a sentença arbitral, e revoga dispositivos da Lei n. 9.307, de 23 de setembro de 1996. **Diário Oficial da União**, Brasília, DF, 27 maio 2015b. Disponível em: <http://www.planalto.gov.br/ccivil_03/_ato2015-2018/2015/lei/l13129.htm>. Acesso em: 6 set. 2021.

BRASIL. Lei n. 13.303, de 30 de junho de 2016. Dispõe sobre o estatuto jurídico da empresa pública, da sociedade de economia mista e de suas subsidiárias, no âmbito da União, dos Estados, do Distrito Federal e dos Municípios. **Diário Oficial da União**, Brasília, DF, 1º jul. 2016a. Disponível em: <http://www.planalto.gov.br/ccivil_03/_ato2015-2018/2016/lei/l13303.htm>. Acesso em: 6 set. 2021.

BRASIL. Lei n. 13.655, de 25 de abril de 2018. Inclui no Decreto-Lei n. 4.657, de 4 de setembro de 1942 (Lei de Introdução às Normas do Direito Brasileiro), disposições sobre segurança jurídica e eficiência na criação e na aplicação do direito público. **Diário Oficial da União**, Brasília, DF, 26 abr. 2018c. Disponível em: <http://www.planalto.gov.br/ccivil_03/_ato2015-2018/2018/lei/L13655.htm>. Acesso em: 6 set. 2021.

BRASIL. Lei n. 14.133, de 1º de abril de 2021. Lei de Licitações e Contratos Administrativos. **Diário Oficial da União**, Brasília, DF, 1º abr. 2021a. Disponível em: <http://www.planalto.gov.br/ccivil_03/_ato2019-2022/2021/lei/L14133.htm>. Acesso em: 6 set. 2021.

BRASIL. Superior Tribunal de Justiça. **Recurso Especial n. 527.137**. Paraná. 11 maio 2004b. Disponível em: <https://stj.jusbrasil.com.br/jurisprudencia/188172/recurso-especial-resp-527137-pr-2003-0047959-4>. Acesso em: 6 set. 2021.

BRASIL. Superior Tribunal de Justiça. **Recurso Especial n. 612.439**. Rio Grande do Sul. 14 set. 2006b. Disponível em: <https://stj.jusbrasil.com.br/jurisprudencia/7143033/recurso-especial-resp-612439-rs-2003-0212460-3-stj/relatorio-e-voto-12856828>. Acesso em: 6 set. 2021.

BRASIL. Superior Tribunal de Justiça. **Recurso Especial n. 709.378**. Pernambuco. 21 out. 2008a. Disponível em: <https://stj.jusbrasil.com.br/jurisprudencia/1215963/recurso-especial-resp-709378-pe-2004-0174501-9/inteiro-teor-12761382>. Acesso em: 6 set. 2021.

BRASIL. **Recurso Especial n. 904.813**. Paraná. 28 fev. 2012b. Disponível em: <https://stj.jusbrasil.com.br/jurisprudencia/21612526/recurso-especial-resp-904813-pr-2006-0038111-2-stj/inteiro-teor-21612527>. Acesso em: 6 set. 2021.

BRASIL. Superior Tribunal de Justiça. **Recurso Especial n. 1.021.851**. São Paulo. 12 ago. 2008b. Disponível em: <https://stj.jusbrasil.com.br/jurisprudencia/2044304/recurso-especial-resp-1021851/inteiro-teor-12226067>. Acesso em: 6 set. 2021.

BRASIL. Superior Tribunal de Justiça. **Recurso Especial n. 1.819.931**. Rondônia. 15 ago. 2019a. Disponível em: <https://stj.jusbrasil.com.br/jurisprudencia/859485564/recurso-especial-resp-1819931-ro-2019-0168262-5/inteiro-teor-859485574?ref=serp>. Acesso em: 6 set. 2021.

BRASIL. Superior Tribunal de Justiça. **Recurso Ordinário em Mandado de Segurança n. 23.360**. Paraná. 18 nov. 2008c. Disponível em: <https://stj.jusbrasil.com.br/jurisprudencia/2357668/recurso-ordinario-em-mandado-de-seguranca-rms-23360-pr-2006-0269845-7>. Acesso em: 6 set. 2021.

BRASIL. Superior Tribunal de Justiça. **Recurso Ordinário em Mandado de Segurança n. 30.481**. Rio de Janeiro. 19 nov. 2009b. Disponível em: <https://stj.jusbrasil.com.br/jurisprudencia/8636889/recurso-ordinario-em-mandado-de-seguranca-rms-30481-rj-2009-0181207-8-stj>. Acesso em: 6 set. 2021.

BRASIL. Supremo Tribunal Federal. **Ação Declaratória de Constitucionalidade n. 16**. Distrito Federal. 24 nov. 2010c. Disponível em: <https://stf.jusbrasil.com.br/jurisprudencia/20627841/acao-declaratoria-de-constitucionalidade-adc-16-df-stf>. Acesso em: 6 set. 2021.

BRASIL. Supremo Tribunal Federal. **Ação Direta de Inconstitucionalidade n. 1.923**. Distrito Federal. 16 abr. 2015c. Disponível em: <https://redir.stf.jus.br/paginadorpub/paginador.jsp?docTP=TP&docID=10006961>. Acesso em: 6 set. 2021.

BRASIL. Supremo Tribunal Federal. **Ação Direta de Inconstitucionalidade n. 3.059**. Rio Grande do Sul. 8 maio 2015d. Disponível em: <https://jurisprudencia.stf.jus.br/pages/search/sjur303356/false>. Acesso em: 6 set. 2021.

BRASIL. Supremo Tribunal Federal. **Ação Direta de Inconstitucionalidade n. 3.206**. Distrito Federal. 8 jun. 2006c. Disponível em: <https://stf.jusbrasil.com.br/jurisprudencia/760367/acao-direta-de-inconstitucionalidade-adi-3026-df>. Acesso em: 6 set. 2021.

BRASIL. Supremo Tribunal Federal. **Ação Direta de Inconstitucionalidade n. 3.670**. Distrito Federal. 2 abr. 2007a. Disponível em: <https://stf.jusbrasil.com.br/jurisprudencia/14729135/acao-direta-de-inconstitucionalidade-adi-3670-df>. Acesso em: 6 set. 2021.

BRASIL. Supremo Tribunal Federal. **Ação Direta de Inconstitucionalidade n. 3.735**. Mato Grosso do Sul. 8 set. 2016b. Disponível em: <https://stf.jusbrasil.com.br/jurisprudencia/772400728/acao-direta-de-inconstitucionalidade-adi-3735-ms-mato-grosso-do-sul-0002475-3020061000000/inteiro-teor-772400738>. Acesso em: 6 set. 2021.

BRASIL. Supremo Tribunal Federal. **Ação Direta de Inconstitucionalidade n. 4.658**. Paraná. 25 out. 2019b. Disponível em: <https://stf.jusbrasil.com.br/jurisprudencia/861934070/acao-direta-de-inconstitucionalidade-adi-4658-pr-parana-9954227-8120111000000/inteiro-teor-861934086?ref=serp>. Acesso em: 6 set. 2021.

BRASIL. Supremo Tribunal Federal. **Agravo Interno no Recurso Extraordinário n. 1.247.930**. São Paulo. 24 mar. 2020a. Disponível em: <https://jurisprudencia.stf.jus.br/pages/search/sjur421045/false>. Acesso em: 6 set. 2021.

BRASIL. Supremo Tribunal Federal. **Agravo Regimental em Mandado de Segurança n. 8.621.015**. Distrito Federal. 15 fev. 2019c. Disponível em: <https://stf.jusbrasil.com.br/jurisprudencia/861462833/agreg-em-mandado-de-seguranca-agr-ms-33442-df-distrito-federal-8621015-2320151000000>. Acesso em: 6 set. 2021.

BRASIL. Supremo Tribunal Federal. **Agravo Regimental no Recurso Extraordinário com Agravo n. 1.204.586**. Rio de Janeiro. 18 out. 2019d. Disponível em: <https://stf.jusbrasil.com.br/jurisprudencia/861997387/segundo-agreg-no-recurso-extraordinario-com-agravo-agr-segundo-are-1204586-rj-rio-de-janeiro-0121378-6020144025101/inteiro-teor-861997397?ref=serp>. Acesso em: 6 set. 2021.

BRASIL. Supremo Tribunal Federal. **Inquérito n. 2.482**. Minas Gerais. 15 set. 2011e. Disponível em: <https://redir.stf.jus.br/paginadorpub/paginador.jsp?docTP=TP&docID=1745114>. Acesso em: 6 set. 2021.

BRASIL. Supremo Tribunal Federal. **Recurso Extraordinário n. 423.560**. Minas Gerais. 29 maio 2012c. Disponível em: <https://stf.jusbrasil.com.br/jurisprudencia/21916744/recurso-extraordinario-re-423560-mg-stf/inteiro-teor-110474487. Acesso em: 6 set. 2021.

BRASIL. Supremo Tribunal Federal. **Sentença Estrangeira n. 5.206-7**. Reino da Espanha. 8 maio 1997. Disponível em: <https://redir.stf.jus.br/paginadorpub/paginador.jsp?docTP=AC&docID=345889>. Acesso em: 6 set. 2021.

BRASIL. Supremo Tribunal Federal. **Súmula n. 473**. 13 fev. 2012d. Disponível em: <http://www.stf.jus.br/portal/jurisprudencia/menuSumarioSumulas.asp?sumula=1602>. Acesso em: 6 set. 2021.

BRASIL. Tribunal de Contas da União. **Acórdão n. 107**. 25 jan. 2012e. Disponível em: <https://pesquisa.apps.tcu.gov.br/#/documento/acordao-completo/107%252F2012/%2520/DTRELEVANCIA%2520desc%252C%2520NUMACORDAOINT%2520desc/0/%2520>. Acesso em: 6 set. 2021.

BRASIL. Tribunal de Contas da União. **Acórdão n. 119**. 27 jan. 2021. Disponível em: <https://pesquisa.apps.tcu.gov.br/#/documento/acordao-completo/119%252F2021/%2520/DTRELEVANCIA%2520desc%252C%2520NUMACORDAOINT%2520desc/0/%2520>. Acesso em: 6 set. 2021.

BRASIL. Tribunal de Contas da União. **Acórdão n. 140**. 14 fev. 2007b. Disponível em: <https://pesquisa.apps.tcu.gov.br/#/documento/acordao-completo/140%252F2007/%2520/DTRELEVANCIA%2520desc%252C%2520NUMACORDAOINT%2520desc/0/%2520>. Acesso em: 6 set. 2021.

BRASIL. Tribunal de Contas da União. **Acórdão n. 429**. 6 mar. 2013b. Disponível em: <https://pesquisa.apps.tcu.gov.br/#/documento/acordao-completo/429%252F2013/%2520/DTRELEVANCIA%2520desc%252C%2520NUMACORDAOINT%2520desc/0/%2520>. Acesso em: 6 set. 2021.

BRASIL. Tribunal de Contas da União. **Acórdão n. 436**. 4 mar. 2020b. Disponível em: <https://pesquisa.apps.tcu.gov.br/#/documento/acordao-completo/436%252F2020/%2520/DTRELEVANCIA%2520desc%252C%2520NUMACORDAOINT%2520desc/0/%2520>. Acesso em: 6 set. 2021.

BRASIL. Tribunal de Contas da União. **Acórdão n. 713**. 27 mar. 2019e. Disponível em: <https://pesquisa.apps.tcu.gov.br/#/documento/acordao-completo/713%252F2019/%2520/DTRELEVANCIA%2520desc%252C%2520NUMACORDAOINT%2520desc/0/%2520>. Acesso em: 6 set. 2021.

BRASIL. Tribunal de Contas da União. **Acórdão n. 725**. 4 abr. 2018d. Disponível em: <https://pesquisa.apps.tcu.gov.br/#/documento/acordao-completo/725%252F2018/%2520/DTRELEVANCIA%2520desc%252C%2520NUMACORDAOINT%2520desc/0/%2520>. Acesso em: 6 set. 2021.

BRASIL. Tribunal de Contas da União. **Acórdão n. 841**. 28 abr. 2010d. Disponível em: <https://pesquisa.apps.tcu.gov.br/#/documento/acordao-completo/841%252F2010/%2520/DTRELEVANCIA%2520desc%252C%2520NUMACORDAOINT%2520desc/0/%2520>. Acesso em: 6 set. 2021.

BRASIL. Tribunal de Contas da União. **Acórdão n. 952**. 5 maio 2010e. Disponível em: <https://pesquisa.apps.tcu.gov.br/#/documento/acordao-completo/952%252F2010/%2520/DTRELEVANCIA%2520desc%252C%2520NUMACORDAOINT%2520desc/0/%2520>. Acesso em: 6 set. 2021.

BRASIL. Tribunal de Contas da União. **Acórdão n. 1.079**. 24 maio 2017a. Disponível em: <https://pesquisa.apps.tcu.gov.br/#/documento/acordao-completo/1079%252F2017/%2520/DTRELEVANCIA%2520desc%252C%2520NUMACORDAOINT%2520desc/0/%2520>. Acesso em: 6 set. 2021.

BRASIL. Tribunal de Contas da União. **Acórdão n. 1.105**. 24 jun. 2004c. Disponível em: <https://pesquisa.apps.tcu.gov.br/#/documento/acordao-completo/1105%252F2004/%2520/DTRELEVANCIA%2520desc%252C%2520NUMACORDAOINT%2520desc/0/%2520>. Acesso em: 6 set. 2021.

BRASIL. Tribunal de Contas da União. **Acórdão n. 1.234**. 30 maio 2018e. Disponível em: <https://pesquisa.apps.tcu.gov.br/#/documento/acordao-completo/1234%252F2018/%2520/DTRELEVANCIA%2520desc%252C%2520NUMACORDAOINT%2520desc/0/%2520>. Acesso em: 6 set. 2021.

BRASIL. Tribunal de Contas da União. **Acórdão n. 1.262**. 27 jun. 2007c. Disponível em: <https://pesquisa.apps.tcu.gov.br/#/documento/acordao-completo/1262%252F2007/%2520/DTRELEVANCIA%2520desc%252C%2520NUMACORDAOINT%2520desc/0/%2520>. Acesso em: 6 set. 2021.

BRASIL. Tribunal de Contas da União. **Acórdão n. 1.276**. 6 mar. 2012f. Disponível em: <https://pesquisa.apps.tcu.gov.br/#/documento/acordao-completo/1276%252F2012/%2520/DTRELEVANCIA%2520desc%252C%2520NUMACORDAOINT%2520desc/1/%2520>. Acesso em: 6 set. 2021.

BRASIL. Tribunal de Contas da União. **Acórdão n. 1.278**. 18 fev. 2020c. Disponível em: <https://pesquisa.apps.tcu.gov.br/#/documento/acordao-completo/1278%252F2020/%2520/DTRELEVANCIA%2520desc%252C%2520NUMACORDAOINT%2520desc/1/%2520>. Acesso em: 6 set. 2021.

BRASIL. Tribunal de Contas da União. **Acórdão n. 1.336**. 2 ago. 2006d. Disponível em: <https://pesquisa.apps.tcu.gov.br/#/documento/acordao-completo/1336%252F2006/%2520/DTRELEVANCIA%2520desc%252C%2520NUMACORDAOINT%2520desc/0/%2520>. Acesso em: 6 set. 2021.

BRASIL. Tribunal de Contas da União. **Acórdão n. 1.368**. 12 jun. 2019f. Disponível em: <https://pesquisa.apps.tcu.gov.br/#/documento/acordao-completo/1368%252F2019/%2520/DTRELEVANCIA%2520desc%252C%2520NUMACORDAOINT%2520desc/0/%2520>. Acesso em: 6 set. 2021.

BRASIL. Tribunal de Contas da União. **Acórdão n. 1.375**. 3 jun. 2015e. Disponível em: <https://pesquisa.apps.tcu.gov.br/#/documento/acordao-completo/1375%252F2015/%2520/DTRELEVANCIA%2520desc%252C%2520NUMACORDAOINT%2520desc/0/%2520>. Acesso em: 6 set. 2021.

BRASIL. Tribunal de Contas da União. **Acórdão n. 1.607**. 26 jun. 2013c. Disponível em: <https://pesquisa.apps.tcu.gov.br/#/documento/acordao-completo/1607%252F2013/%2520/DTRELEVANCIA%2520desc%252C%2520NUMACORDAOINT%2520desc/0/%2520>. Acesso em: 6 set. 2021.

BRASIL. Tribunal de Contas da União. **Acórdão n. 1.667**. 2 ago. 2017b. Disponível em: <https://pesquisa.apps.tcu.gov.br/#/documento/acordao-completo/1667%252F2017/%2520/DTRELEVANCIA%2520desc%252C%2520NUMACORDAOINT%2520desc/0/%2520>. Acesso em: 6 set. 2021.

BRASIL. Tribunal de Contas da União. **Acórdão n. 1.708**. 12 nov. 2003. Disponível em: <https://pesquisa.apps.tcu.gov.br/#/documento/acordao-completo/1708%252F2003/%2520/DTRELEVANCIA%2520desc%252C%2520NUMACORDAOINT%2520desc/0/%2520>. Acesso em: 6 set. 2021.

BRASIL. Tribunal de Contas da União. **Acórdão n. 1.826**. 13 jul. 2016c. Disponível em: <https://pesquisa.apps.tcu.gov.br/#/documento/acordao-completo/1826%252F2016/%2520/DTRELEVANCIA%2520desc%252C%2520NUMACORDAOINT%2520desc/0/%2520>. Acesso em: 6 set. 2021.

BRASIL. Tribunal de Contas da União. **Acórdão n. 1.826**. 23 ago. 2017c. Disponível em: <https://pesquisa.apps.tcu.gov.br/#/documento/acordao-completo/1826%252F2017/%2520/DTRELEVANCIA%2520desc%252C%2520NUMACORDAOINT%2520desc/0/%2520>. Acesso em: 6 set. 2021.

BRASIL. Tribunal de Contas da União. **Acórdão n. 1.849**. 13 jul. 2011f. Disponível em: <https://pesquisa.apps.tcu.gov.br/#/documento/acordao-completo/1849%252F2011/%2520/DTRELEVANCIA%2520desc%252C%2520NUMACORDAOINT%2520desc/0/%2520>. Acesso em: 6 set. 2021.

BRASIL. Tribunal de Contas da União. **Acórdão n. 1.898**. 20 jul. 2011g. Disponível em: <https://pesquisa.apps.tcu.gov.br/#/documento/acordao-completo/1898%252F2011/%2520/DTRELEVANCIA%2520desc%252C%2520NUMACORDAOINT%2520desc/0/%2520>. Acesso em: 6 set. 2021.

BRASIL. Tribunal de Contas da União. **Acórdão n. 2.157**. 14 ago. 2013d. Disponível em: <https://pesquisa.apps.tcu.gov.br/#/documento/acordao-completo/2157%252F2013/%2520/DTRELEVANCIA%2520desc%252C%2520NUMACORDAOINT%2520desc/0/%2520>. Acesso em: 6 set. 2021.

BRASIL. Tribunal de Contas da União. **Acórdão n. 2.186**. 11 set. 2019g. Disponível em: <https://pesquisa.apps.tcu.gov.br/#/documento/acordao-completo/2186%252F2019/%2520/DTRELEVANCIA%2520desc%252C%2520NUMACORDAOINT%2520desc/0/%2520>. Acesso em: 6 set. 2021.

BRASIL. Tribunal de Contas da União. **Acórdão n. 2.235**. 27 ago. 2014c. Disponível em: <https://pesquisa.apps.tcu.gov.br/#/documento/acordao-completo/2235%252F2014/%2520/DTRELEVANCIA%2520desc%252C%2520NUMACORDAOINT%2520desc/0/%2520>. Acesso em: 6 set. 2021.

BRASIL. Tribunal de Contas da União. **Acórdão n. 2.259**. 24 ago. 2011h. Disponível em: <https://pesquisa.apps.tcu.gov.br/#/documento/acordao-completo/2259%252F2011/%2520/DTRELEVANCIA%2520desc%252C%2520NUMACORDAOINT%2520desc/0/%2520>. Acesso em: 6 set. 2021.

BRASIL. Tribunal de Contas da União. **Acórdão n. 2.302**. 29 ago. 2012g. Disponível em: <https://pesquisa.apps.tcu.gov.br/#/documento/acordao-completo/2302%252F2012/%2520/DTRELEVANCIA%2520desc%252C%2520NUMACORDAOINT%2520desc/0/%2520>. Acesso em: 6 set. 2021.

BRASIL. Tribunal de Contas da União. **Acórdão n. 2.326**. 2 out. 2019h. Disponível em: <https://pesquisa.apps.tcu.gov.br/#/documento/acordao-completo/2326%252F2019/%2520/DTRELEVANCIA%2520desc%252C%2520NUMACORDAOINT%2520desc/0/%2520>. Acesso em: 6 set. 2021.

BRASIL. Tribunal de Contas da União. **Acórdão n. 2.504**. 2 maio 2017d. Disponível em: <https://pesquisa.apps.tcu.gov.br/#/documento/acordao-completo/2504%252F2017/%2520/DTRELEVANCIA%2520desc%252C%2520NUMACORDAOINT%2520desc/1/%2520>. Acesso em: 6 set. 2021.

BRASIL. Tribunal de Contas da União. **Acórdão n. 2.528**. 21 set. 2011i. Disponível em: <https://portal.tcu.gov.br/lumis/portal/file/fileDownload.jsp?fileId=8A8182A14DB4AFB3014DBB3D1D34416A&inline=1#:~:text=2%20%2D%20Ainda%20que%20n%C3%A3o%20haja,pertencentes%20a%20uma%20mesma%20pessoa.>. Acesso em: 6 set. 2021.

BRASIL. Tribunal de Contas da União. **Acórdão n. 2.576**. 17 mar. 2020d. Disponível em: <https://pesquisa.apps.tcu.gov.br/#/documento/acordao-completo/*/NUMACORDAO%253A2576%2520ANOACORDAO%253A2020%2520COLEGIADO%253A%2522Segunda%2520C%25C3%25A2mara%2522/DTRELEVANCIA%2520desc/0/sinonimos%253Dfalse>. Acesso em: 6 set. 2021.

BRASIL. Tribunal de Contas da União. **Acórdão n. 2.586**. 28 ago. 2007d. Disponível em: <https://pesquisa.apps.tcu.gov.br/#/documento/acordao-completo/2586%252F2007/%2520/DTRELEVANCIA%2520desc%252C%2520NUMACORDAOINT%2520desc/0/%2520>. Acesso em: 6 set. 2021.

BRASIL. Tribunal de Contas da União. **Acórdão n. 2.677**. 8 out. 2014d. Disponível em: <https://pesquisa.apps.tcu.gov.br/#/documento/acordao-completo/2677/ANOACORDAO%253A%25222014%2522/DTRELEVANCIA%2520desc%252C%2520NUMACORDAOINT%2520desc/0/%2520>. Acesso em: 6 set. 2021.

BRASIL. Tribunal de Contas da União. **Acórdão n. 2.856**. 2 abr. 2019i. Disponível em: <https://pesquisa.apps.tcu.gov.br/#/documento/acordao-completo/2856%252F2019/%2520/DTRELEVANCIA%2520desc%252C%2520NUMACORDAOINT%2520desc/1/%2520>. Acesso em: 6 set. 2021.

BRASIL. Tribunal de Contas da União. **Acórdão n. 2.879**. 29 out. 2014e. Disponível em: <https://pesquisa.apps.tcu.gov.br/#/documento/acordao-completo/2879%252F2014/%2520/DTRELEVANCIA%2520desc%252C%2520NUMACORDAOINT%2520desc/0/%2520>. Acesso em: 6 set. 2021.

BRASIL. Tribunal de Contas da União. **Acórdão n. 2.992**. 16 nov. 2011j. Disponível em: <https://pesquisa.apps.tcu.gov.br/#/documento/acordao-completo/2992%252F2011/%2520/DTRELEVANCIA%2520desc%252C%2520NUMACORDAOINT%2520desc/0/%2520>. Acesso em: 5 ago. 2021.

BRASIL. Tribunal de Contas da União. **Acórdão n. 3.083**. 18 nov. 2020e. Disponível em: <https://pesquisa.apps.tcu.gov.br/#/documento/acordao-completo/3083%252F2020/%2520/DTRELEVANCIA%2520desc%252C%2520NUMACORDAOINT%2520desc/0/%2520>. Acesso em: 6 set. 2021.

BRASIL. Tribunal de Contas da União. **Acórdão n. 3.117**. 22 jun. 2010f. Disponível em: <https://pesquisa.apps.tcu.gov.br/#/documento/acordao-completo/3117%252F2010/%2520/DTRELEVANCIA%2520desc%252C%2520NUMACORDAOINT%2520desc/0/%2520>. Acesso em: 6 set. 2021.

BRASIL. Tribunal de Contas da União. **Acórdão n. 3.855**. 21 jul. 2009c. Disponível em: <https://pesquisa.apps.tcu.gov.br/#/documento/acordao-completo/3855%252F2009/%2520/DTRELEVANCIA%2520desc%252C%2520NUMACORDAOINT%2520desc/0/%2520>. Acesso em: 6 set. 2021.

BRASIL. Tribunal de Contas da União. **Acórdão n. 4.714**. 12 jun. 2018f. Disponível em: <https://pesquisa.apps.tcu.gov.br/#/documento/acordao-completo/4714%252F2018/%2520/DTRELEVANCIA%2520desc%252C%2520NUMACORDAOINT%2520desc/0/%2520>. Acesso em: 6 set. 2021.

BRASIL. Tribunal de Contas da União. **Acórdão n. 4.227**. 6 jun. 2017e. Disponível em: <https://pesquisa.apps.tcu.gov.br/#/documento/acordao-completo/4227%252F2017/%2520/DTRELEVANCIA%2520desc%252C%2520NUMACORDAOINT%2520desc/0/%2520>. Acesso em: 6 set. 2021.

BRASIL. Tribunal de Contas da União. **Acórdão n. 6.439**. 20 out. 2015f. Disponível em: <https://pesquisa.apps.tcu.gov.br/#/documento/acordao-completo/6439%252F2015/%2520/DTRELEVANCIA%2520desc%252C%2520NUMACORDAOINT%2520desc/0/%2520>. Acesso em: 6 set. 2021.

BRASIL. Tribunal de Contas da União. **Acórdão n. 7.982**. 29 ago. 2017f. Disponível em: <https://pesquisa.apps.tcu.gov.br/#/documento/jurisprudencia-selecionada/*/KEY:JURISPRUDENCIA-SELECIONADA-45382/score%20desc,%20COLEGIADO%20asc,%20ANOACORDAO%20desc,%20NUMACORDAO%20desc/0/sinonimos%3Dtrue>. Acesso em: 6 set. 2021.

BRASIL. Tribunal de Contas da União. **Boletim de Jurisprudência**, n. 49, 2014f. Disponível em: <https://pesquisa.apps.tcu.gov.br/#/documento/publicacao/O%2520contrato%2520administrativo%2520de%2520concess%25C3%25A3o%2520remunerada%2520/%2520/DTRELEVANCIA%2520desc/0/%2520>. Acesso em: 6 set. 2021.

BRASIL. Tribunal de Contas da União. **Boletim de Jurisprudência**, n. 280, sessões: 27 e 28 ago. 2019j. Disponível em: <https://portal.tcu.gov.br/jurisprudencia/boletins-e-informativos/>. Acesso em: 6 set. 2021.

BRASIL. Tribunal de Contas da União. **Boletim de Jurisprudência**, n. 291, sessões: 19 e 20 nov. 2019k. Disponível em: <https://portal.tcu.gov.br/jurisprudencia/boletins-e-informativos/>. Acesso em: 6 set. 2021.

BRASIL. Tribunal de Contas da União. **Boletim de Jurisprudência**, n. 297, sessões: 4 e 5 fev. 2020f. Disponível em: <https://portal.tcu.gov.br/jurisprudencia/boletins-e-informativos/>. Acesso em: 6 set. 2021.

BRASIL. Tribunal de Contas da União. **Boletim de Jurisprudência**, n. 309, sessões: 5, 6 e 7 maio 2020g. Disponível em: <https://portal.tcu.gov.br/jurisprudencia/boletins-e-informativos/>. Acesso em: 6 set. 2021.

BRASIL. Tribunal de Contas da União. **Destinação e utilização de recursos públicos em situações emergenciais**. Brasília: TCU, 2020h. Disponível em: <https://portal.tcu.gov.br/data/files/C3/80/40/80/8100371055EB6E27E18818A8/Destinacao_utilizacao_recursos_publicos_situacoes_emergenciais.pdf>. Acesso em: 6 set. 2021.

BRASIL. Tribunal de Contas da União. **Informativo de Licitações e Contratos**, n. 76, 2011k. Disponível em: <https://pesquisa.apps.tcu.gov.br/#/documento/publicacao/subcontrata%25C3%25A7%25C3%25A3o%2520total/%2520/DTRELEVANCIA%2520desc/10/%2520>. Acesso em: 6 set. 2021.

BRASIL. Tribunal de Contas da União. **Informativo de Licitações e Contratos**, n. 86, 2011l. Disponível em: <https://pesquisa.apps.tcu.gov.br/#/documento/publicacao/uso%2520de%2520documenta%25C3%25A7%25C3%25A3o%2520inid%25C3%25B4nea/%2520/DTRELEVANCIA%2520desc/0/%2520>. Acesso em: 6 set. 2021.

BRASIL. Tribunal de Contas da União. **Informativo de Licitações e Contratos**, n. 192, 2014g. Disponível em: <https://pesquisa.apps.tcu.gov.br/#/documento/publicacao/a%2520prerrogativa%2520administrativa%2520da%2520negocia%25C3%25A7%25C3%25A3o%2520em%2520todas%2520as%2520modalidades%2520licitat%25C3%25B3rias/%2520/DTRELEVANCIA%2520desc/0/%2520>. Acesso em: 6 set. 2021.

BRASIL. Tribunal de Contas da União. **Informativo de Licitações e Contratos**, n. 306, 2017g. Disponível em: <https://pesquisa.apps.tcu.gov.br/#/documento/publicacao/Ainda%2520que%2520a%2520Administra%25C3%25A7%25C3%25A3o%2520tenha%2520aplicado%2520o%2520reajuste%2520previsto%2520no%2520contrato/%2520/DTRELEVANCIA%2520desc/0/%2520>. Acesso em: 6 set. 2021.

BRASIL. Tribunal de Contas da União. **Informativo de Licitações e Contratos**, n. 352, 2018g. Disponível em: <https://pesquisa.apps.tcu.gov.br/#/documento/publicacao/O%2520estabelecimento%2520do%2520crit%25C3%25A9rio%2520de%2520reajuste%2520de%2520pre%25C3%25A7os%252C%2520tanto%2520no%2520edital%2520/%2520/DTRELEVANCIA%2520desc/0/%2520>. Acesso em: 6 set. 2021.

BRASIL. Tribunal de Contas da União. **Licitações & contratos**: orientações e jurisprudência do TCU. 4. ed. rev., atual. e ampl. Brasília: TCU; Secretaria-Geral da Presidência; Senado Federal; Secretaria Especial de Editoração e Publicações, 2010g. Disponível em: <https://portal.tcu.gov.br/biblioteca-digital/licitacoes-e-contratos-4-edicao.htm>. Acesso em: 6 set. 2021.

BRASIL. Tribunal de Contas da União. **Portaria n. 444, de 28 de dezembro de 2018**. Dispõe sobre o processo de contratação de serviços, no âmbito da Secretaria do Tribunal de Contas da União (TCU). Brasília, 2018h. Disponível em: <https://portal.tcu.gov.br/lumis/portal/file/fileDownload.jsp?fileId=8A81881E6916EE3101699C57AFD06D57>. Acesso em: 6 set. 2021.

BRASIL. Tribunal de Contas da União. **Súmula n. 177**. 26 out. 1982. Disponível em: <https://pesquisa.apps.tcu.gov.br/#/documento/sumula/177/%2520/DTRELEVANCIA%2520desc%252C%2520NUMEROINT%2520desc/0/sinonimos%253Dtrue>. Acesso em: 6 set. 2021.

BRASIL. Tribunal de Contas da União. **Súmula n. 252**. 2010h. Disponível em: <https://www.cnj.jus.br/sumula-252-tcu/>. Acesso em: 6 set. 2021.

BRASIL. Tribunal de Contas da União. **Súmula n. 255**. 2010i. Disponível em: <https://www.cnj.jus.br/sumula-255-tcu/>. Acesso em: 6 set. 2021.

BRASIL. Tribunal de Contas da União. **Súmula n. 262**. 2010j. Disponível em: <https://www.cnj.jus.br/sumula-262-tcu/>. Acesso em: 6 set. 2021.

BRASIL. Tribunal de Contas da União. **Súmula n. 263**. 2011m. Disponível em: <https://tce.pb.gov.br/pdfs/sumula-tcu-263-doc.pdf>. Acesso em: 6 set. 2021.

BRASIL. Tribunal de Contas da União. **Súmula n. 283**. 2013e. Disponível em: <https://www.tcm.ba.gov.br/wp-content/uploads/2015/07/Sumula-TCU-N.-283-12.pdf>. Acesso em: 6 set. 2021.

BRASIL. Tribunal Superior do Trabalho. **Súmula n. 331**. 31 maio 2011n. Disponível em: <https://www3.tst.jus.br/jurisprudencia/Sumulas_com_indice/Sumulas_Ind_301_350.html>. Acesso em: 6 set. 2021.

BUGARIN, P. S. Economicidade e eficiência: breves notas. **Revista do TCU**, n. 101, p. 15-17, 2004. Disponível em: <https://revista.tcu.gov.br/ojs/index.php/RTCU/article/view/632>. Acesso em: 6 set. 2021.

CÂMARA, J. A.; SOUZA, A. P. P. Existem cláusulas exorbitantes os contratos administrativos? **Revista de Direito Administrativo**, Rio de Janeiro, v. 279, n. 2, p. 185-208, maio/ago. 2020. Disponível em: <http://bibliotecadigital.fgv.br/ojs/index.php/rda/article/view/82011>. Acesso em: 6 set. 2021.

CARMONA, C. A. **Arbitragem e processo:** um comentário à Lei n. 9.307/96. 3. ed. São Paulo: Atlas, 2009.

CARRAZZA, R. A. **Curso de direito constitucional tributário.** São Paulo: Malheiros, 2015.

CARVALHO FILHO, J. dos S. **Manual de direito administrativo.** São Paulo: Atlas, 2016.

CHAVES, L. C. A. A contratação por inexigibilidade de licitação com fornecedor ou prestador de serviço exclusivo: breve análise do art. 25, I da Lei 8.666/93. **Revista do TCU**, n. 135, p. 18-27, 2015. Disponível em: <https://revista.tcu.gov.br/ojs/index.php/RTCU/article/view/1335>. Acesso em: 6 set. 2021.

DALLARI, A. A. **Aspectos jurídicos da licitação.** 4. ed. São Paulo: Saraiva, 1997.

DI PIETRO, M. S. Z. **Direito administrativo.** 32. ed. Rio de Janeiro: Forense, 2019.

DINIZ, M. H. **Dicionário jurídico.** São Paulo: Saraiva, 1998.

FERNANDES, J. U. J. Carona em sistema de registro de preços: uma opção inteligente para a redução de custos e controle. **Fórum de Contratação e Gestão Pública**, Belo Horizonte, ano 6, n. 70, p. 7-12, out. 2007. Disponível em: <https://www.jacoby.pro.br/Carona.pdf>. Acesso em: 6 set. 2021.

FERNANDES, J. U. J. **Contratação direta sem licitação**. 10. ed. São Paulo: Fórum, 2016. v. 6. (Coleção Jacoby de Direito Público).

FERNANDES, J. U. J. Procedimentos para a contratação direta (art. 26). **Revista de Informação Legislativa**, v. 33, n. 129, p. 213-222, jan./mar. 1996. Disponível em: <https://www2.senado.leg.br/bdsf/item/id/176395>. Acesso em: 6 set. 2021.

FIGUEIREDO, L. V. Competências administrativas dos estados e municípios. **Revista de Direito Administrativo**, Rio de Janeiro, v. 207, p. 1-19, jan./março de 1997. Disponível em: <http://bibliotecadigital.fgv.br/ojs/index.php/rda/article/view/46934/46290>. Acesso em: 6 set. 2021.

FRANÇA, V. da R. A licitação e seus princípios. **Revista da Procuradoria-Geral do Estado do Rio Grande do Sul**, Porto Alegre, v. 31, n. 66, p. 47-67, jul./dez. 2007. Disponível em: <https://www.pge.rs.gov.br/upload/arquivos/201703/22171856-rpge66livro.pdf>. Acesso em: 6 set. 2021.

FURTADO, L. R. **Curso de direito administrativo**. Belo Horizonte: Fórum, 2010.

GARCIA, F. A. **O efeito "carona" no sistema de registro de preços**: licitações e contratos administrativos. 2. ed. Rio de Janeiro: Lumen Juris, 2007.

HORBACH, C. B. Contratos administrativos: conceito e critérios distintivos. **Revista Brasileira de Políticas Públicas**, Uniceub, v. 6, n. 1, p. 43-58, jan./jul. 2016. Disponível em: <https://www.publicacoesacademicas.uniceub.br/RBPP/article/view/3665>. Acesso em: 6 set. 2021.

JUSTEN FILHO, M. A pré-qualificação como procedimento auxiliar das licitações do RDC (Lei 12.462/2011). **Informativo Justen, Pereira, Oliveira e Talamini**, Curitiba, n. 56, out. 2011. Disponível em: <https://www.justen.com.br/pdfs/IE56/IE56-marcal_rdc.pdf>. Acesso em: 6 set. 2021.

JUSTEN FILHO, M. **Comentários à Lei de Licitações e Contratos Administrativos**. 13. ed. São Paulo: Dialética, 2009.

JUSTEN FILHO, M. **Curso de direito administrativo**. São Paulo: Revista dos Tribunais, 2015a.

JUSTEN FILHO, M. Mas temos muito ainda a falar sobre licitação. **Gazeta do Povo**, 6 nov. 2015b. Disponível em: <https://www.gazetadopovo.com.br/vida-publica/justica-e-direito/colunistas/marcal-justen-filho/mas-temos-muito-ainda-a-falar-sobre-licitacao-0k320vk5ryh9zn8tdrguqlrzm/>. Acesso em: 6 set. 2021.

MARINELA, F. **Direito administrativo**. Niterói: Impetus, 2010.

MARINONI, L. G.; ARENHART, S. C. **Curso de processo civil**: procedimentos especiais. 4. ed. São Paulo: Revista dos Tribunais, 2010.

MEIRELLES, H. L. **Direito administrativo brasileiro**. São Paulo: Malheiros, 2000.

MEIRELLES, H. L. Licitações e contratos administrativos. **Revista de Direito Administrativo**, v. 105, p. 14-34, jul./set. 1971. Disponível em: <http://bibliotecadigital.fgv.br/ojs/index.php/rda/article/view/35800>. Acesso em: 6 set. 2021.

MENDONÇA, J. V. S. de. Art. 21 da LINDB: indicando consequências e regularizando atos e negócios. **Revista de Direito Administrativo**, Rio de Janeiro, edição especial, p. 43-61, 2018. Disponível em: <https://bibliotecadigital.fgv.br/ojs/index.php/rda/article/view/77649>. Acesso em: 6 set. 2021.

MOREIRA NETO, D. de F. **O direito administrativo no século XXI**. Belo Horizonte: Fórum, 2018.

MOREIRA NETO, D. de F. O futuro das cláusulas exorbitantes nos contratos administrativos. In: ARAGÃO, A. S. de; MARQUES NETO, F. de A. **Direito administrativo e seus novos paradigmas**. Belo Horizonte: Fórum, 2008.

MOREIRA, E. B. A futura Lei de Licitações: o desafio de sua interpretação autônoma. **Jota**, 23 fev. 2021. Disponível em: <https://www.jota.info/opiniao-e-analise/colunas/publicistas/lei-de-licitacoes-publicistas-23022021>. Acesso em: 6 set. 2021.

MOREIRA, E. B. Concessões de serviço público e *project finance*. **Revista de Direito Público e Regulação**, v. 4, p. 25-34, 2009. Disponível em: <https://www.fd.uc.pt/cedipre/wp-content/uploads/2018/04/revista_4.pdf>. Acesso em: 6 set. 2021.

NESTER, A. W. A tutela ao equilíbrio econômico-financeiro do contrato administrativo. **Informativo Justen, Pereira, Oliveira e Talamini**, Curitiba, n. 18, ago. 2008. Disponível em: <https://www.justen.com.br/pdfs/IE18/IE%2018%20-%20Nester%20-%20equil%c3%adbrio%20econ%c3%b4mico-financeiro.pdf>. Acesso em: 6 set. 2021.

NIEBUHR, J. de M. **Licitação pública e contrato administrativo**. Belo Horizonte: Fórum, 2015.

NIEBUHR, J. de M. **Pregão presencial e eletrônico**. 5. ed. Curitiba: Zênite, 2008.

OLIVEIRA, R. C. R. **A constitucionalização do direito administrativo**: o princípio da juridicidade, a releitura da legalidade administrativa e a legitimidade das agências reguladoras. 2. ed. Rio de Janeiro: Lumen Juris, 2010.

OLIVEIRA, R. C. R. **Curso de direito administrativo**. 8. ed. Rio de Janeiro: Método, 2020.

OLIVEIRA, R. C. R. Estatuto jurídico das estatais erra ao fixar normas homogêneas de licitação. **Consultor Jurídico**, 28 ago. 2016. Disponível em: <https://www.conjur.com.br/2016-ago-28/estatuto-juridico-estatais-erra-fixar-normas-homogeneas>. Acesso em: 6 set. 2021.

OLIVEIRA, R. C. R. **Licitações e contratos administrativos**: teoria e prática. 8. ed. Rio de Janeiro: Forense; São Paulo: Método, 2019.

SUNDFELD, C. A. **Direito administrativo para céticos**. 2. ed. rev. e ampl. São Paulo: Malheiros, 2014.

TÁCITO, C. O equilíbrio financeiro na concessão de serviço público. **Revista de Direito Administrativo**, n. 63, p. 1-15, 1961. Disponível em: <https://bibliotecadigital.fgv.br/ojs/index.php/rda/article/view/21455>. Acesso em: 6 set. 2021.

TORRES, R. C. L. de. **Leis de licitações públicas comentadas**. Salvador: Juspodivm, 2019.

WILLEMAN, F. de A. Desclassificação de todas as propostas na licitação: interpretação do artigo 48, § 3º, da Lei Federal n. 8.666/1993. **Revista de Direito Administrativo**, Rio de Janeiro, v. 244, p. 137-150, 2007. Disponível em: <http://bibliotecadigital.fgv.br/ojs/index.php/rda/article/view/42446>. Acesso em: 6 set. 2021.

Sobre o autor

Gustavo Henrique Sperandio Roxo é mestre em Direito Econômico, Financeiro e Tributário pela Universidade de São Paulo (USP) e graduado em Direito pela Universidade Federal do Paraná (UFPR). Advogado com atuação predominante em direito público.

Os papéis utilizados neste livro, certificados por instituições ambientais competentes, são recicláveis, provenientes de fontes renováveis e, portanto, um meio **responsável** e natural de informação e conhecimento.

Impressão: Reproset
Março/2023